Contrepoing

LES ÉDITIONS DES INTOUCHABLES
512, boul. Saint-Joseph Est, app. 1
Montréal (Québec)
H2J 1J9
Téléphone : 514 526-0770
Télécopieur : 514 529-7780
www.lesintouchables.com

DISTRIBUTION : PROLOGUE
1650, boul. Lionel-Bertrand
Boisbriand (Québec)
J7H 1N7
Téléphone : 450 434-0306
Télécopieur : 450 434-2627

Impression : Marquis imprimeur inc.
Maquette de la couverture et mise en pages :
Mathieu Giguère
Photographie de la couverture : Mathieu Lacasse
Retouche photo : Marie-Elaine Doiron
Révision : François Mireault
Correction : Aimée Verret

Les Éditions des Intouchables bénéficient du soutien financier du gouvernement du Québec — Programme de crédit d'impôt pour l'édition de livres — Gestion SODEC.

Nous reconnaissons l'aide financière du gouvernement du Canada par l'entremise du Fonds du livre du Canada (FLC) pour nos activités d'édition.

Société
de développement
des entreprises
culturelles
Québec

Dépôt légal : 2012
Bibliothèque et Archives nationales du Québec
Bibliothèque nationale du Canada
ISBN : 978-2-89549-496-6

Normand Lester

CONTRE-
POING

Du même auteur :

Poing à la ligne. Chroniques 2010 et écrits polémiques,
Les Éditions des Intouchables, Montréal, 2011.

Les secrets d'Option Canada (en collaboration avec Robin Philpot),
Les Éditions des Intouchables, Montréal, 2006.

Verglas (en collaboration avec Corinne De Vailly),
Éditions Libre Expression, Montréal, 2006.

Mom. Biographie non autorisée du chef des Hells Angels
(en collaboration avec Guy Ouellette),
Les Éditions des Intouchables, Montréal, 2005.

Le Livre noir du Canada anglais 3,
Les Éditions des Intouchables, Montréal, 2003.

Le Livre noir du Canada anglais 2,
Les Éditions des Intouchables, Montréal, 2002.

Chimères (en collaboration avec Corinne De Vailly),
Éditions Libre Expression, Montréal, 2002.

Le Livre noir du Canada anglais,
Les Éditions des Intouchables, Montréal, 2001.

Prisonnier à Bangkok (en collaboration avec Alain Olivier),
Éditions de l'Homme, Montréal, 2001.

Alerte dans l'espace (en collaboration avec Michèle Bisaillon),
Les Éditions des Intouchables, Montréal, 2000.

Enquêtes sur les services secrets,
Éditions de l'Homme, Montréal, 1998.

L'affaire Gérald Bull. Les canons de l'apocalypse,
Éditions du Méridien, Montréal, 1991.

Sommaire

III

Première partie

Trois fois par semaine, j'écris une chronique d'actualité sur le site Internet Yahoo Québec (http://fr-ca.actualites.yahoo.com/). Les textes qui suivent ont été publiés au cours de l'année 2011.

Vers une remontée du courant indépendantiste au Québec*

3 janvier 2011

En ce début de 2011, diverses enquêtes démontrent un regain de ferveur patriotique chez les Québécois et laissent présager un retour en force de l'indépendance du Québec.

À moins d'un renversement de tendance inimaginable actuellement, d'ici deux ans le Parti québécois (PQ) va être porté au pouvoir à Québec tandis que le Bloc québécois (BQ) va voir sa députation renforcée à Ottawa. Les conditions vont donc être réunies pour que le processus menant vers l'indépendance soit enclenché pour la troisième fois.

Selon les derniers sondages, plus de la moitié des électeurs ont manifesté leur intention de voter pour un parti indépendantiste, le PQ ou Québec solidaire (QS). On aura une meilleure idée de l'évolution dans ce domaine lorsque François Legault mettra enfin cartes sur table dans les prochaines semaines. S'il annonce la création d'un nouveau parti «centriste», rien ne l'empêchera de dire que cette formation sera indépendantiste «lorsque les conditions s'y prêteront». Mais, quelle que soit l'option constitutionnelle de ce parti encore hypothétique, une répartition des intentions de vote effectuée par le *Globe and Mail* accorde quand même la victoire au PQ à la prochaine élection.

Ces intentions de vote s'appuient sur des tendances profondes de la population du Québec, comme l'indique une enquête de l'Association des études canadiennes, rendue publique la semaine dernière.

Les résultats de l'enquête, effectuée auprès de plus de 1000 Québécois, révèlent que près d'un tiers des francophones du Québec se définissent comme des Québécois seulement, tandis que 39 % se considèrent comme des Québécois d'abord et des Canadiens ensuite.

Du côté des Anglos et des communautés ethniques québécois, 45 % se définissent comme Canadiens d'abord et ensuite Québécois, 21 % se considèrent autant comme Québécois que Canadiens et 18 %, seulement Canadiens. Ce qui est remarquable, c'est qu'il y a quand même 19 % des anglo-allophones qui se définissent comme Québécois d'abord et Canadiens ensuite. Ils ne sont que 2 % à se dire uniquement Québécois.

Cela veut donc dire que près de 70 % des résidants du Québec se définissent d'abord ou exclusivement comme Québécois, selon le sondage réalisé par Léger Marketing.

C'est un accroissement important par rapport aux chiffres de janvier 2009, alors que seulement 54 % des Québécois s'identifiaient prioritairement ou seulement comme Québécois. Les résultats du sondage révèlent également que les nouveaux allophones sont plus attachés au Québec que les Anglos et les communautés ethniques traditionnelles.

Ces résultats préoccupent au plus haut point le directeur exécutif de l'association, Jack Jedwab, un militant fédéraliste connu. Il déclare à la *Montreal Gazette* que ces chiffres suggèrent un relâchement des liens affectifs des Québécois avec le Canada et un désengagement croissant envers la politique fédérale. Jedwab souligne également que l'attachement au Canada diminue de façon spectaculaire chez les jeunes Québécois : seulement 18 % des 18-24 ans manifestent un fort sentiment d'attachement au Canada. Mais, même chez les 65 ans et plus, moins de 50 % sont attachés au Canada.

Ce qui déprime particulièrement Jedwab est que de plus en plus de Québécois considèrent le Québec comme leur seule patrie. Il confie à *The Gazette* : « Je pense que l'enquête confirme sans équivoque qu'il y a beaucoup plus d'attachement pour le Québec qu'il y en a pour le Canada. Il va être extrêmement difficile d'inverser cette tendance qui est maintenant très profonde. »

Il conclut, en parlant des liens entre les Québécois et le Canada : « C'est un mariage d'intérêt, pas un mariage d'amour. »

C'est plutôt un mariage forcé, imposé par la force. 1759 et 1837 sont des dates qui ne disent rien à Jack Jedwab.

Les conditions gagnantes ne sont peut-être pas aussi éloignées que plusieurs le pensent.

* C'était sans compter sur l'irrationalité et l'impulsivité de l'électorat francophone. Dans un geste inexplicable, les Québécois ont rejeté massivement le BQ aux élections fédérales de mai et, par effet de contre-chocs, fortement ébranlé le PQ. Actuellement (mars 2012), le mouvement indépendantiste semble en voie de se ressaisir. Voir mes chroniques du 27 mars, des 4, 6, 9 mai, du 24 juin et du 2 septembre.

Le Pakistan. La prochaine guerre américaine est commencée

5 janvier 2011

L'attention de la planète est focalisée sur l'Afghanistan, mais ce qui se déroule actuellement au Pakistan, le pays d'à côté, est beaucoup plus déterminant pour l'avenir des États-Unis et du monde. Hier Salman Taseer, le gouverneur du Pendjab, la province la plus peuplée et la plus politiquement et économiquement importante du pays, a été assassiné par son garde du corps. Ce meurtre a des implications politiques aussi importantes que l'assassinat de l'ancienne première ministre et alors chef de l'opposition, Benazir Bhutto, le 27 décembre 2007.

Membre influent du Parti du peuple pakistanais (PPP) au pouvoir, Taseer était un des rares responsables pakistanais à critiquer ouvertement les islamistes. Des imams avaient appelé à son assassinat après qu'il eut pris la défense d'Asia Bibi, une jeune chrétienne condamnée à mort pour blasphème envers Mahomet. C'est le motif invoqué par l'assassin pour justifier son crime. Le fait qu'un musulman fanatique ait été chargé de sa protection rapprochée ne doit pas rassurer la petite élite corrompue qui dirige le Pakistan.

L'assassinat de Salman Taseer va exacerber les tensions entre les dirigeants laïques occidentalisés et la population pauvre, ignorante et profondément religieuse du pays de plus de 175 millions d'habitants. Malgré sa possession d'armes nucléaires, le Pakistan est un pays arriéré avec un taux d'analphabétisme de 50 %. L'État ne consacre que 0,8 % de son budget aux dépenses de santé. Les extrémistes ont su exploiter l'incurie scandaleuse du gouvernement lors des inondations catastrophiques de juillet 2010, qui ont touché 20 millions de personnes et ont affaibli encore plus une économie déjà délabrée. Elle n'est maintenue à flot que par des milliards prêtés par le Fonds monétaire international (FMI), qui exige des réformes draconiennes impopulaires. L'inflation atteint 15 %.

L'Amérique n'a pas d'amis au Pakistan : seulement des clients qui la méprisent tous plus ou moins malgré les milliards de dollars de subsides militaires et civils versés par Washington. Les élites politiques sont honnies pour leur collaboration avec les Américains. L'immense majorité de la population est favorable à leurs ennemis, les talibans et al-Qaida. L'antiaméricanisme est attisé par les attaques multihebdomadaires des drones de la CIA le long de la frontière afghane. Pour éliminer quelques dirigeants insurgés afghans, les frappes américaines font des milliers de victimes dans la population civile. Les États-Unis sont déjà en guerre au Pakistan.

Le régime démocratique précaire imposé par les États-Unis, après le départ du général Pervez Musharraf en 2007, souffre de grossière incompétence et d'inefficacité, sauf pour ce qui est de sa gestion de la vénalité. La corruption généralisée de l'*establishment* politique pousse la population vers les organisations extrémistes et stimule l'irrésistible ascension des islamistes, qui ont déjà largement infiltré les services secrets militaires. Ce n'est qu'une question de temps avant que le gouvernement proaméricain du Parti du peuple pakistanais (PPP) s'effondre. Entre l'opposition proche des islamistes et un gouvernement militaire, les Américains vont opter pour les militaires, considérés comme un moindre mal.

L'armée et les services secrets pakistanais jouent sur les deux tableaux. Ils empochent l'argent américain, mais évitent les affrontements qui les placeraient en conflit direct avec les talibans afghans qu'ils financent, entraînent et conseillent discrètement.

La situation à moyen terme est désespérante pour Washington. La perspective la plus sombre est la plus probable : que les États-Unis soient entraînés dans une intervention terrestre au Pakistan pour s'assurer que l'arme nucléaire ne tombe pas entre les mains d'intégristes musulmans.

Le SCRS : comment l'étranger influence la politique au Canada

7 janvier 2011

En juillet 2010, le directeur du Service canadien du renseignement de sécurité, Richard Fadden, avait rompu le silence qu'on attend d'un homme occupant cette fonction pour révéler que des hauts fonctionnaires fédéraux et des ministres de deux provinces étaient sous influence étrangère. Fadden indiquait clairement que la Chine était l'un des pays impliqués alors même que le président chinois était attendu à Ottawa. Devant l'étonnement soulevé par ses propos, il avait admis avoir fait une erreur et promis de préparer un rapport sur les influences étrangères pour le ministre de la Sécurité publique.

Par la Loi sur l'accès à l'information, La Presse canadienne a obtenu une copie fortement censurée de son rapport. Le chef des services secrets va plus loin que ses déclarations publiques précédentes et révèle que des agents de puissances étrangères financent les campagnes électorales de politiciens. Fadden conclut que la « manipulation du gouvernement du Canada et des communautés ethnoculturelles à travers l'ingérence étrangère constitue une menace permanente pour notre souveraineté et notre sécurité nationale ».

Les principaux pays visés sont, à n'en pas douter, la Chine et Israël, qui s'appuient sur d'importantes et d'influentes communautés qui leur sont acquises par les liens du sang et de l'histoire. Jusqu'ici au Canada, la question de la double allégeance et de la double loyauté dans des affaires d'espionnage ne s'est jamais présentée, mais aux États-Unis elle a été au cœur de plusieurs affaires touchant la Chine (Larry Wu-Tai Chin, Peter Lee) et Israël (Jonathan Pollard).

Pour influencer politiciens, juges et journalistes, Israël a aussi recours à d'autres techniques. Selon le commissaire à l'éthique fédéral, le Comité Canada-Israël a payé 160 000 $ pour les voyages d'une semaine de 14 députés fédéraux en Israël en 2009. En 2010, il a subventionné en juillet le voyage de sept membres de la Chambre des communes : les députés conservateurs John Duncan, Jeff Watson, Edward Fast et Brent Rathgeber, les libéraux Scott Simms et Anthony Rota, et le néo-démocrate Glenn Thibeault. Plusieurs journalistes québécois bénéficient discrètement chaque année des mêmes largesses de la part du gouvernement israélien.

Les juges de la Cour suprême du Canada ont droit aux mêmes privilèges. Chroniqueur au *Globe and Mail* et ancien ambassadeur du Canada en Israël, Norman Spector a révélé récemment un cas troublant de double allégeance dans le cadre d'une de ses visites. Il met en cause le député fédéral de Mont-Royal, Irwin Cotler, un ancien ministre de la Justice et une des têtes d'affiche du Parti libéral du Canada (PLC).

Cotler, alors qu'il était professeur de droit à McGill, accompagnait régulièrement en Israël des juges de la Cour suprême pour leur faire rencontrer leurs homologues israéliens. Les responsables israéliens tentaient chaque fois d'amener les juges canadiens à visiter Jérusalem-Est pour renforcer leur revendication de souveraineté sur le secteur. Norman Spector, en tant qu'ambassadeur du Canada en Israël, a dissuadé le juge en chef de la Cour suprême, Antonio Lamer, de se prêter à la manœuvre israélienne. Furieux, Cotler a dénoncé l'ambassadeur Spector, dans la presse israélienne, de s'être opposé à l'intrigue.

Soulignons que l'éminent défenseur des droits humains Irwin Cotler n'a jamais, en aucune occasion, dénoncé les violations de ces droits à Gaza, en Cisjordanie et en Israël.

USA. Encore un fou qui affirme son droit constitutionnel aux armes à feu

10 janvier 2011

Des centaines d'Américains ordinaires sont tués ou blessés par des fous dans des fusillades. Les meurtres de masse dans les écoles, les églises, les centres commerciaux, les lieux de travail sont devenus tellement communs qu'ils sont relégués à la colonne des faits divers des quotidiens et aux brèves à la fin des journaux télévisés. La différence cette fois à Tucson est qu'une personnalité politique, la représentante démocrate Gabrielle Giffords, et un juge étaient au nombre des victimes.

L'accusé, Jared Lee Loughner, manifestait depuis plusieurs années des signes évidents de schizophrénie. Mais il n'était pas traité. Il a été renvoyé du collège où il étudiait. Pour le reprendre, la direction de l'établissement exigeait un certificat médical confirmant qu'il ne constituait pas un danger pour les autres et pour lui-même.

Malgré cela, le tueur de masse de 22 ans n'a eu aucune difficulté à se procurer légalement à Tucson un pistolet Glock pour 500 $. Il lui a suffi de remplir un formulaire où il a déclaré qu'il n'avait jamais été reconnu coupable d'un crime ou été déclaré « déficient mental ». En plus du Glock, Loughner a acquis quatre chargeurs, dont deux à grande capacité de 30 balles, qui ont accru sa capacité de tuer.

Comme l'a fait le Canada, à la suite de la tuerie de l'École Polytechnique, le Congrès américain avait interdit les chargeurs à grande capacité en 1994. Mais la National Rifle Association et d'autres groupes de cinglés des armes à feu ont convaincu Bush en 2004 de laisser expirer l'interdiction.

Barack Obama s'était formellement engagé au cours de sa campagne présidentielle de 2008 à la rétablir. Après son élection, pour des considérations électoralistes, il a renié ses engagements. Il faut souligner que la dangereuse folie des armes à feu n'est pas le seul fait des républicains et des membres du *Tea Party*, elle est partagée par une majorité d'Américains et par la droite dite Blue Dog du Parti démocrate, dont fait partie Gabrielle Giffords. Elle a sauvé son siège de justesse face à un candidat du *Tea Party* en apportant son soutien à la déréglementation des armes à feu.

L'Arizona est l'un des États américains où la psychonévrose des armes à feu est la plus généralisée. La gouverneure de l'État, Jan Brewer, une fanatique des armes à feu, a récemment marrainé une loi autorisant le port d'armes dissimulées. Il y a deux ans, elle avait déjà paraphé une loi autorisant les armes à feu dans les bars et les restaurants qui vendent de l'alcool. Même les Texans ne sont pas idiots à ce point.

Les enragés des armes à feu américains n'ont pas à s'inquiéter. Malgré l'hécatombe provoquée par la libre circulation des armes à feu, malgré Virginia Tech et Columbine, malgré les deux Kennedy, Malcolm X, Martin Luther King, George Wallace, Gerald Ford, Ronald Reagan et John Lennon, la National Rifle Association va abattre toute tentative de relancer le débat sur le contrôle des armes à feu.

La droite néo-conservatrice et les républicains tentent de se laver les mains du drame en affirmant que les élucubrations sur Internet de Loughner le placent plutôt à gauche. Ce fut un acte irrationnel par une personne ayant besoin de traitements et de médicaments. Mais soutenir que le flot constant de vitriol émanant de la droite n'a rien à voir avec ce carnage est ridicule.

Les malades mentaux réagissent aux discours dominants dans les médias populaires. Les divagations de Rush Limbaugh, de Glenn Beck, de Sarah Palin et les dérives de Fox News ont influencé l'esprit dérangé de Loughner.

Pendant le débat sur l'assurance maladie en 2010, Sarah Palin, qui apparaît régulièrement à la télé un fusil à la main, a lancé l'appel suivant : « Conservateurs, vous qui êtes pleins de bon sens et aimez l'Amérique, ne battez pas en retraite. Au contraire, RECHARGEZ ! »

L'appel était accompagné sur Facebook d'une carte sur laquelle figurait, entre autres, la circonscription de Giffords identifiée par un viseur de fusil.

Les républicains sont des hypocrites malfaisants qui attisent la haine et, après, s'excusent. La droite néo-conservatrice est en partie responsable de cette tragédie à cause de son amour fétichiste des armes à feu, de son refus de l'assurance maladie et de ses propos incitant à la violence.

Dans le pays le plus avancé de la planète, les malades mentaux ont plus facilement accès à des armes à feu qu'à des soins.

Comment faire la différence entre les bons et les mauvais terroristes

12 janvier 2011

Durant la période des fêtes, quatre éminentes personnalités de la droite conservatrice américaine se sont rendues à Paris pour participer à un colloque organisé par des sympathisants de l'Organisation des moudjahidines du peuple iranien (OMPI).

L'ancien maire de New York et candidat à l'investiture républicaine Rudy Giuliani, l'ancien secrétaire à la Sécurité intérieure Tom Ridge, l'ancienne conseillère à la Sécurité nationale Fran Townsend et l'ancien *attorney general* Michael Mukasey ont apporté publiquement leur appui à l'organisation, qui est considérée comme terroriste par le gouvernement des États-Unis et celui du Canada.

Les moudjahidines *kalq* ont attaqué des représentations diplomatiques iraniennes à l'étranger, dont celle d'Ottawa, et organisé des attentats qui ont tué des Américains. Human Rights Watch (HRW) affirme que le groupe est responsable de graves atteintes aux droits humains et l'accuse de se livrer à des actes de torture sur les dissidents du mouvement. L'OMPI, dont l'étrange idéologie, à mi-chemin entre le culte messianique et l'organisation politique, est un amalgame « éclectique combinant sa propre interprétation de l'islamisme chiite et des principes marxistes », selon l'analyse qu'en fait Ottawa.

Lors du renversement du chah d'Iran en 1979, les moudjahidines *kalq* ont participé à la prise de l'ambassade américaine à Téhéran. Durement réprimés par le nouveau régime des mollahs, ils trouvent refuge en Irak, où Saddam les accueille à bras ouverts. Durant la guerre Irak-Iran, ils constituent une division dans l'armée irakienne pour combattre leur propre pays. Encore aujourd'hui, ils sont considérés comme des traîtres même par les partis d'opposition iraniens.

Les quatre républicains ont dénoncé leur propre gouvernement, affirmant qu'il était honteux que le département d'État considère l'OMPI comme terroriste, et ont exigé qu'Obama en fasse son allié pour renverser le gouvernement iranien. Vu l'absence totale de soutien de l'OMPI en Iran, l'initiative est complètement idiote.

Mais il y a pis : les quatre « bozos » républicains ont commis un crime en soutenant les moudjahidines *kalq*, puisque la Cour suprême des États-Unis a statué que les déclarations faites en coordination avec une organisation terroriste étrangère constituent une offense criminelle. L'ancien *attorney general* Mukasey, chaudement applaudi lorsqu'il a affirmé que les États-Unis devraient fournir tout le soutien possible à l'OMPI, avait lui-même engagé des procédures criminelles contre des dirigeants de l'organisation de bienfaisance musulmane Holy Land Foundation parce qu'elle avait manifesté son soutien au Hamas.

Le gouvernement Obama va-t-il sévir contre Giuliani et compagnie ? Pas du tout. Le processus est engagé à Washington pour retirer l'OMPI de la liste des organisations terroristes. Ottawa devrait suivre rapidement.

Les moudjahidines *kalq* vont bientôt devenir de valeureux combattants pour la liberté aux côtés d'autres organisations terroristes soutenues par l'administration Obama, comme le Jundallah, une secte sunnite extrémiste qui commet régulièrement des attentats meurtriers dans le Baloutchistan iranien.

Pour placer un groupe sur la liste des organisations terroristes aux États-Unis, ce ne sont pas les moyens violents employés ou l'horreur des attentats qui comptent, mais bien les cibles visées. Le terrorisme pour la bonne cause, celle de Washington, est acceptable, et même encouragé et financé par la CIA. Ronald Reagan avait montré la voie à suivre dans les années 1980 en armant les précurseurs des talibans qui combattaient les Soviétiques en Afghanistan.

Sympathisant et ancien militant des moudjahidines *kalq*, le porte-étendard de Québec solidaire sur le Plateau-Mont-Royal, notre Amir Khadir national, se trouve en bien étrange compagnie.

Haïti. Peut-on arrêter le délabrement du pays?

17 janvier 2011

Jean-Claude Duvalier est de retour en Haïti après 25 ans d'exil. Durant son séjour en France, il a dilapidé les millions de dollars qu'il a volés au peuple haïtien. Surnommé Bébé Doc, parce que son père, François Duvalier (Papa Doc), l'a assis à 19 ans dans le fauteuil présidentiel, il s'y est maintenu de 1971 à 1986. Une révolte populaire l'a finalement obligé à fuir.

Il revient maintenant voir s'il ne pourrait pas refaire sa fortune au détriment de ses compatriotes. Déjà en 2006, il avait manifesté son intérêt à reprendre du service comme président.

C'est sans doute encore son intention. On aurait dû l'arrêter dès sa descente de l'avion.

J'ai réalisé à plusieurs années d'intervalle des reportages en Haïti à l'époque de Duvalier. J'ai visité le pays de Jacmel à Port-de-Paix. J'ai parlé à des représentants d'ONG, à des fonctionnaires de l'Organisation des Nations Unies (ONU) et de l'Agence canadienne de développement international (ACDI), à des diplomates étrangers, et à des membres du gouvernement et de l'opposition.

Beaucoup de personnes interviewées manifestaient un optimisme de circonstance sur l'avenir d'Haïti devant la caméra de télévision tout en étant totalement pessimistes en confidence après l'entrevue. Les problèmes identifiés durant mon premier séjour ne s'étaient qu'aggravés lorsque j'y suis retourné. Plusieurs personnes attribuaient la situation désespérante à la dictature duvaliériste, père et fils. Mais l'évolution du pays depuis 25 ans montre que le problème est endémique.

Haïti est mal parti. Première colonie à réaliser son indépendance, le pays a été boycotté pendant une bonne partie du XIXe siècle par la France, qui n'acceptait pas de renoncer à sa riche colonie, et par les États-Unis, alors hantés par la crainte de révoltes d'esclaves.

Même avant le séisme, Haïti était une immense tragédie humaine. Depuis son indépendance en 1804, c'est un pays en voie de délabrement. En 2006, Transparency International a déclaré Haïti le pays le plus corrompu de la planète. Entre 1950 et 2002, le revenu moyen a diminué de 1051 $ à 752 $ par habitant.

Mais, depuis quelques décennies, certains indices sont encourageants. L'espérance de vie a augmenté de 42 à 61 ans entre 1960 et 2008. La mortalité des enfants de moins de un an a diminué de façon spectaculaire de 22 % à 8 %. L'alphabétisation des adultes est passée de 11 % à 50 % et l'achèvement des études primaires, de 27 % à 47 %, entre 1980 et 1997.

Les deux problèmes, selon moi fondamentaux, identifiés lors de ma première visite existent toujours et ont même empiré depuis.

Premier problème : la déforestation, qui transforme ce pays, jadis luxuriant, en désert, et qui est privé de toute autre source d'énergie. On procède depuis 200 ans à des coupes à blanc pour faire cuire la nourriture. Les pluies font le reste. La terre arable dénudée coule dans la mer. Je me rappelle avoir circulé dans des régions qui rappelaient plus le Sahara que les Antilles.

Deuxième problème : la fuite des élites vers les États-Unis, le Québec et la France. Sauf pour la classe commerçante, dès que quelqu'un a appris un métier, une fonction monnayable dans ce pays, il ne pense qu'à fuir vers l'étranger. Y a-t-il plus de médecins haïtiens, plus d'infirmières haïtiennes à Montréal qu'à Port-au-Prince ? Je n'ai pas les chiffres, mais je ne serais pas étonné si la réponse était oui.

C'est scandaleux que trois pays avancés pillent systématiquement les compétences du pays le plus pauvre de l'hémisphère occidental. Comment éviter la fuite de cerveaux haïtiens vers l'étranger ? Personne n'a jamais donné l'ombre d'une réponse à cette question.

Le kirpan et les bouffons de la Cour suprême du Canada

19 janvier 2011

Les quatre représentants de la World Sikh Organization of Canada venus défendre le port du voile intégral savaient très bien ce qu'ils faisaient lorsqu'ils se sont présentés avec leurs kirpans à l'Assemblée nationale du Québec. On les avait avertis qu'il était interdit de porter des armes blanches dans son enceinte. Mais ils voulaient faire un show. Ils ont parfaitement réussi.

Des intégristes sikhs de Toronto venaient défendre des intégristes d'ici et, pour bien montrer leur mépris envers les Québécois, ils ne s'étaient même pas donné la peine de faire traduire leur mémoire en français.

Les deux hommes et les deux femmes ont refusé de se départir de leur poignard religieux. Curieux, quand même. Seuls les hommes dans cette religion ultramachiste sont obligés de porter le kirpan. Les deux femmes auraient donc pu présenter leur mémoire à la commission. Mais l'organisation sikhe n'aurait sans doute pas accepté d'être représentée uniquement par des femmes.

Un porte-parole du groupe a fait valoir qu'on tolérait le poignard au Parlement canadien et à la Cour suprême du Canada. *So what?* Tant pis pour eux. Ici, on est au Québec. D'ailleurs, il faut souligner qu'on ne tolère pas les kirpans à bord des avions au Canada, pas plus que les turbans sur les chantiers de construction.

Faisant preuve d'une belle lâcheté, la ministre de l'Immigration et des Communautés culturelles, Kathleen Weil, s'est lavé les mains de l'affaire: «Je suis neutre par rapport à ça. Je prends acte de leur décision.» Dans sa veulerie, elle s'est empressée d'ajouter qu'elle tenait tout de même à dire aux sikhs que la société québécoise était ouverte.

Une décision stupide parmi d'autres, en 2006: la Cour à Trudeau avait décidé, au nom de la liberté de religion, qu'un adolescent sikh québécois avait le droit de porter son kirpan à l'école.

La Cour suprême du Canada est en grande partie responsable des problèmes que nous avons avec les extrémistes religieux. Elle est le principal instrument par lequel les intégristes et les fanatiques religieux imposent leurs valeurs non seulement à leurs coreligionnaires, mais à l'ensemble des Canadiens.

La plupart des sikhs ne respectent pas leur religion à la lettre. Comme les musulmans, les juifs et les chrétiens. Dans toutes les religions organisées, seule une minorité, en général les plus naïfs et les plus crédules, adhère strictement aux diktats divins. Lorsque la Cour suprême est appelée à trancher dans ces questions, elle décide toujours en fonction de l'orthodoxie la plus stricte d'une religion. Et, le plus souvent, elle donne raison aux intégristes. Elle conforte les fanatiques et braque d'autant le reste des citoyens contre eux en suscitant des réactions d'intolérance.

Dans le cas de l'islam, par exemple, des pratiques intégristes autour du voile ont un statut légal plus affirmé au Canada que dans des pays à majorité musulmane comme la Turquie, la Syrie et la Tunisie, pour ne nommer que ceux-là.

La Cour suprême agit-elle ainsi parce qu'elle a mauvaise conscience? Pour faire oublier que son histoire est entachée d'odieuses décisions racistes? La plus abjecte date de 1947, alors qu'elle a ordonné l'expulsion au Japon des citoyens canadiens nés au Canada, mais d'ascendance japonaise, pour le crime de s'être établis en Colombie-Britannique. Des lois racistes adoptées durant la guerre, alors terminée depuis deux ans, interdisaient aux Canadiens d'origine japonaise d'y habiter. La race était clairement le seul critère sur lequel le jugement était fondé. Aujourd'hui, les successeurs des juges répugnants responsables de cette décision immonde semblent surcompenser.

Vous allez voir: ces bouffons, ridiculement accoutrés en pères Noël dans leur toge d'apparat, vont finir par statuer en faveur de la polygamie au Canada.

Intégristes de toutes les religions, fanatiques de tous les pays, venez au Canada ! La Cour suprême est là pour défendre vos coutumes et vos convictions les plus aberrantes.

Les *USA*, le stoïque président Hu et les droits humains

24 janvier 2011

La semaine dernière, durant sa visite historique aux États-Unis, le président chinois s'est fait servir des remontrances par des membres du Congrès et les grands médias au sujet des violations des droits humains en Chine. Impassible, Hu Jintao a reconnu que son pays avait beaucoup de chemin à parcourir dans ce domaine et a passé à autre chose.

La Chine est effectivement un pays dont le bilan sur la question des droits universels est scandaleux. Mais Hu aurait pu demander à ses interlocuteurs qui ils étaient pour lui faire la leçon.

Il est vrai que les Américains ne sont pas connus pour leur capacité d'introspection et d'autocritique. Ils se perçoivent à travers les médias de masse de leur pays, qui les confortent dans la haute opinion qu'ils ont d'eux-mêmes. Ils se voient comme un pays exceptionnel pour sa compassion, sa bienveillance et sa grandeur d'âme. Des qualités qui leur sont contestées par la grande majorité des habitants de cette planète.

Tout en appuyant, militairement, financièrement et diplomatiquement, des dizaines de régimes dictatoriaux et liberticides, ils prônent la liberté et la démocratie, qu'ils tentent de propager par la force des armes. Ils envahissent des pays qui ne les ont jamais attaqués pour y effectuer des changements de régime (Irak, Panamá, etc.) sans obtenir l'aval des Nations Unies. Depuis 150 ans, dans leur pratique des relations internationales, ils ont recours à l'invasion et à l'annexion (le tiers du territoire du Mexique, Puerto Rico, îles du Pacifique, etc.), au coup d'État (une multitude d'exemples, de l'Amérique latine à l'Iran) quand bon leur semble.

Hu Jintoa aurait pu s'enquérir du sort des captifs de Guantánamo à Cuba, de Bagram en Afghanistan et des autres prisons secrètes de la CIA à travers le monde, où des centaines et peut-être des milliers de personnes sont détenues indéfiniment, sans contrôle judiciaire, sans jugement, souvent après avoir été enlevées illégalement dans un autre pays et torturées.

Hu aurait pu demander des explications au sujet des drones américains qui tuent en Asie centrale, au Moyen-Orient et en Afrique des personnes soupçonnées d'être des ennemis des États-Unis et qui causent de terribles « dommages collatéraux » parmi les civils qui ont le malheur de se trouver à proximité. Et peut-être s'inquiéter des violations des conventions de Genève et du droit international que ces attaques impliquent.

Il aurait pu demander à Obama pourquoi il refuse d'extrader au Venezuela le terroriste Luis Posada Carriles pour qu'il réponde à des accusations relatives à la destruction d'un avion cubain. Carriles, un contractuel de la CIA, vit à Miami. Les Américains refusent également de remettre à l'Italie 14 autres agents de la CIA trouvés coupables de l'enlèvement d'un militant islamiste transporté en Égypte pour y être torturé.

Les Asiatiques sont, en général, flegmatiques. À la télévision, j'ai quand même cru détecter un certain mépris dans la morgue impassible du président Hu durant les admonestations de ses hôtes. Ils ne perdent rien pour attendre. Le temps est de son côté.

La Tunisie et l'Égypte, de mauvais présages pour les États-Unis

26 janvier 2011

Si vous voulez comprendre le ras-le-bol des Tunisiens et des Égyptiens, imaginez dans quel état vous seriez si Jean Charest et les libéraux étaient au pouvoir depuis 30 ans, s'obstinant toujours à refuser une commission d'enquête sur la construction...

Comme en Tunisie, Facebook et Twitter ont joué un rôle déterminant dans la mobilisation des opposants égyptiens. Les 17 millions d'internautes égyptiens sont au cœur du mouvement d'opposition au régime. Facebook, qui regroupe cinq millions d'utilisateurs égyptiens, sert de poste de commandement et Twitter, de centre de communication.

Nous assistons aux premières rébellions informatiques de l'Histoire. Les révoltes à l'âge numérique se propagent instantanément des capitales à toutes les agglomérations des pays touchés. Le gouvernement égyptien a tenté sans succès de bloquer l'accès à Twitter. Les utilisateurs ont rapidement migré vers les téléphones mobiles et d'autres applications logicielles connexes. Dans ces soulèvements numériques, les réseaux dynamiques contournent les blocages, se réassemblent et se révèlent plus souples que toute stratégie gouvernementale destinée à les étouffer. C'est pour cela à l'origine qu'Internet a été créé.

Les demandes des Égyptiens semblent calquées sur celles des Tunisiens : des emplois, des denrées de base à prix abordable, opposition à la corruption et à la torture, et le départ du président Moubarak, qui dirige l'Égypte depuis 1981 et qui prépare son fils Gamal pour qu'il lui succède. Comme en Tunisie, la révolte est spontanée, n'a pas de chef et les islamistes en sont curieusement absents.

Dans les deux pays, les indices sociaux qui poussent à la révolte sont les mêmes : beaucoup de jeunes hommes et un taux de chômage élevé. Mais l'Égypte n'est pas la Tunisie. Le régime de Ben Ali ne s'appuyait que sur l'armée. Lorsqu'elle l'a laissé tomber, il était fini. En Égypte, Moubarak peut compter non seulement sur l'armée, dont il est issu, mais sur la police et un redoutable service de sécurité qui lui est dévoué.

De plus, en Égypte, la corruption ne touche pas seulement une famille, une petite clique, elle est beaucoup plus répandue. Plus nombreux sont donc ceux qui ont à perdre de la chute du régime. Mais les opposants et les analystes politiques estiment que les manifestations actuelles sont un signe que quelque chose de crucial a changé en Égypte. Psychologiquement, mentalement, un barrage s'est rompu.

Avec 80 millions d'habitants, dont la moitié sous le seuil de la pauvreté, l'Égypte est le pays le plus populeux et le centre culturel du monde arabe. Depuis son accession au pouvoir, il y a 30 ans, Hosni Moubarak est au cœur de la stratégie américaine au Proche-Orient. Washington accorde à son régime deux milliards de dollars d'aide militaire par année pour s'assurer sa fidélité inconditionnelle. Une Égypte proaméricaine est essentielle à la sécurité d'Israël. Le pays abrite certains des groupes les plus anti-israéliens de la région, dont les Frères musulmans, à l'origine d'al-Qaida, qui sont, de loin, la plus importante force d'opposition du pays.

Dans l'ensemble du Moyen-Orient, la situation ne pourrait guère être plus déprimante pour Washington. En Tunisie, un régime proaméricain ennemi des islamistes est renversé. En Égypte, Moubarak est menacé. Au Liban, les « terroristes » du Hezbollah, ennemis jurés d'Israël et de Washington, sont à constituer un gouvernement. En Iran, les ayatollahs poursuivent leur programme nucléaire malgré les menaces américano-israéliennes. En Irak, le bloc sadriste, hostile aux États-Unis, participe au gouvernement. Enfin, la porte semble définitivement refermée sur la possibilité d'un accord de paix israélo-palestinien.

L'ensemble de la politique étrangère américaine au Moyen-Orient est en train de déraper. L'influence américaine n'y a jamais été aussi limitée. Washington est condamné à réagir à l'événement. La Maison-Blanche n'est plus capable d'imposer ses diktats aux dirigeants arabes et elle est elle-même assujettie aux pressions du lobby pro-israélien, auxquelles il est impossible de résister. Le Moyen-Orient se rapproche encore une fois d'une guerre comme cela est périodiquement le cas depuis la création d'Israël en 1948.

Le rapport Payette et le spectre du journaliste patenté par l'État

28 janvier 2011

Les 250 syndiqués du journal *Le Soleil* vont être placés devant un choix par Power Corporation : « Ou vous acceptez les mêmes conditions que celles imposées à vos collègues de *La Presse*, ou on ferme la boîte. » Les méthodes de Power pour « viabiliser » ses journaux sont tout aussi brutales que celles de Quebecor. Power exige que ses journalistes de Québec passent, sans augmentation de salaire, de la semaine de 32 heures en quatre jours à 35 heures en cinq jours. Difficile de les présenter comme les « damnés de la Terre » alors qu'ils vont encore jouir de conditions de travail meilleures que celles de la plupart des salariés québécois.

C'est dans ce contexte que Dominique Payette présente au gouvernement le rapport de son groupe de travail sur le journalisme et l'avenir de l'information au Québec. Il contient quelques idées intéressantes, mais surtout une recommandation extrêmement dangereuse pour la liberté de l'information.

Payette voudrait qu'on crée au Québec un statut de journaliste officiel. Les journalistes patentés auraient toutes sortes de privilèges de l'État : abattements fiscaux, statut particulier devant les tribunaux, demandes d'accès à l'information traitées en priorité, etc. On aurait ainsi deux classes de journalistes.

C'est une idée idiote et liberticide.

Comment, je vous le demande, restreindre l'accès au journalisme peut-il favoriser la libre circulation des idées ? Dans toutes les sociétés démocratiques, le droit d'enquêter, de critiquer, de dénoncer les autorités (gouvernementales, patronales, syndicales et autres), sans autre contrôle que les recours civils pour ce qui est de la diffamation, est un droit fondamental.

Ce que Payette recommande, même si elle a l'habileté de passer par le Conseil de presse et la Fédération professionnelle des journalistes, c'est un contrôle étatique sur qui peut pratiquer le journalisme. Cela avantagerait qui, vous pensez ? Eh oui ! Ceux qui emploient et qui syndiquent actuellement le plus grand nombre de journalistes aptes à figurer sur la liste de scribes patentés du Québec. D'ailleurs, en lisant le rapport Payette, j'avais l'impression qu'il avait été préparé par le consortium Power Corporation/Radio-Canada en consultation avec la CSN.

L'avenir de l'information au Québec ne passe pas par la création de journalistes patentés par l'État. Cuba, l'Iran, la Chine et la Corée du Nord ne sont pas des exemples à suivre. C'est la recette parfaite pour imposer le conformisme et la rectitude politique dominante aux journalistes lorsqu'ils abordent des questions socialement controversées. Il y a dans le rapport une volonté d'étendre le contrôle social sur ce qui peut se dire publiquement : « T'es un journaliste professionnel. T'es mieux de ne faire de peine à personne. Sinon on va te retirer ton statut de journaliste officiel et ta carte de la CSN qui vient avec. Tu ne pourras plus travailler nulle part. »

Le sain climat de détestation agressive et compétitive entre SRC-Power et Quebecor, et la présence du *Devoir* indépendant, font plus pour la liberté de l'information au Québec que toutes les recommandations du rapport Payette.

L'Égypte : au cœur d'un mouvement de rééquilibrage mondial ?

31 janvier 2011

Après sept jours de manifestations violentes, plus de 150 morts et des milliers de blessés, le soulèvement populaire réclamant le départ de Moubarak maintient sa pression. L'armée, dont il est issu, semble le renier. Elle refuse de tirer sur la foule et se contente d'éviter les débordements et de réprimer les pillards. Ce n'est donc plus qu'une question de temps avant que le vieux dictateur prenne l'avion pour l'Arabie saoudite ou un autre pays voulant lui donner refuge afin qu'il puisse profiter des millions qu'il a volés au peuple égyptien.

Depuis la prise du pouvoir de Nasser en 1952, des généraux dirigent en Égypte. Il y a de bonnes chances que, cette fois, les militaires passent un tour et désignent un civil pour gouverner en leur nom. L'ancien directeur de l'Agence internationale de l'énergie atomique, Mohamed El Baradei, est l'homme tout désigné pour, au moins, assurer l'intérim. Il fait même presque l'unanimité. Il a le soutien des Frères musulmans et tacitement celui des États-Unis et des principales puissances européennes, qui par simple décence n'osent pas défenestrer Moubarak après l'avoir soutenu pendant 30 ans.

Israël est le pays qui va perdre le plus du changement de régime au Caire. Même si les Frères musulmans ne sont pas aussi puissants politiquement que Moubarak voulait le faire croire, ils vont avoir droit au chapitre dans le prochain gouvernement. L'une de leurs principales revendications est que l'Égypte dénonce le traité de paix signé avec Israël il y a maintenant plus de 30 ans. Les Frères musulmans sont en cela au diapason de la majorité des Égyptiens.

Pour Israël, cela implique un bouleversement de sa situation stratégique. Jusqu'ici, l'État juif pouvait compter sur l'Égypte pour contrôler la frontière avec Gaza. Un changement de régime au Caire permettrait au Hamas de se ravitailler par la frontière du Sinaï. Depuis la paix avec l'Égypte, Israël a pu diminuer de plus de la moitié la partie de son budget consacrée aux dépenses militaires. La dénonciation du traité de paix aurait pour conséquence une augmentation dramatique de ses dépenses de défense nationale et une restructuration, comme un rééquipement de son armée. Depuis 30 ans, Tsahal est organisée pour lutter contre des intifadas en Cisjordanie et pour mener des opérations contre les guérillas du Hezbollah et du Hamas. Pour faire face à l'armée égyptienne, elle va devoir de nouveau privilégier les grandes unités blindées et les opérations militaires conventionnelles. On ne voit pas comment Israël pourrait intervenir pour empêcher la chute de Moubarak ou pour s'assurer que son successeur manifeste la même compréhension que lui à son endroit.

Les conséquences pour l'Égypte seront aussi importantes. La dénonciation du traité de paix avec Israël entraînerait l'interruption de l'aide militaire annuelle de près de deux milliards de dollars de Washington. Les investissements privés venant d'Amérique et d'Europe risquent aussi de se tarir, mais, dans ce cas, ils pourraient bien être remplacés par d'autres provenant des nouvelles puissances économiques montantes du BRIC (Brésil, Russie, Inde, Chine, Afrique du Sud).

C'est là la grande différence entre la situation des dernières décennies du XXe siècle et celle d'aujourd'hui. L'hégémonie économique des États-Unis et de l'Union européenne est en déclin rapide. Dorénavant, le Brésil, la Chine, l'Inde et la Russie sont là pour contrer les pressions économiques de l'Occident, s'il y va de leurs intérêts. C'est le cas de la Chine au Soudan et ailleurs en Afrique. Avec son canal de Suez, l'Égypte est bien placée pour pouvoir profiter du rééquilibrage actuel de l'économie mondiale et pour s'y créer une marge de manœuvre géopolitique. Au Moyen-Orient, comme dirait l'historien Arnold Toynbee, « *history is again on the move* ».

Le Northern Command. L'ingérence militaire américaine au Canada

2 février 2011

Le premier ministre Harper se rend à Washington pour discuter avec le président Obama de la sécurité des frontières. L'opposition libérale craint que les conservateurs soient en train de négocier discrètement avec Washington un nouveau « périmètre de sécurité ».

Vous ne le saviez peut-être pas, mais le Canada et le Québec sont déjà dans un périmètre de sécurité américain. L'armée américaine se prépare à intervenir au Québec pour des missions de sécurité intérieure. Remarquez, pas seulement au Canada, mais aussi au Mexique et partout ailleurs en Amérique du Nord.

Dans les suites de l'attentat du 11 septembre 2001, le Pentagone a créé, en 2002, le Northern Command pour défendre les États-Unis tout en étant capable d'intervenir dans les pays voisins. Son site Web, disponible en français et en espagnol (http://www.northcom.mil/French/default. html), explique que son aire de responsabilité englobe le Canada, le Mexique et le littoral nord-américain jusqu'à environ 500 milles nautiques, et comprend également le golfe du Mexique, le détroit de Floride, les Bahamas et une partie des Caraïbes.

Il s'agit ni plus ni moins d'un commandement militaire AMÉRICAIN pour la défense du continent. À ce que je sache, ni le Canada ni le Mexique n'ont acquiescé officiellement à cette prise de responsabilité pour la défense commune de l'Amérique du Nord. D'ailleurs, contrairement au North American Aerospace Defense Command (NORAD), qui assure la défense aérospatiale du continent, aucun général canadien ne fait partie de l'état-major du NORTHCOM, dont le siège est au Colorado comme celui du NORAD.

Pourtant, les responsabilités qu'il s'attribue violent les souverainetés canadienne et mexicaine : le NORTHCOM planifie, organise et exécute des missions de défense intérieure, de soutien aux autorités civiles qui incluent notamment « des opérations antidrogues » et « la gestion des conséquences d'un événement terroriste utilisant une arme de destruction massive ».

C'est probablement dans ce cadre que le gouvernement libéral de Jean Chrétien a signé en décembre 2002 un « programme d'assistance civile » avec les États-Unis, qui prévoit les « conditions de déploiement de troupes américaines au Canada, ou vice versa, à la suite d'une attaque terroriste ou de catastrophe naturelle ».

Les libéraux ont donc accepté tacitement les responsabilités continentales du NORTHCOM. Que reste-t-il à négocier au sujet du « périmètre de sécurité » ? Les Américains vont peut-être demander à Stephen Harper de consentir officiellement par un accord binational au droit d'ingérence du NORTHCOM dans le territoire canadien ?

Jusqu'où pouvons-nous nous intégrer aux États-Unis dans les domaines de la défense, de la sécurité intérieure, de la police et du renseignement, et rester un pays indépendant ?

C'est la question que soulève le fameux «périmètre de sécurité».

L'Accord de libre-échange nord-américain (ALENA) a largement profité au Canada et au Québec. Il ne faut pas que l'ALENA s'étende au domaine militaire. Nous n'avons aucun intérêt à nous intégrer aux armées d'un empire déclinant. Il faut à tout prix éviter que nous soyons entraînés dans les aventures guerrières américaines qui s'annoncent. «Périmètre de sécurité»: oui, jusqu'à un certain point. Mais pas de «projection de sécurité à travers la planète». L'Afghanistan devrait nous servir de leçon. Les soldats canadiens ne doivent pas devenir les «tirailleurs sénégalais» de la US Army.

Le marteau de Thor pour écraser des mouches

4 février 2011

C'était d'un ridicule fini de voir les grands médias d'information du Québec parler du «grand coup» donné par l'escouade Marteau de la Sûreté du Québec (SQ) au sujet de l'arrestation de la mairesse de Boisbriand, d'un entrepreneur en construction de troisième niveau et de quelques démarcheurs de sociétés d'ingénierie. Du menu fretin.

Les enquêteurs de la SQ ont sans doute consacré plus de temps à trouver le logo pour leur escouade qu'à traquer les fraudeurs et les corrompus du domaine de la construction et de la politique. Ça va faire bientôt trois ans que les médias décrivent dans les détails des cas scandaleux de malversation, de concussion touchant Montréal, Laval, la FTQ et certaines des plus importantes compagnies de construction et d'ingénierie du Québec. Et tout ce que les «incorruptibles» de la SQ sont capables de faire, c'est d'arrêter une mairesse de village ? C'est loufoque et pathétique à la fois. Même avec les ressources que la loi leur attribue (écoutes électroniques, filatures, perquisitions, pouvoir d'interroger les gens), ils ont été jusqu'ici incapables de ferrer un seul tripoteur important.

S'ils sont à court d'idées, j'ai une suggestion pour eux. Qu'ils donnent un coup de fil à la Gendarmerie royale du Canada (GRC). Un enquêteur de ce corps policier a témoigné devant un tribunal italien que le clan mafieux Rizzuto empochait 5 % sur les contrats de construction qui se donnaient au Québec. Un flic de la police fédérale, c'est quelqu'un de sérieux. Il n'a pas affirmé cela sous serment devant une cour étrangère sans avoir de preuves pour étayer ses dires.

Si les « Marteaux » sont parfaitement nuls, qu'ils appellent leurs cousins fédéraux et qu'ils leur demandent comment ils ont fait pour découvrir l'implication de la mafia dans l'attribution de contrats de construction au Québec. Autre suggestion. Le gendarme qui a témoigné en Italie pourrait venir sous serment faire le même témoignage devant une cour au Québec. Mieux, il pourrait donner des noms et des cas circonstanciés d'extorsion. J'espère que la GRC a, au moins, transmis à l'escouade Marteau les renseignements qui ont permis à son agent de faire des déclarations aussi sensationnelles devant un juge italien.

Mais j'oubliais. Les dossiers sous enquête impliquent des politiciens au pouvoir et certains de leurs amis. Et c'est certain que ça rend les policiers et les procureurs aux poursuites criminelles extrêmement prudents. Et ce n'est pas seulement à la SQ que la circonspection est de mise dans de telles circonstances. Regardez ce qui se passe avec le scandale des commandites. Plus de 20 enquêteurs de la GRC sont affectés à ce dossier depuis 2002. Seuls quelques exécutants ont été pincés : relationnistes, deux de pique, lampistes et autres sous-fifres. Pensez-y.

Jusqu'ici aucun politicien fédéral n'a eu à répondre des crimes commis dans le cadre du plus grand scandale politico-financier de l'histoire du Canada.

Un conseil à ceux qui auraient des informations pouvant mettre les criminels dont il est question ici en prison. N'allez surtout pas confier vos informations directement à la police. Il ne se passera rien. Si vous voulez que la police s'y intéresse vraiment, contactez d'abord votre média d'information favori. Attendez que votre information soit diffusée ou publiée. Après seulement, contactez la police. Au Québec, c'est la seule marche à suivre pour s'assurer qu'un dossier soit pris au sérieux par la police quand des « politichiens » sont impliqués.

Québec solidaire : les compagnons de route de l'utopie cinq ans après

7 février 2011

Moi, j'aime bien Québec solidaire. Il regroupe une bonne partie de ce que le Québec compte de « pelleteux de nuages », pour reprendre l'expression de Maurice Duplessis. Ses dirigeants se mettent souvent les pieds dans les plats. Mais c'est parce qu'ils n'hésitent pas à écraser des orteils qui méritent de l'être. Amir Khadir, notre Gaston Lagaffe national, a bêtement manifesté contre un petit commerçant de sa circonscription, mais il a aussi été le seul député de l'Assemblée nationale à oser remettre Henri-Paul Rousseau (ex-patron de la Caisse de dépôt et placement, maintenant chez Power Corporation) à sa place. Je sais que c'est un cliché, mais il faut le dire : il représente très bien ses électeurs du Plateau-Mont-Royal.

Comme Québec solidaire est le seul parti qui ne se fera jamais proposer de l'argent par des entreprises du secteur de la construction ou des bureaux d'ingénierie, on peut compter sur ses recherchistes bénévoles pour alimenter Khadir en questions pertinentes et en détails croustillants sur les magouilleurs lors de ses interventions au salon bleu. Cela a fait de lui le politicien le plus populaire du Québec. Les Don Quichottes ont toujours les rieurs de leur côté.

Québec solidaire fait œuvre utile en drainant vers lui les indépendantistes de gauche, permettant à Pauline Marois de ramener sa formation vers le centre où se trouve la majorité des électeurs. Ah! si seulement QS pouvait attirer en son sein les vieilles barbes Marc Laviolette, Pierre Dubuc et tout ce qui reste de la faction Syndicalistes et progressistes pour un Québec libre! (SPQ Libre!) au Parti québécois!

Attendons de voir le congrès du PQ d'avril. Ce sera l'occasion ou jamais pour Pauline Marois de recentrer le parti et peut-être d'amener certains militants à se réfugier chez matante Françoise, qui s'accommode bien des semeurs de zizanie.

Québec solidaire rassemble déjà de nombreux groupuscules comme le SPQ Libre! Les noms des formations ont un cachet vieillot attendrissant dans leur désuétude, on hume le Québec des années 1970: Parti communiste du Québec (PCQ), Gauche socialiste, Masse critique, Socialisme international et Tendance Marxiste Internationale. Il faut leur ajouter deux collectifs environnementalistes. Tous avec leurs propres factions et dissidents. On parle de quelques centaines de personnes tout au plus. Comment un si petit nombre de convaincus peut-il se diviser et se subdiviser en un si grand nombre de tendances autour d'une idéologie (ou une théologie) aussi manifestement dépassée et dévaluée? Dieu merci, il y a matante Françoise pour s'occuper de toute cette marmaille.

Car il faut le souligner: même si Françoise David évite généralement la logomachie communiste, le fait est que le programme du parti est un ramassis de vieux poncifs marxistes agrémentés d'un solidarisme environnemental mondialisant pour plaire aux jeunes générations de gauchistes naïfs et verdâtres. Heureusement pour Gaston Lagaffe et matante Françoise, pratiquement personne n'a lu et ne lira le programme de QS.

Ce qui est rassurant, c'est que les belles âmes généreuses et compatissantes de QS n'ont aucune chance de prendre le pouvoir dans le monde réel. Mais elles sont excellentes dans leur rôle d'empêcheuses de danser en rond. QS joue au Québec le rôle que le NPD joue dans le reste du Canada.

Sur la question fondamentale de l'avenir du Québec, QS est un parti indépendantiste. Dans le cas d'un référendum où tous les votes comptent, son 3-4 % d'appui populaire n'est pas à négliger. Si Marois ne réussit pas à recentrer le PQ, un autre parti indépendantiste se formera peut-être à sa droite, donnant au Québec une panoplie complète de partis indépendantistes lors d'un éventuel référendum.

Opprimés de tous les pays, suivez l'exemple des Égyptiens!

14 février 2011

Ce qui s'est passé en Égypte a de quoi décevoir le Black Bloc et toutes les autres organisations, anarchistes ou pas, généralement dominées par de jeunes hommes qui rêvent de renverser des gouvernements par la violence populaire. La violence, disait Marx, est l'accoucheuse de l'Histoire. Ce n'est plus nécessairement vrai.

Le magnifique peuple égyptien a réussi à se débarrasser de Moubarak en manifestant pacifiquement pendant 18 jours et en refusant de répondre aux attaques des agents provocateurs du régime, qui voulaient le pousser dans la spirale de la violence et des représailles. L'extraordinaire discipline des Égyptiens a de quoi faire baver de rage tous les casseurs de la planète. Ce peuple admirable a même eu le sens civique de nettoyer la place Tahrir après avoir triomphé du régime. Imaginez des événements semblables au Canada, aux États-Unis ou en Europe. La nuée de psychopathes politiques qui se serait abattue sur la foule paisible et qui se serait mise immédiatement à tout briser, défoncer et incendier.

On a parlé de révolution Facebook et Twitter, mais on devrait attribuer sa victoire à Internet et à la couverture télévisée planétaire en direct. Difficile de massacrer des milliers de manifestants devant les caméras du monde entier qui diffusent les événements en temps réel 24/7. Les autorités chinoises portent encore aujourd'hui l'indignité de la répression de 1989 de la place Tian'anmen. Et ce n'était que le début de l'ère numérique et du village global virtuel. La Révolution russe de 1991, qui a chassé le Parti communiste du pouvoir en Russie et signalé l'effondrement de l'empire soviétique, s'est aussi déroulée sans grande effusion de sang. Encore là, la couverture médiatique mondiale y a été pour quelque chose. Les généraux russes ont refusé de tirer sur leur peuple en direct à la télévision.

Et, depuis ces événements, Internet, les téléphones cellulaires vidéo et les réseaux télévisés d'information continue se sont ajoutés à la panoplie des moyens de lutte contre les répressions.

La révolution du 25 janvier va sans doute faire des émules. Pratiquement tous les dirigeants des pays de la Ligue arabe méritent le sort de Moubarak. Israël est aussi directement menacé. Le peuple palestinien me semble destiné à suivre l'exemple de ses frères égyptiens pour chasser de Cisjordanie le régime despotique de Mahmoud

Abba vendu aux Israéliens et aux Américains, et pour mettre les barbus imbéciles du Hamas, tête première, dans les poubelles de Gaza.

Il est difficile de voir comment les forces de répression israéliennes pourraient écraser dans le sang une intifada «pacifique» qui comprendrait à la fois les Arabes israéliens et les Palestiniens des territoires occupés. En fait, l'intifada non violente est peut-être le seul recours qui s'offre aux Palestiniens. Massacrer en direct à l'arme automatique des milliers de manifestants désarmés avec le monde entier qui regarde, ça fait désordre. Tirer des roquettes à partir d'hélicoptères sur des jeunes gens sans défense assis dans la rue, c'est plutôt inélégant et ça donne des images déplaisantes à la télévision à l'heure du souper.

Il y a encore 15 ans, cela aurait été possible, alors que les grands médias américains dans la poche du lobby israélien dominaient l'offre télévisuelle planétaire. Ce n'est plus le cas. Maintenant, l'Œil universel, c'est Internet plus les centaines de millions de téléphones cellulaires vidéo. CNN, le porte-voix du département d'État américain et du premier ministre israélien Netanyahou, est déclassé. Le monde aime mieux la BBC et, surtout, pour les informations sur le Moyen-Orient, la chaîne qatarie Al Jazeera. Ses valeureux journalistes risquent leur vie pour témoigner des crimes de guerre et des crimes contre l'humanité, qu'ils soient commis par des tyrans arabes, des Américains ou des Israéliens. Mais rendre compte par l'image de crimes ne fait pas l'affaire de tout le monde. Jusqu'à tout récemment, le lobby israélien avait réussi à faire interdire la chaîne Al Jazeera au Canada.

Opprimés de tous les pays, rassemblez-vous pacifiquement et faites, tous ensemble, des millions de bras d'honneur télévisuels à ceux qui vous persécutent. Vous avez de bonnes chances de les avoir à l'usure.

Il y a peut-être une façon de débarrasser Montréal de Gérald Tremblay

16 février 2011

Si vous me demandez ce que je pense de Gérald Tremblay, mon sentiment est que derrière l'image de grand nunuche qui ne voit jamais rien et qui n'entend pas grand-chose se dissimule un habile opérateur qui tire les ficelles ou, à la limite, qui laisse faire toutes les magouilles et les illégalités qui se passent à l'hôtel de ville de Montréal. Quand, bien sûr, c'est dans son intérêt.

La pseudo-imbécillité sympathique et la duplicité du maire étaient parfaitement connues avant les dernières élections municipales. La campagne électorale de 2009 portait clairement sur l'éthique de Tremblay, éclaboussé par le scandale de l'attribution des contrats de compteurs d'eau à une entreprise de Tony Accurso et de plusieurs affaires de collusion dans l'octroi de contrats d'infrastructures. Les justifications incohérentes et incroyables du maire ont été gobées par les Montréalais. Tremblay s'est classé premier avec une pluralité des voix. Trente-sept pour cent des électeurs ont préféré le grand niais à ses adversaires.

Ce n'est pas la première fois que les électeurs de Montréal élisent des personnages au comportement étrange ou douteux. Rappelez-vous Pierre Bourque, alias Géranium 1er, qui fut réélu, alors que les médias montréalais à l'unanimité mettaient en cause sa gestion et que certains soulevaient même la question de sa santé mentale.

La démocratie n'assure pas qu'on élise le meilleur gouvernant possible. Ou même simplement quelqu'un d'honnête. Elle assure seulement qu'on puisse s'en débarrasser éventuellement sans prendre les armes. Les électeurs s'accommodent parfaitement d'un certain niveau de corruption pourvu qu'ils estiment qu'ils en profitent d'une façon ou d'une autre. Les Montréalais ont élu et réélu Camillien Houde, qui était manifestement corrompu, mais qui, par sa résistance à la conscription et son internement par le fédéral, était devenu un héros national.

Et il y a le cas actuel de Silvio Berlusconi en Italie, qui se vautre dans la corruption morale et civique depuis des décennies. Les Italiens le réélisent malgré tout. Je ne vois vraiment pas ce qu'ils peuvent trouver chez cet individu méprisable à part son machisme exubérant et son outrecuidance.

Le fait d'espionner le vérificateur général, Jacques Bergeron, l'homme par qui la vérité et le scandale sont arrivés à l'hôtel de ville de Montréal, montre combien le maire Tremblay et ses acolytes se considèrent comme au-dessus des règles et des lois. Ils n'ont pas répugné au conflit d'intérêts manifeste dans cette affaire. Ils auraient dû réclamer que le ministre des Affaires municipales nomme un procureur indépendant pour enquêter sur les allégations d'irrégularités. Mais la *gang* à Tremblay a préféré s'en occuper elle-même. Régler l'affaire en famille. Comme la mafia. Pourquoi au juste ? Afin d'être capable de faire chanter Bergeron si jamais on découvrait quelque chose de croustillant dans sa vie professionnelle ou privée. On aurait pu ainsi l'obliger à respecter la règle de l'omerta sous la menace de dévoiler ce qu'on savait.

Que dit le maire de toute cette affaire ? Il ne dit rien et prétend, comme c'est son habitude, ne rien savoir. La démocratie nous a donné Gérald Tremblay, il va falloir vivre avec lui jusqu'à ce qu'une majorité d'électeurs se dessille les yeux. À moins que...

On peut se débarrasser de ses deux exécuteurs de basses œuvres : le directeur général de la ville, Louis Roquet, et le contrôleur général, Pierre Reid. Ce qu'ils ont fait est carrément illégal. Ça demande l'intervention de l'escouade Marteau de la SQ. Peut-être qu'en échange de l'immunité, les deux comparses seraient disposés à dire tout ce qu'ils savent des agissements de leur patron. Si on réussit à imputer cette affaire à Gérald Tremblay, il mérite la prison. Ça serait bien la seule façon de le chasser de l'hôtel de ville. Mais je suis réaliste. Les amis de l'ex-ministre de Robert Bourassa à Québec, qui ont plein de squelettes dans leurs propres placards, vont tout faire pour le protéger.

La cyberattaque contre Ottawa : le CST dormait-il au gaz ?

16 février 2011

Le gouvernement canadien est bien discret sur l'étendue des dégâts causés par la cyberattaque dont il a été victime à partir de serveurs installés en Chine.

Pour l'instant on ne sait pas si un pays tiers a tenté d'attaquer le Canada en utilisant des serveurs chinois. Mais, comme la Chine a déjà perpétré des attaques semblables contre des adversaires (opposants tibétains, Google), on peut penser qu'elle pourrait être derrière l'attaque contre Ottawa. Pourtant, on comprend mal son intérêt à le faire. En ne retenant que l'aspect coût-bénéfice, d'autres pays devraient figurer bien avant le Canada sur la liste des cibles de cyberattaques chinoises.

Quoi qu'il en soit, le gouvernement canadien a tenté de cacher puis de minimiser l'affaire. Il a parlé de «tentative d'accès» et n'a pas voulu confirmer que des informations avaient pu être volées. Ce qu'on sait, c'est que pendant des semaines des milliers d'ordinateurs du gouvernement fédéral ont été en panne.

Après avoir pénétré l'infrastructure informatique du ministère des Finances et du Conseil du trésor, les intrus, par subterfuges, ont convaincu des fonctionnaires de leur donner des mots de passe en se faisant passer pour leur supérieur. C'est une atteinte extrêmement grave à la sécurité informatique du gouvernement du Canada. Et tout ce qu'on trouve à dire à Ottawa est qu'« il n'y a rien de particulièrement novateur à ce sujet ».

On devrait plutôt reconnaître que les services de sécurité informatique ont été lamentablement inefficaces. Cette attaque est un échec humiliant pour l'organe du gouvernement fédéral chargé de la défense informatique du Canada, le CST, qui relève du ministère de la Défense nationale, mais qui rend des comptes directement au premier ministre Harper.

Peu de Canadiens connaissent l'existence du CST, considéré comme l'organe le plus secret du gouvernement fédéral. Avec un peu moins de personnel que le SCRS, le CST a un budget annuel de quelque 250 millions de dollars. Ses quelque 2000 employés civils et militaires sont chargés de l'espionnage électronique du gouvernement fédéral et de la sécurité de ses infrastructures informatiques. Le CST possède les ordinateurs les plus puissants du pays. La loi fédérale antiterroriste C-36 de décembre 2001 a accru les capacités d'intrusion légale du CST dans les communications des citoyens canadiens.

Peut-être les fonctionnaires du CST étaient-ils trop accaparés par leur mission d'espionner les communications étrangères des Canadiens, appels téléphoniques, courriels, etc., pour protéger adéquatement les secrets informatiques du gouvernement canadien ?

Pour loger les effectifs en pleine croissance du CST, on commence dans les semaines qui viennent la construction de son nouveau quartier général de 72 000 m², dont le coût estimé est de 880 millions de dollars. Son campus comprendra plusieurs édifices sur le chemin Ogilvie dans le sud d'Ottawa, à côté du siège du SCRS.

Le syndicat des employés civils de la Défense nationale, qui qualifie le Q.G. de « Taj Mahal », en fait une maladie. Imaginez :

Ottawa veut transférer les emplois de 91 de ses membres à des entrepreneurs privés. C'est ce syndicat qui est derrière les publicités cryptiques que vous entendez à la radio actuellement au sujet du vol de secrets du gouvernement du Canada.

La Libye. Pour le « fou de Tripoli », c'est fini !

21 février 2011

C'est le président Sadate d'Égypte qui, il y a plus de 30 ans, a qualifié de « fou de Tripoli » le colonel Mouammar Kadhafi, le chef de l'État libyen. Si on regarde ses accoutrements clownesques actuels, ses déclarations récentes et son visage de dément, il est évident que sa santé mentale n'a pas évolué pour le mieux.

Les jours du bouffon excentrique qui gouverne la Libye depuis qu'il s'est emparé du pouvoir dans un coup d'État en 1969 sont comptés. À part celui des membres de sa famille et d'un quarteron de mercenaires recrutés surtout en Afrique noire, il n'a plus le soutien de personne. Des unités entières de l'armée sont passées du côté de la rébellion. Les principales tribus du pays soutiennent les rebelles et les chefs religieux musulmans condamnent les massacres de manifestants par ses sbires.

Contrairement aux despotes tunisien et égyptien, Kadhafi et ses fils n'ont nulle part où se réfugier. Il est certain qu'il n'est le bienvenu dans aucun pays arabe ; tous leurs dirigeants le trouvent ridicule et insupportable. En Europe, même son compagnon de partouze, Silvio Berlusconi, n'oserait pas l'accueillir. On voit mal l'Arabie saoudite donner refuge à un homme dénoncé par les imams de son pays.

Pour cette raison, le dénouement de ce soulèvement risque d'être beaucoup plus sanglant que les autres. Comme l'a dit son fils Seif al-Islam à la télévision, Kadhafi et sa famille vont résister jusqu'au dernier homme debout, jusqu'à la dernière cartouche. Et, si la foule leur met la main au collet alors qu'ils sont encore vivants, ça risque de donner des images impossibles à diffuser à la télévision aux heures de grande écoute. Pensez à la fin de Mussolini en 1944.

Kadhafi s'était réconcilié avec l'Europe et les États-Unis en 2004. Il avait accepté de renoncer aux armes de destruction massive et avait dédommagé les familles des 270 victimes de l'attentat de ses services secrets contre un avion de ligne américain au-dessus de Lockerbie en Écosse. La Libye a beaucoup de pétrole et, pour s'assurer que British Petroleum (BP) obtienne la part du lion du pactole, la Grande-Bretagne s'est mise à quatre pattes devant Kadhafi. Les Anglais sont allés jusqu'à libérer un des terroristes responsables de l'attentat de Lockerbie pour des raisons « humanitaires » afin d'amadouer Kadhafi. Les premiers ministres Tony Blair et Gordon Brown ont poussé la flagornerie jusqu'à se faire photographier serrant la main au barjo libyen dans un déguisement loufoque.

La chute imminente de Kadhafi a de quoi donner de nouveaux maux de tête aux Américains et aux Européens. Contrairement à ce qui se passe dans les autres pays musulmans en proie à des soulèvements populaires, il y a, en Libye, un danger que des intégristes s'emparent du pouvoir, vu l'absence totale d'opposition politique organisée. La Libye est, encore aujourd'hui, une mosaïque de tribus sans vraiment d'institutions nationales. Kadhafi incarnait à lui seul l'État. La seule entité nationale qui fasse consensus est l'islam, avec les dérives possibles que cela implique.

Un émirat islamique de Libye constituerait une menace de déstabilisation pour ses voisins d'Afrique du Nord et les pays islamisés d'Afrique noire.

Legault et l'avenir du Québec : le temps des insignifiants

23 février 2011

Deux hommes fades et insignifiants (oui, on peut être millionnaires et insignifiants) qui ont manifestement une haute opinion d'eux-mêmes veulent lancer un grand rassemblement pour renouveler la politique au Québec.

Vous avez compris que je ne fais pas confiance au renégat Legault et au businessman torontois Sirois pour nous guider sur les voies de l'avenir.

Legault nous promettait un manifeste qui détaillerait ses solutions pour sortir le Québec de sa léthargie. Il ne nous propose finalement qu'une réécriture de son discours piteux de démission d'il y a deux ans. Croit-il vraiment que le Québec va s'emballer pour une énumération de trivialités, des poncifs et des lieux communs qui pourraient figurer au programme de tous les partis politiques québécois ?

Son ancien collègue Bernard Drainville a parfaitement pris la mesure du personnage : « François joue le jeu des fédéralistes et, en divisant le vote, il joue le jeu de Jean Charest. Il nous lance un appel au courage et la première chose qu'il fait, c'est d'abandonner le combat de sa vie depuis 1998. »

Avant de se renier, qu'a fait Legault en politique ? Lors de son entrée médiatisée au PQ à l'invitation de Bouchard, il affirmait déjà qu'il n'y venait pas pour gérer la continuité. Cinq ans au gouvernement. A-t-il fait des changements à tout casser en éducation ? Dans le domaine de la santé ? Il n'y a pas de réforme Legault. Son nom n'est associé à aucun grand programme, aucune grande idée. Il était simplement là dans le décor avec son sourire béat et sa prestance de comptable de province. Pour l'éducation comme pour la santé, à part des gaffes et des bourdes qui ont braqué le milieu contre lui, il n'a rien fait de remarquable. Son passage au gouvernement a été, somme toute, banal. J'ai l'impression d'un homme déçu de lui-même pour ne pas avoir réussi sa première incursion en politique et qui veut recommencer en se promettant de faire mieux la prochaine fois.

Certains ont compris l'intérêt d'avoir quelqu'un comme Legault dans le paysage politique. Ceux qui ont amené Charest à Québec. C'est ici que Charles Sirois entre en scène. Rappelez-vous qu'il est l'un de ceux qui ont travaillé activement pour placer Charest au pouvoir à Québec à la demande de Bay Street et du Canada anglais. Il s'était chargé de recruter des candidats-vedettes pour les libéraux. Ça n'a pas été un succès. Les libéraux québécois se sont rapidement débarrassés de ce personnage à la fois suffisant, énervant et encombrant.

Il va être facile de jauger la profondeur de l'engagement de Sirois envers le Québec. Une seule question à poser au président du conseil de la Canadian Imperial Bank of Commerce (CIBC) : oui ou non, est-il favorable à la création d'une administration fédérale des marchés financiers pour remplacer l'Autorité des marchés financiers (AMF) ? Sa réponse va clairement indiquer si son goût du Québec est plus fort que son goût de l'argent. Je doute qu'il fasse de la peine à ses acolytes de la CIBC qui y sont favorables. On verra bien.

J'ai particulièrement apprécié la déclaration de Legault au sujet de la réforme constitutionnelle : il faut passer à autre chose, puisque les Anglais n'en veulent pas. J'ai rarement entendu une déclaration aussi aplaventriste d'un chef politique québécois autre que Jean Charest ou Gérard Deltell. C'est la mesure de ce qu'est devenu Legault. Voilà la force de caractère de l'homme qui ambitionne de diriger le Québec.

25 février 2011

Alerte générale.
Des drones *US*
vont vous cibler,
Le Devoir le dit !

Le Devoir affirme en manchette que des drones Predator américains — des avions de surveillance sans pilote — vont bientôt surveiller la frontière entre le Québec et les États-Unis. Un projet pilote à la frontière entre le Manitoba et le Dakota du Nord s'est révélé concluant. Les Américains envisagent maintenant de l'étendre d'un océan à l'autre.

Comme cela n'est pas une nouvelle, puisque les médias suivent l'évolution de ce dossier depuis plus d'un an, le journal a décidé d'« épicer » l'affaire en rapportant que le projet « inquiète les organismes de défense des droits et libertés, qui craignent les dérapages ». Sont-ils nombreux ? Il ne les énumère pas. *Le Devoir* ne cite que la Ligue des droits et libertés du Québec (LDL). Son président dit qu'il trouve ça préoccupant. Il explique pourquoi : « Une famille qui vit non loin de la frontière pourrait se retrouver dans l'œil du Predator lorsqu'elle joue dans sa piscine l'été, dans sa cour. Un homme qui se balade en forêt près des lignes américaines pourrait être enregistré. » Et alors ? Un avion, un hélicoptère, une personne avec une caméra pourraient faire la même chose.

Dominique Peschard trouve « dérangeant » le fait que les citoyens canadiens ne puissent rien faire contre ce type de surveillance. Mon Dieu Seigneur ! Des satellites-espions équipés de capteurs d'images numériques avec des résolutions aussi grandes que les Predator quadrillent le ciel depuis des décennies et recueillent chaque jour des millions d'images anodines. À quand la campagne de la ligue contre les satellites-espions ?

Mais on comprend Peschard et sa ligue. Ils doivent continuellement trouver des choses alarmantes, angoissantes, troublantes, choquantes et dérangeantes à dire. Sinon personne ne parlerait d'eux et ils n'obtiendraient plus de subventions. En plus, dans ce cas, ils ont le prétexte d'y être incités par *Le Devoir*.

La population en général semble beaucoup moins préoccupée de la protection de sa vie privée que les organismes patentés des droits et des libertés. On dirait même qu'elle est devenue carrément exhibitionniste.

Lisez les informations personnelles et les détails intimes de leur vie et de celles de leurs proches que les gens mettent sur Facebook. Regardez les photos et les vidéos privées qu'ils partagent en ligne avec des inconnus sur YouTube et ailleurs. Les agences de renseignements et les services policiers n'ont pas besoin de drones Predator ou de satellites-espions pour obtenir des données sur des individus qui, pour une raison ou une autre, deviennent des « sujets d'intérêt ».

Mais c'est moins vendeur de parler de Facebook, YouTube et compagnie comme sources de renseignements confidentiels que de dire aux gens qu'ils vont être sous la surveillance de drones américains Predator comme ceux qui bombardent le Pakistan et l'Afghanistan.

La réalité est qu'il n'y avait pas là de grande nouvelle et que le journaliste a fait appel à un groupuscule spécialisé pour des déclarations « préoccupantes » afin de rehausser l'intérêt de l'article. C'est une technique journalistique vieille comme le métier lui-même.

Pour faire peur au monde et rendre les gens paranos, à la Ligue, y sont parfaits !

Les *USA* à l'ONU : seuls les crimes des autres sont condamnables

La grande salle du Conseil de sécurité des Nations Unies a été, ces derniers jours, la scène d'initiatives sans précédent. La délégation libyenne à l'ONU a appuyé des sanctions contre le gouvernement de son propre pays après avoir remis en question la légitimité de Kadhafi.

Pour la première fois également, le Conseil a pris la décision unanime d'accuser le chef d'un État appartenant à l'ONU de crimes de guerre et de demander à la Cour internationale de justice d'enquêter sur les meurtres de manifestants libyens. Cette enquête pourrait conduire Kadhafi, des hauts fonctionnaires et des ministres libyens à subir des procès pour crimes contre l'humanité à La Haye et à être condamnés à des peines de prison.

La résolution du Conseil de sécurité, telle qu'elle est rédigée, va cependant permettre à des mercenaires étrangers, engagés par Kadhafi, qui sont responsables d'une bonne partie des crimes, de jouir de l'immunité.

Les États-Unis ont fait en sorte que la résolution ne s'applique pas aux mercenaires originaires de pays qui ne sont pas signataires de la convention internationale créant la Cour internationale de justice de La Haye. Ainsi, les mercenaires algériens, éthiopiens et tunisiens, parmi d'autres, vont échapper aux poursuites s'ils sont arrêtés.

Le paragraphe clé a été inséré dans la résolution par la représentante américaine à l'ONU, Susan Rice, alors même qu'elle venait de faire un discours dans lequel elle affirmait que tous ceux qui « massacrent des civils » seraient « tenus personnellement responsables » de leur crime.

Les autres membres permanents du Conseil de sécurité, dont la Russie et la Chine, voulaient que tous les coupables de crimes contre l'humanité en Libye soient envoyés devant le Tribunal pénal international. Pas les États-Unis.

Pourquoi, vous demandez-vous, les États-Unis veulent-ils protéger des responsables de crimes contre l'humanité ? Parce que Washington veut éviter de créer un précédent. Les États-Unis ne reconnaissent pas eux-mêmes l'autorité de la cour de La Haye depuis 2002, quand George W. Bush a soustrait son pays de sa compétence. Les Américains ne veulent pas qu'un jour ce soient leurs politiciens, leurs généraux et leurs soldats qui doivent répondre de leurs crimes devant le tribunal de La Haye.

Un exemple d'actes criminels en vertu du droit international commis régulièrement par les États-Unis : les assassinats à l'aide de drones de personnes soupçonnées d'être leurs ennemis sans autre forme de procès, dans plusieurs pays d'Afrique et du Moyen-Orient, dont le Pakistan. Pour le rapporteur spécial des Nations Unies, Philip Alston, il s'agit d'exécutions sommaires ou arbitraires extralégales contraires au droit international. Ça semble aussi la position des conseillers juridiques du Pentagone, puisque les militaires américains refusent d'accomplir ces missions. Les drones Predator américains, qui tuent chaque semaine des civils innocents au Pakistan et ailleurs, sont dirigés sur leur cible par des assassins de la CIA.

Depuis dix ans, une bonne partie des crimes de guerre et des crimes contre l'humanité dans le monde ont été commis par les États-Unis (et par leur allié Israël). Il ne faudrait tout de même pas que les lois internationales s'appliquent à eux. Les Américains font partie de la race des Seigneurs, ils ont Dieu de leur côté. Les respects de conventions, des règles, c'est pour Kadhafi et ses fils. C'est pour le reste de l'humanité.

L'arrogance impudente de la puissance dominante de notre époque tire à sa fin.

La conjoncture politique internationale et le contexte économique mondial lui sont inéluctablement défavorables. Il n'a fallu que dix ans, de 1939 à 1949, pour que l'Empire britannique passe de son zénith à son déclin tranquille.

Jusqu'où faut-il aller pour protéger les imbéciles contre eux-mêmes ?

On parle régulièrement dans les médias d'imbéciles qui, par leur propre stupidité, se mettent dans le pétrin et mettent ensuite en danger ceux qui sont chargés de les tirer d'affaire. Je pense aux zoufs qui décident de faire du yachting au large de la Colombie ou de la Somalie, malgré les avis répétés des autorités, et qui se font prendre en otage ou assassiner par des pirates. Le cas le plus récent d'un tel comportement est celui d'un Canadien en Afghanistan.

Je décerne donc le titre d'« Imbécile du mois » au Torontois Colin Rutherford, un type de 27 ans qui est présentement détenu en otage par les talibans, qui le considèrent comme un espion canadien. Sa page Facebook indique qu'il voyage dans le Sud asiatique depuis plus d'un an et qu'avant de se rendre en Afghanistan, il a séjourné au Pakistan et au Cachemire, deux autres endroits de tout repos. C'est vraiment à se demander si le type ne fait pas exprès. À première vue, Rutherford ne semble pas l'imbécile moyen, puisqu'il possède une formation universitaire en science et en mathématiques. Et pourtant...

Imaginez. Il a été capturé alors qu'il faisait du tourisme dans une des régions les plus périlleuses d'Afghanistan. L'ambassade du Canada met spécifiquement en garde les Canadiens qui travaillent dans ce pays contre le secteur de

Ghazni sur la route entre Kaboul et Kandahar, à cause du danger d'y être pris en otage, ou tué dans des embuscades ou par des bombes artisanales. Les talibans contrôlent la ville et la province dont elle est le chef-lieu. Au cours des années, plusieurs journalistes et travailleurs d'ONG ont été enlevés dans cette région, dont des Canadiens. Pas exactement des dilettantes qui étaient sur place pour voir du pays, apprendre la langue et s'initier à la culture locale. Non seulement l'Afghanistan est un pays en guerre, mais le Canada est l'un des belligérants. C'est donc le dernier endroit sur la planète où un Canadien devrait faire du tourisme, avec les possibles exceptions de la Libye et de l'Irak.

En plus de mettre sa propre vie en danger, Rutherford va maintenant mettre en péril celle des diplomates et des militaires canadiens qui vont tenter d'entrer en négociation avec ses ravisseurs pour obtenir sa libération en payant une rançon. Et, si cela s'avérait impossible, en tentant de le libérer par la force. Dans les deux cas, des vies vont être en danger. Il faut espérer qu'il survive à sa stupidité et qu'il ne cause pas la mort d'autres personnes.

S'il y laisse sa peau, il va sans doute être en lice pour le prix Darwin 2011. Vous ne connaissez pas cette distinction ? Créé en 1993 en l'honneur de Charles Darwin, par la scientifique américaine Wendy Northcutt, il est remis à titre posthume à des personnes mortes à la suite d'un comportement particulièrement stupide.

Le site http://www.darwinawards.com/ qui y est consacré explique que les récipiendaires contribuent ainsi à protéger le patrimoine génétique de l'espèce en évitant que le gène de stupidité qu'ils portent se propage par leur progéniture. Leur sacrifice ultime améliore ainsi les chances de survie de l'espèce humaine à long terme, selon les lois de la sélection naturelle.

Le Conseil des droits de l'homme voulait féliciter Kadhafi

4 mars 2011

Alors que le régime Kadhafi assassine par milliers des Libyens qui réclament la liberté, le Conseil des droits de l'homme de l'ONU à Genève a remis à plus tard l'éloge qu'il s'apprêtait à faire du régime libyen pour ses progrès dans le respect des droits de l'homme. Quelqu'un à l'ONU s'est tout à coup rendu compte que ce n'était pas le moment... L'Assemblée générale de l'ONU a plutôt suspendu la Libye du Conseil des droits de l'homme.

Le rapport étouffé félicitait la Libye pour avoir fait des droits de l'homme une «priorité». Plusieurs pays, dont l'Iran, le Venezuela, la Corée du Nord et l'Arabie saoudite appréciaient le fait que le régime de Kadhafi avait étendu les protections légales offertes à ses citoyens. Même le Canada a applaudi le régime dictatorial libyen dans ce domaine.

Le fait que la Libye siège au Conseil des droits de l'homme de l'ONU est une absurdité en soi. C'est qu'il est sous la coupe d'un bloc d'États islamiques et africains, soutenus par la Chine, Cuba, le Venezuela et la Russie, qui se protègent mutuellement des critiques du peu de cas qu'ils font des droits de l'homme.

Il va être intéressant de voir comment les insurrections actuelles dans la sphère arabo-musulmane de la planète vont changer cet état de fait. Le bloc de 57 pays arabo-musulmans et sympathisants se classe parmi les pays qui respectent le moins les droits de l'homme et la liberté d'expression. Il s'est surtout illustré depuis des décennies pour sa lutte sans merci contre Israël.

Depuis la création du Conseil des droits de l'Homme de l'ONU en 2006, sur les huit sessions spéciales relatives à des violations graves des droits humains, quatre ont porté sur le comportement d'Israël dans les territoires palestiniens occupés et au Liban.

Le Conseil n'a jamais enquêté sur l'interminable calvaire que le président fou du Zimbabwe, Robert Mugabe, fait subir à la population du pays. Le Conseil n'a jamais tenu de discussions ou demandé de rapport sur les violations systématiques des droits humains en Chine et au Tibet. Les violations américaines des droits fondamentaux, comme les détentions et la torture à Guantánamo de centaines de personnes, n'ont jamais, non plus, été abordées par le Conseil.

On doit aussi lui reprocher de ne jamais aborder la question du traitement des femmes et des homosexuels. Des questions comme les mutilations génitales, la lapidation et les soi-disant meurtres d'honneur sont des sujets bannis du Conseil afin de ne pas indisposer ses pays membres musulmans et africains.

C'est un grand déshonneur pour l'ONU que la Libye ait été élue par scrutin secret au Conseil des droits de l'homme il y a moins d'un an avec le soutien de 155 des 192 États membres. Le pays était parmi sept pays accusés de violations des droits de l'homme qui ont obtenu un siège au Conseil.

Human Rights Watch réclame qu'à l'avenir, seuls des pays qui respectent scrupuleusement les droits humains puissent y siéger. Il faudrait en trouver 47 sur les 192 membres de l'ONU. C'est sans doute possible. Sinon, il restera la ridicule parodie de ce qu'il devrait être.

Les témoins experts : les mercenaires du monde judiciaire ?

7 mars 2011

Témoin expert dans de nombreuses affaires, le Dr Louis Morissette a été acquitté de l'accusation de faux témoignage qui pesait contre lui. Le psychiatre de l'Institut Philippe-Pinel témoignait en faveur de Francis Proulx, qui a néanmoins été trouvé coupable de meurtre prémédité. Sous serment, le psy a affirmé avoir écouté l'enregistrement du contre-interrogatoire de Proulx, alors qu'il n'avait même pas encore été réalisé. Le juge a fait un effort particulier pour ne pas trouver Morissette coupable. J'espère que son acquittement va être porté en appel et que son ordre professionnel va se pencher sur son cas.

Cette affaire braque de nouveau les projecteurs sur l'industrie des témoins experts, un secteur d'activité en pleine expansion qui génère chaque année des centaines de millions de dollars en Amérique du Nord. Plusieurs entreprises offrent des formations, des ateliers et des séminaires pour aider les témoins experts à rendre leur témoignage plus crédible et à faire ainsi plus d'argent.

Des dizaines de milliers d'individus s'affichent comme experts devant les tribunaux sur tous les sujets imaginables : des changements climatiques aux stupéfiants, en passant par les parcs d'attractions, les piscines hors terre et les méfaits du tabac. Pendant des décennies, rappelez-vous que des experts de l'industrie du tabac ont témoigné sous serment que ce poison n'avait aucun effet négatif sur la santé...

L'entreprise Intota offre les services de 10 000 experts spécialisés dans plus de 30 000 domaines. Son site Internet propose même des experts en « scandale journalistique ». Sa publicité précise que ses experts ont été rigoureusement sélectionnés pour donner satisfaction à sa clientèle.

Des millions sinon des milliards de dollars sont en jeu dans certains litiges. Dans les semaines qui ont suivi la catastrophe écologique du golfe du Mexique, la pétrolière BP, pressentant un tsunami de poursuites, a offert de lucratifs contrats à d'éminents scientifiques des universités Louisiana State, Southern Mississippi et Texas A&M qui se situent dans des

États limitrophes. BP achetait leurs services comme témoins experts pour sa défense dans les litiges à venir portant sur les déversements de pétrole brut.

Des témoins experts véreux ou incompétents sont régulièrement l'objet de scandale. Les cas d'erreurs abondent dans les procès de maltraitance infantile. Le cas le plus célèbre au Canada est celui du Dr Charles Randal Smith, un des médecins légistes pédiatriques les plus réputés du pays. Il a été démontré que, par incompétence ou insouciance, Smith a rendu des témoignages infondés dans des dizaines de causes criminelles en Ontario en plus de deux décennies.

À cause du témoignage erroné de Smith, Louise Reynolds a été incarcérée pendant trois ans pour avoir poignardé sa fillette de sept ans plus de 80 fois avec une paire de ciseaux. La femme niait hystériquement sa culpabilité. Le témoignage de Smith a aussi fait condamner William Mullins-Johnson à 12 ans de prison pour avoir sodomisé et étranglé à mort sa nièce de quatre ans.

Dans ces deux cas comme dans des douzaines d'autres, moins dramatiques, la reprise des enquêtes a démontré que son témoignage était totalement erroné et que les preuves cliniques qu'il avançait étaient sans valeur. Un pitbull a mutilé à mort la fille de Reynolds et la nièce de Mullins-Johnson, morte de cause naturelle, n'a pas été agressée sexuellement.

Le scandale le plus récent touchant un témoin expert douteux est celui du psychologue de Floride George A. Rekers, un pasteur baptiste. Le ministère public de Floride faisait régulièrement appel à lui dans des causes impliquant l'homosexualité. Il a notamment témoigné pour le procureur de l'État contre le mariage homosexuel et contre l'adoption d'enfants par des couples de même sexe. Le journal alternatif *Miami New Times* a découvert que le Dr Rekers a fait un voyage de dix jours en Europe avec un prostitué homosexuel qu'il a apparemment rencontré par l'entremise d'un site Web de rencontres gay. Il ne pratiquait pas ce qu'il prêchait à l'église ou devant les tribunaux.

La technique classique pour discréditer les plus malhonnêtes d'entre eux est de passer au peigne fin leurs nombreux témoignages précédents. Il arrive régulièrement qu'ils aient donné au fil des ans des opinions diamétralement opposées dans des causes semblables où leur client et leur intérêt pécuniaire l'exigeaient.

Le Front National : extrême droite par rapport à qui et à quoi ?

9 mars 2011

Le Front National dirigé par Marine Le Pen, la fille de l'autre, est en tête dans les sondages en vue des prochaines présidentielles en France. Vingt-quatre pour cent des Français déclarent qu'ils voteraient pour elle, la plaçant devant les candidats potentiels du Parti socialiste et, plus loin, de Nicolas Sarkozy et son Union pour un Mouvement Populaire (UMP). Impossible de lire un article sur le Front national sans que ce dernier soit qualifié d'extrême droite.

Extrême droite par rapport à qui et à quoi ? Allez sur Internet et lisez le programme du FN. Puis comparez-le aux positions du Parti républicain américain ou du Likoud israélien, qui a donné le poste de ministre des Affaires étrangères à Avigdor Lieberman, un raciste antiarabe avéré. Regardez ce que les trois partis disent sur les Arabes et l'immigration. Comparez leurs politiques sociales et économiques. Vous vous rendrez rapidement compte que le FN n'est pas le plus extrême des trois.

Pourtant, contrairement à ce qui se dit du Front national, on n'entend et on ne lit jamais dans les médias l'expression

« le Parti républicain américain d'extrême droite... ». Pour le Likoud on se contente hypocritement de signaler qu'il signe des accords avec l'extrême droite israélienne, mais on n'ose pas dire qu'il en fait lui-même partie.

Les ténors du Parti républicain américain font réguliè-rement des déclarations antiarabes ou anti-immigration qui les mèneraient devant les tribunaux s'ils les tenaient en France. Les républicains ne lésinent pas sur les moyens pour attiser la haine antimusulmane aux États-Unis. Cette semaine, le représentant républicain de Long Island, Peter King, va présider une série d'auditions d'un comité parle-mentaire destiné à singulariser les arabo-musulmans comme des extrémistes potentiels. Une belle chasse aux sorcières maccarthyste qu'on va pouvoir suivre à la télévision.

Le représentant King déclare qu'il agit ainsi pour lutter contre le terrorisme. Mais sa haine du terrorisme n'est pas sans exception. Ce même individu a été pendant des décennies un des principaux apologistes américains de l'Armée républicaine irlandaise (IRA), à l'origine des pires atrocités jamais commises sur les sols britannique et irlandais. Les terroristes de l'IRA ont été responsables de la mort de quelque 3000 personnes pendant le conflit en Irlande du Nord entre 1969 et 2001.

Pour en revenir au Front national et à son programme, si on le compare à ceux des partis politiques québécois, il propose une plate-forme économique et sociale assez semblable à celle de l'Action démocratique du Québec (ADQ), mais avec une forte composante nationaliste et populiste, absente du parti de Deltell, inconditionnellement *canadian*.

Le nationalisme et le populisme du FN en font-ils un parti d'extrême droite ? Considéré de son vivant comme le maître de la science politique en France, René Rémond, qui ne partage pas les idées du FN, ne le pense pas. Il note que le Front national « s'inscrit dans le cadre de la démocratie représentative » et qu'il ne se confond pas avec les formations de droite, qui rejettent l'héritage de la révolution de 1789. Rémond estime que l'étiquette populiste lui convient mieux.

Populiste, le Front national l'est beaucoup plus que le Parti socialiste français, en déclin depuis plus de 20 ans, ne l'a jamais été. L'électorat populaire français, jadis séduit par le Parti communiste, a rejoint le Front national plutôt que le PS, essentiellement identifié à la petite bourgeoisie bureaucratique des fonctionnaires et des enseignants. C'est sociologiquement ce qu'est en train de devenir le PQ, avec une députation recrutée en majorité dans ces catégories sociales.

Il serait intéressant qu'une boîte de sondage demande à un échantillonnage de Québécois de se prononcer sur le programme politique de Marine Le Pen et du FN, en particulier sur leur politique concernant l'immigration, sans mentionner de noms. Mon intuition est qu'ils auraient un meilleur score que le parti virtuel de François Legault. De quoi faire de la peine à Gérard Bouchard et à une bonne partie de l'élite intellectuelle et politique québécoise.

Le F-35, l'inutile instrument d'une politique étrangère belliciste

11 mars 2011

Les 65 avions furtifs F-35, destinés à remplacer les F-18 à partir de 2017, devaient coûter 15 milliards. Avec l'entretien pendant 30 ans, ça va atteindre presque 30 milliards, selon le directeur parlementaire du budget, Kevin Page. En plus, il révèle que le développement de l'avion a pris cinq ans de retard et que ça risque de s'accroître, tout comme d'ailleurs le coût total du programme.

Page calcule que le coût d'un avion de combat typique est passé de moins de 1000 $ le kilo en 1950 à 10 000 $ aujourd'hui, alors que son poids moyen a plus que triplé depuis. Ça fait cher la tonne de ferraille.

Paf! dans la gueule de Harper, qui a décidé d'acheter le F-35 de la Lockheed Martin USA sans appel d'offres et sans même lui demander de donner l'équivalent en contrats au Canada. L'opposition n'en veut pas. Avec raison. La décision du gouvernement conservateur d'acheter des F-35 démontre son intention de mener une politique étrangère interventionniste et d'engager militairement le Canada aux côtés des Américains partout dans le monde.

On n'a pas besoin de F-35, à moins de vouloir s'associer aux aventures guerrières américaines des prochaines décennies, quand Washington va mener les combats d'arrière-garde inévitables des empires universels en déclin.

Le F-35 n'est pas un appareil destiné à assurer la défense aérienne de notre territoire. Ce n'est pas un intercepteur, c'est un avion d'attaque. Sa technologie furtive est conçue pour lui donner un avantage décisif dans des missions de première frappe. Par exemple, pour détruire les défenses aériennes ennemies dans la phase initiale d'une guerre. Comme celles que les Américains vont sans doute mener contre l'Iran, le Pakistan ou d'autres ennemis d'Israël. Sous Harper, le Canada est devenu un allié militaire de ce pays, que les Américains dotent aussi de F-35.

Le F-35 offre donc une compatibilité logicielle et matérielle intégrale avec l'aviation américaine, faisant de notre aviation la force aérienne auxiliaire par excellence des États-Unis et de notre autre allié belliqueux, Israël.

La décision d'acheter le F-35 nous éloigne d'une politique étrangère fondée sur la paix. Ce dont nous avons besoin, c'est d'un véritable intercepteur pour succéder au F-18 dans son rôle de défense aérienne du territoire, et on peut encore différer de plusieurs années le choix d'un appareil pour ce faire.

L'avenir de l'aviation militaire dans les rôles de surveillance et de suprématie aérienne est du côté des avions-robots, des drones. Les années des chasseurs et des bombardiers avec pilotes à bord sont comptées, de l'ordre d'une vingtaine sans doute. On pourrait facilement et économiquement effectuer des mises à jour technologiques nécessaires pour conserver nos F-18 actuels pour leurs missions en attendant la mise au point des futurs drones intercepteurs.

Mais ne risque-t-on pas d'être déclassés technologiquement par nos adversaires potentiels, les Russes par exemple ? Leurs bombardiers à long rayon d'action qui patrouillent au large de nos côtes depuis des décennies ne sont pas près d'être mis à la retraite. La Russie a décidé il y a quelques années de maintenir ses antiques TU-95 en activité jusqu'à l'horizon des années 2040, alors qu'ils seront presque centenaires. Nos F-18 auraient alors à peine 70 ans !

Le devoir d'ingérence en Libye : va-t-on le laisser à Ben Laden ?

14 mars 2011

La communauté internationale assiste actuellement en Libye au massacre d'un peuple qui a eu le courage de se soulever contre la tyrannie bouffonne et sanguinaire de Kadhafi. On palabre, on encourage... et on laisse faire.

Je sais bien que ce n'est ni le moment ni l'endroit que les États-Unis assument la direction d'une intervention militaire internationale. Le devoir d'ingérence revient aux puissances européennes et aux pays arabes. Je pense particulièrement aux deux pays voisins qui se sont tout récemment débarrassés de leur tyran et qui pourraient servir de tremplin à une intervention. La France a déjà reconnu le gouvernement provisoire de Benghazi. Il faut faire mieux. Maintenant que la Ligue arabe a donné le feu vert à la création d'une zone d'exclusion aérienne au-dessus de la Libye, il faut y donner suite rapidement. Et même l'anticiper.

En attendant d'obtenir l'aval du Conseil de sécurité des pays européens, je pense que la France et l'Angleterre, qui possèdent les capacités de le faire, devraient procéder au brouillage de toutes les communications militaires libyennes. Une guerre cybernétique devrait déjà être engagée. Il s'agit d'opérations clandestines dont personne n'a à revendiquer la responsabilité. Pour une fois que des pays occidentaux utiliseraient leurs capacités militaires en faveur des peuples plutôt que le contraire...

Il y a urgence d'agir. Il y a d'abord la vie de milliers de civils libyens qui est en jeu. Mais ce n'est pas tout. Tous les régimes dictatoriaux de la planète ont les yeux fixés sur la Libye pour voir si la communauté internationale va réagir. S'il ne se passe rien, les tyrans vont prendre exemple sur Kadhafi. Au lieu de fuir à l'étranger comme Ben Ali et Moubarak, ils vont réprimer avec une violence extrême toute tentative de soulèvement. C'est l'avenir du mouvement démocratique qui se manifeste actuellement dans une dizaine de pays qui est en cause.

Il est temps de réaliser l'idée de devoir d'ingérence dont on parle depuis le XVIIᵉ siècle. Le juriste hollandais Hugo Grotius a été le premier à parler de l'obligation d'intervenir dans la souveraineté d'un État s'il y a violation flagrante des droits humanitaires. L'ancien ministre français des Affaires étrangères, Bernard Kouchner, s'en est fait l'apôtre dans les années 1970 alors qu'il présidait Médecins sans frontières. Depuis, beaucoup de sang a coulé sans que la communauté internationale s'émeuve.

Pour ne citer que les tragédies les plus monstrueuses, pensons au génocide du Cambodge et à celui du Rwanda.

Rappelez-vous, dans ce dernier cas : le secrétaire général des Nations Unies, Boutros-Ghali, a interdit formellement au général Roméo Dallaire, le chef militaire de l'ONU sur place, d'intervenir. De son côté, Bill Clinton a donné ordre à sa représentante au Conseil de sécurité, Madeleine Albright, de tout faire pour éviter que la tuerie de masse soit qualifiée de génocide, ce qui l'aurait placé dans l'obligation d'intervenir. Quand les Kurdes et les chiites se sont soulevés contre Saddam Hussein, en 1991, Bush père les a encouragés, puis a laissé Saddam Hussein les massacrer. Quand son fils est intervenu contre Saddam, 12 ans plus tard, il a évoqué la possession d'armes de destruction massive par Saddam et sa collaboration avec al-Qaida, deux mensonges flagrants, pour justifier l'invasion. Il ne massacrait plus personne et l'embargo international contre l'Irak faisait plus de victimes dans la population irakienne, surtout parmi les pauvres et les enfants, que sa police.

Si l'Europe laisse faire en Libye, c'est Oussama Ben Laden qui va profiter de sa politique de non-ingérence. Les militants d'al-Qaida vont pratiquer, eux, le devoir d'ingérence islamique contre le régime laïque de Kadhafi.

Tout ce qui manque, c'est un message de Ben Laden aux Libyens, proclamant qu'il s'engage à les défendre, alors que l'Occident les laisse tomber.

La CIA : 60 ans d'incompétence et d'ignorance

19 mars 211

Le budget annuel total des 16 agences de renseignements des États-Unis est estimé à quelque 80 milliards de dollars. Les plus importants de ces services sont la CIA (renseignements extérieurs), le FBI (contre-espionnage et renseignements intérieurs), la National Security Agency (NSA — surveillance électronique mondiale) et la National Reconnaissance Office (NRO — satellites espions/imagerie numérique).

Cette «communauté du renseignement» a été construite après la Seconde Guerre mondiale. Les États-Unis s'étaient jurés de ne plus jamais être surpris, comme ils l'avaient été à Pearl Harbor par le Japon, le 7 décembre 1941.

Ont suivi six décennies d'incompétence, de manque de jugement et d'ignorance, dont l'apothéose a été l'attaque du Pentagone et du World Trade Center, le 11 septembre 2001. Le plus formidable appareil d'espionnage de l'histoire de l'humanité n'avait pas réussi à éviter que les États-Unis se fassent encore une fois surprendre par un ennemi.

Certains événements dans le cours de l'histoire sont imprévisibles. Par exemple, les révoltes de Tunisie et d'Égypte. Personne n'aurait pu prévoir que le suicide d'un jeune vendeur de légumes dans le Sud tunisien cristalliserait le ras-le-bol général de la population et déclencherait une réaction en chaîne à travers le monde arabo-musulman.

D'autres événements sont prévisibles et peuvent être détectés à l'avance, parce qu'ils demandent des préparatifs importants se déroulant sur de longues périodes de temps, qu'ils impliquent l'utilisation de ressources importantes ou qu'ils requièrent la participation et la coordination d'un grand nombre de personnes.

Voici une liste non exhaustive d'événements critiques de l'histoire contemporaine où la CIA a échoué lamentablement :

- La CIA n'a rien su de l'invasion de la Corée du Sud par les forces communistes du Nord. Le 13 octobre 1950, la CIA a assuré le président Truman que la Chine n'enverrait pas de troupes en Corée pour aider son allié. Six jours plus tard, un million de soldats chinois franchissaient la frontière coréenne ;

– En janvier 1956, dans un rapport au président intitulé *National Intelligence Estimate* (NIE), la CIA a affirmé que Moscou resterait fermement en contrôle de l'Europe orientale au moins jusqu'en 1960. Quelques mois plus tard, des émeutes éclatent en Pologne et se transforment en révolution en Hongrie ;

– En 1956, trois pays amis, la France, la Grande-Bretagne et Israël, ont réussi à dissimuler à la CIA leur plan d'invasion de la zone du canal de Suez, qu'elle a appris à la radio et dans les journaux ;

– Le 19 septembre 1962, la CIA a dit à Kennedy que la création d'une force de missiles soviétiques sur le sol cubain n'était pas dans les intentions des Soviétiques. Le 14 octobre, des avions-espions U-2 photographiaient des missiles soviétiques à Cuba ;

– En 1968, elle n'a détecté aucun signe avant-coureur de l'intervention soviétique de Prague ;

– La CIA n'a rien détecté des préparatifs égyptiens pour la guerre du Kippour de 1973. Aucun indice qu'une armée égyptienne de 300 000 hommes s'apprêtait à traverser le canal de Suez et à conquérir la ligne Bar-Lev ;

– En août 1978, la CIA a affirmé dans un NIE qu'il n'y avait aucune condition révolutionnaire en Iran et qu'on n'y détectait même pas de conditions prérévolutionnaires. Six mois plus tard, le régime du chah était renversé ;

– En 1979, la CIA a été surprise comme tout le monde de l'invasion de l'Afghanistan par les Soviétiques ;

– En 1989, la CIA a été incapable de prédire l'effondrement de l'Union soviétique ;

– Le 31 juillet 1990, la CIA a rejeté comme sans fondement les informations sur l'imminence d'une invasion irakienne du Koweït. Deux jours plus tard, le pays était envahi par les armées de Saddam Hussein ;

– La CIA a été incapable d'anticiper les attentats du 11 septembre 2001 ;

– La CIA a déclaré en 2002 dans un NIE que l'Irak poursuivait son programme d'armes de destruction massive. L'information provenait d'une seule source, nom de code Curveball. Le transfuge a admis il y a quelques semaines au journal *Guardian* et à l'émission *60 minutes* de la CBS qu'il avait menti pour recevoir de l'argent et pour pouvoir s'établir en Allemagne. La CIA ne l'a jamais interrogé personnellement ;

– Un NIE de 2005 a assuré le président américain que l'Iran était engagé dans le développement d'armes nucléaires. En 2007 un nouveau NIE a estimé avec une grande confiance qu'à l'automne 2003, Téhéran avait arrêté son programme d'armes nucléaires.

Malgré des défaillances aussi catastrophiques sur une aussi longue période de temps*, la CIA est là pour rester. En 1991 et en 1995, le sénateur démocrate Patrick Moynihan a déposé des projets de loi proposant d'abolir la CIA et de transférer ses responsabilités au département d'État. Les projets de loi de Moynihan, qui n'ont jamais été soumis au vote, étaient considérés comme un exemple de son excentricité.

* Voir Weiner, Tim. *Legacy of Ashes: The History of the CIA.* New York : Doubleday, 2007.

Le « péril jaune » gagne les universités ontariennes

25 mars 2011

Il y a quelques mois, à l'occasion de la publication de son vingtième guide annuel des universités canadiennes, le magazine *Maclean's* posait ouvertement la question : Les universités canadiennes sont-elles en train de devenir trop asiatiques ? Imaginez ce que ce même magazine aurait dit du Québec si son équivalent francophone, *L'actualité*, avait évoqué la même question.

Maclean's faisait état d'un phénomène qui frappe la Californie depuis les années 1990. Encouragés par leurs parents et possédant eux-mêmes une soif de savoir et une extraordinaire volonté de réussir, les étudiants est-asiatiques dominent les palmarès universitaires. Cela agace beaucoup de monde et a fait renaître un racisme disparu depuis des décennies. À l'époque, c'étaient les étudiants juifs qui étaient visés.

Maclean's écrit que le nombre croissant d'étudiants d'origine asiatique sur plusieurs campus universitaires ontariens crée un ressentiment chez certains étudiants « blancs » et que la composition démographique de la population étudiante inquiète des administrateurs universitaires. Des parents blancs affirment que des « étrangers » prennent la place de leurs fils et de leurs filles à l'université. L'article affirme que le même malaise touche l'Université de Waterloo et l'Université de la Colombie-Britannique, où les étudiants « blancs » auraient aussi du mal à concurrencer Chinois, Japonais et Coréens.

L'article rapporte les propos d'étudiants « blancs » qui se plaignent que leurs camarades de classe chinois et coréens ne se mélangent pas aux autres. C'était aussi le reproche qu'on faisait aux juifs à l'époque où un numerus clausus leur était imposé à McGill et dans d'autres institutions anglophones. Ce ne fut jamais le cas à l'Université de Montréal.

Maclean's cite deux étudiantes d'un collège privé huppé de Toronto qui affirment qu'elles n'ont même pas l'intention de s'inscrire à l'Université de Toronto parce qu'il y a trop de Chinois : « Tous les enfants blancs, confient-elles à *Maclean's*, veulent aller à Queen's, à Western Ontario et McGill », des institutions considérées comme plus « blanches » que l'Université de Toronto.

Incroyable, non ? Pour éviter d'être dans une université trop « asiatique », des étudiantes ontariennes anglophones aimeraient mieux venir étudier à Montréal. Mieux vaut les *frogs* que les *chinks*. Mais, comme ça se passe à Toronto et que ça touche les rejetons de la bonne société ontarienne, ça ne peut pas être du racisme, voyons donc. Ah ! si seulement les parents chinois et coréens encourageaient leurs enfants à devenir cols bleus, débardeurs ou laveurs de vaisselle, cela n'arriverait pas !

J'ai cru que l'article de *Maclean's*, publié en novembre, soulèverait un débat au Canada anglais et en Ontario. Mais rien. L'affaire a été balayée sous le tapis. Les cas de racisme, c'est tellement plus intéressant quand ça se passe au Québec.

Une campagne électorale : la somme de toutes les manipulations

27 mars 2011

La politique, c'est avant tout du théâtre. Le Parlement est une Ligue nationale d'improvisation. Une campagne électorale, c'est un festival de théâtre ambulant à la recherche d'un public. Cinq troupes avec leurs baladins, leurs clowns tristes, leurs acrobates et leurs contorsionnistes tentent, chaque jour, de renouveler suffisamment leur numéro pour impressionner la galerie, c'est-à-dire ceux qui regardent la télévision, écoutent la radio et lisent les journaux.

En campagne électorale, la guérilla de propagande que les partis politiques se livrent quotidiennement aux Communes se transforme en guerre de propagande totale, en blitzkrieg politique. L'objectif : utiliser toutes les techniques de matraquage publicitaire et de manipulation psychologique pour amener l'électeur à déposer un bulletin de vote dans le sens voulu.

Il y a un demi-siècle, le célèbre commentateur américain Walter Lippmann constatait déjà que la complexité des problèmes économiques et sociaux dépassait la compréhension du proverbial homme de la rue. Mais aucun politicien n'oserait aujourd'hui, comme le fit jadis Jean Lesage, se plaindre publiquement qu'il ne peut expliquer les subtilités d'une politique à des « non-instruits ».

L'électeur moyen a beaucoup de peine à se faire une opinion sur les questions compliquées qui sont la réalité du gouvernement du pays. C'est pourquoi, en campagne électorale, on les escamote. On confectionne quelques slogans qu'on répète à satiété, quelques idées-force, quelques lieux communs qui rassurent des segments importants de l'opinion ou de petites phrases malicieuses qui attisent les craintes et les angoisses des électeurs par rapport aux adversaires.

Les campagnes électorales servent à cristalliser les sentiments et les impressions des électeurs qui n'ont pas d'opinion arrêtée. En posant leurs questions largement diffusées dans les médias, les maisons de sondage forcent les électeurs à se définir par rapport à des réalités précises. Les sondeurs imposent ainsi un cadre de référence. C'est, à mon avis, une importante fonction cachée des sondages. Quand on pose des questions, on pose aussi des réponses. On suggère subtilement des approches, des perspectives.

Toutes les études de sociologie électorale indiquent que la plupart des électeurs alignent d'abord leur comportement sur les attitudes perçues de leurs proches. Ensuite, ils se fient à leur compréhension de ce qui se dit dans les médias. Avoir une opinion, pour un électeur, c'est aussi se situer par rapport aux autres, à l'ensemble du corps électoral. Il faut avoir suivi des politiciens en campagne électorale au Québec pour savoir que, chez beaucoup d'électeurs, ce que pensent les « autres » est un facteur significatif. Les gens approchent les journalistes pour leur demander ce que pensent les Canadiens anglais de l'évolution de la campagne au Québec.

La stratégie électorale est élaborée en fonction de dizaines de sondages sectoriels et géographiques qui découvrent ce que les électeurs veulent entendre et, aussi, ce qu'ils ne veulent pas savoir. Seront aussi bannies des campagnes électorales les questions sur lesquelles il y a un consensus des élites qui va à l'encontre du sentiment général de la population. Au Canada, une majorité d'électeurs est pour la peine de mort, mais la presque totalité des élites du pouvoir est contre.

La propagande électorale doit savoir jouer sur les tabous des électeurs, sur le non-dit. Les maîtres de la pub, qui ont l'oreille des politiciens en campagne électorale, connaissent les « 36 cordes sensibles » des électeurs, pour reprendre l'expression célèbre du publiciste Jacques Bouchard, et ambitionnent de les faire jouer comme un violon.

Une campagne électorale est la somme des manipulations des partis politiques en lice. Ce n'est pas une quête de vérité, c'est une quête de pouvoir. La libre concurrence des propagandes finit quand même par dégager quelques vérités.

La démocratie est le «moins pire» des systèmes politiques, disait approximativement Churchill... C'est bien sûr vrai dans «le plus meilleur des pays du monde».

Cuba. Viva la revolucion capitalista!

30 mars 2011

Le Parti communiste cubain tient ce mois-ci son premier congrès en 14 ans. Il va coïncider avec le 50e anniversaire de la victoire de la jeune révolution castriste opposée aux forces contre-révolutionnaires soutenues par la CIA à la baie des Cochons en 1961.

Le régime peut être fier de quelques réalisations dans les domaines de la santé et de l'éducation, mais à quel prix? Cinquante ans de bourrage de crâne, de censure, de répression politique et de privation de liberté qui ont fait fuir la totalité de la classe moyenne en Floride. La hargne et l'acharnement des États-Unis, entretenus par les exilés de Miami, ont contribué au blocage politique à La Havane. Mais le temps a fait son œuvre. La révolution cubaine est morte depuis longtemps et les dirigeants du pays, ceux qui ne sont pas encore à l'hospice, sont caricaturaux. Castro, 84 ans, a remis les rênes du pouvoir à son jeune frère Raúl, 79 ans. Le régime ramollit. Il a libéré ces derniers mois les 75 derniers prisonniers politiques de l'île.

Le congrès de La Havane va entériner sans le dire l'ouverture du pays à l'entreprise privée. Déjà en septembre dernier, Raúl Castro a renié le castrisme et le communisme en annonçant qu'il allait mettre un million de fonctionnaires à pied en abolissant leurs postes. Ils sont invités à créer leur propre entreprise ou à fonder des coopératives. Mieux, l'État communiste va avancer de l'argent aux entrepreneurs en herbe qui veulent se lancer en affaires. Je me demande comment la CSN et les syndicats de la fonction publique accueilleraient ici de telles mesures. De quoi déprimer les membres de Québec solidaire, qui durant leur congrès récent ont adopté une série de propositions qui vont à l'encontre des mesures choisies par leurs camarades et compagnons de lutte cubains.

Nos gauchistes québécois veulent resserrer le contrôle de l'État sur la totalité de l'activité économique, alors que la planète entière, y compris les anciens États ultracommunistes comme le Viêt Nam, la Chine et Cuba, rejette le modèle marxiste qui a échoué de façon catastrophique partout où il a été appliqué. Françoise David s'est retirée temporairement de la coprésidence de Québec solidaire pour écrire un manifeste politique. J'ai bien hâte de le lire. Nos progressistes sont généralement en retard d'une révolution et de deux modes intellectuelles.

Les communistes cubains masquent leur reniement de la cause derrière des slogans verbeux. Le programme de libéralisation de l'économie qui va être présenté au congrès de La Havane s'intitule : « Seul le socialisme est capable de surmonter les difficultés et de préserver les conquêtes de la Révolution. » Officiellement le régime cubain va rester communiste. Comme les régimes vietnamiens et chinois, qui le sont toujours.

Les Chinois sont peut-être des camarades communistes, mais ils exigent que les remboursements de prêts soient versés selon les échéanciers prévus. *Business is business*. La Chine, qui prête beaucoup d'argent à Cuba (comme elle finance aussi les

États-Unis), conseille Raúl Castro sur la façon de décentraliser et de libéraliser le régime en maintenant l'image de marque «communiste».

Il faut faire attention à l'image. Jadis, l'URSS subventionnait les besoins en pétrole de Cuba. Depuis l'effondrement du communisme en Russie, Cuba s'est tourné vers le Venezuela pour obtenir du pétrole à prix d'ami. Hugo Chávez, celui qui se voit comme le porteur de la flamme socialiste et révolutionnaire en Amérique latine, n'apprécierait pas du tout que La Havane embrasse trop ouvertement l'entreprise privée et le capitalisme.

La boussole rouge de Radio-Canada ne pointe jamais vers le Québec

1er avril 2011

Dans un souci strictement pédagogique, bien sûr, Radio-Canada a créé une boussole électorale pour aider les électeurs canadiens à se positionner sur l'échiquier politique.

Ce logiciel interactif, accessible sur le site Internet de CBC/Radio-Canada, affirme pouvoir découvrir quel parti politique correspond le mieux aux opinions des électeurs, qui doivent répondre à une trentaine de questions sur des sujets d'actualité sociale et politique et sur les chefs des cinq partis politiques fédéraux. Plus de 900 000 personnes ont déjà répondu au questionnaire.

Encore une bébelle qui a été imaginée à Toronto pour le réseau anglais de Radio-Canada et auquel la deuxième chaîne (le réseau français) a été obligée de s'associer. Rappelez-vous le *Canada, une histoire populaire* politiquement correct et la série *The Great War* mettant en vedette Justin Trudeau. Les deux séries ont été réalisées en fonction du Canada anglais pour tenter d'y susciter un sentiment d'appartenance nationale. La haute direction de la CBC a ensuite imposé la diffusion des deux poncifs sur sa deuxième chaîne au Québec, question notamment de l'obliger à en partager les coûts de production.

La boussole électorale de Radio-Canada me semble une « patente à gosses » du même acabit. Le logiciel a été conçu à Toronto en fonction des réalités sociopolitiques du Canada anglais. On a ensuite engagé quelques tâcherons francophones pour l'« adapter », tant bien que mal, au Québec.

Ainsi, la boussole radio-canadienne a la mauvaise tendance à pointer vers le rouge, une couleur politique qui est honnie par une immense majorité des Québécois. Selon une prof de l'Université Queen's, Kathy Brock, la boussole informe presque invariablement les utilisateurs qu'ils ont des opinions qui penchent du côté du Parti libéral. C'est que la boussole a un vice fondamental. Elle est calibrée, pondérée à partir du centre de l'échiquier politique. Et qui donc occupe cette position stratégique ? Comme par hasard, le Parti libéral du Canada.

L'Agence QMI a découvert qu'un des chercheurs qui a mis la boussole au point pour la CBC est Peter Loewen, un des conseillers de Michael Ignatieff dans sa campagne au leadership du PLC en 2006.

Le chroniqueur Yves Boisvert de *La Presse* a démontré les aberrations du logiciel, qui ne tient pas compte du fait que le Canada comprend deux nations différentes. Il a répondu « ne sais pas » à toutes les questions sauf à trois, où il s'est dit « fortement d'accord » avec le retrait immédiat d'Afghanistan, la reconnaissance de la nation québécoise dans la Constitution et l'indépendance du Québec. La boussole de Radio-Canada lui a dit qu'il était proche du Parti libéral.

Je suis donc allé en ligne et j'ai répondu, le plus honnêtement possible, aux questions. Devinez quoi ? La boussole électorale de la SRC a découvert que moi, Normand Lester, je suis proche du Parti libéral du Canada, alors que, jamais de ma vie, je n'ai voté pour cette formation d'opportunistes abjects et d'affairistes magouilleurs que je voue aux gémonies.

Le problème vient sans doute du modèle de pondération du programme. Les concepteurs torontois n'ont pas compris que, pour la majorité des électeurs francophones du Québec, la question nationale a priorité sur les autres enjeux sociaux et politiques qui situent les électeurs sur le continuum droite-gauche. Au Québec des sympathisants néo-démocrates et des personnes socialement conservatrices vont voter Bloc parce qu'à leur avis ce parti représente mieux les intérêts du Québec que les autres formations, dont ils sont plus proches idéologiquement.

Faut-il se surprendre que la direction de CBC/Radio-Canada ait mis en ligne un logiciel biaisé en faveur des libéraux fédéraux et inadapté à la réalité politique du Québec? Ça fait au moins 50 ans que des «agents d'influence libéraux» occupent des positions stratégiques dans la hiérarchie des deux chaînes de Radio-Canada, même lorsque les conservateurs sont au pouvoir.

ꜰꜰꜰꜰꜰꜰꜰꜰꜰꜰꜰꜰꜰꜰꜰꜰꜰꜰꜰ La Reconquista : l'Amérique latine
6 avril 2011   remonte vers le Québec

À l'origine, les États-Unis étaient constitués de 13 colonies anglaises agglutinées sur la côte est de l'Amérique. Par la guerre elles se sont étendues jusqu'au Pacifique. D'abord furent asservis ou exterminés les indigènes des grandes plaines, puis le Sud-Ouest fut volé à la pointe des baïonnettes au Mexique. Le Texas, le Nouveau-Mexique, le Nevada, l'Utah, le Colorado, l'Arizona et la Californie devinrent ainsi américains.

Les Mexicains n'ont jamais vraiment accepté la perte du tiers de leur territoire national. La Reconquista est le rêve inavouable de leurs élites. Par l'immigration clandestine et la fécondité, elle est en train de se réaliser. Depuis dix ans, elle s'accélère.

Les résultats du dernier recensement indiquent que la population des États-Unis comprend maintenant plus de 50 millions d'Hispaniques, soit un Américain sur six. Il y aura bientôt, en pourcentage, plus d'hispanophones aux États-Unis que de francophones au Canada.

Il suffit de se rendre dans les grandes villes américaines, de New York à Los Angeles en passant par Chicago ou Houston, pour constater que le bilinguisme anglais-espagnol est de rigueur : des renseignements sont disponibles dans les deux langues dans les administrations publiques et privées, tout comme dans les journaux, à la radio et à la télé. Je dirais qu'il est plus facile de se faire servir en espagnol dans les grandes villes américaines qu'en français dans la plupart des grandes villes du Canada anglais, dont Toronto.

Dans l'ensemble, les Hispaniques représentent plus de la moitié de l'augmentation de 27,3 millions d'habitants des États-Unis depuis 2000. La population hispanique aux États-Unis a fait un bond fulgurant de 43 % depuis dix ans. Les Américains blancs ont un âge médian de 41 ans contre 27 ans pour les Hispaniques. Dans les écoles américaines, un élève sur cinq est Latino ; au niveau de la maternelle, c'est un sur quatre. En Californie, 51 % des enfants sont d'origine hispanique, en hausse de 44 % depuis 2000.

Environ 75 % des Hispaniques vivent dans les neuf États qui ont de longue date des populations hispaniques : Arizona, Californie, Colorado, Floride, Illinois, Nouveau-Mexique, New Jersey, New York et Texas. Le Nouveau-Mexique a le plus fort pourcentage de résidents hispaniques (46,3 %), suivi par le Texas (38 %) et la Californie (37,6 %).

Au nombre de 37 millions, les Afro-Américains constituent le deuxième groupe minoritaire en importance. Mais, même dans leurs États traditionnels du Sud, pour la première fois depuis 2000, la croissance de la population hispanique a dépassé celle des Noirs et des Blancs. La population hispanique a plus que doublé dans le Kentucky, l'Alabama, le Mississippi, l'Arkansas, la Caroline du Sud et la Caroline du Nord.

Le pourcentage des Hispaniques s'accroît également dans des États à population stable comme le Massachusetts, le Rhode Island, New York, le New Jersey, l'Illinois et la Louisiane.

Les projections démographiques indiquent que les minorités ethniques et raciales seront majoritaires aux États-Unis en 2050 et que le tiers des résidants des États-Unis sera alors hispanique. Et dire que, par la *manifest destiny*, les WASPS (*White Anglo-Saxon Protestants*) américains se croyaient investis de la mission de régner sur l'ensemble de l'hémisphère ouest.

Ces statistiques sont réconfortantes pour nous, Québécois, qui, jusqu'à tout récemment, étions un coin d'Amérique latine perdu dans les glaces de l'Amérique du Nord. L'Amérique du Nord est de moins en moins anglo-saxonne. La latinité est en train de nous rejoindre.

Justin Trudeau veut garder Dany Villanueva au Canada : qu'il paie pour !

7 avril 2011

Les belles âmes et les cœurs saignants se mobilisent contre l'expulsion de la petite crapule Dany Villanueva vers son pays d'origine, le Honduras. Sa cause sera entendue la semaine prochaine à Montréal. *Rue Frontenac* révèle que le candidat-vedette du Parti libéral fédéral dans Papineau, Justin Trudeau, trouve « fort douteux » de le renvoyer chez lui, tandis que *La Presse* nous apprend que 800 personnes ont signé une pétition en sa faveur et qu'un député du Bloc s'apprête aussi à intervenir.

Faire des déclarations en l'air et signer des pétitions, ça ne coûte pas cher, ça donne bonne conscience et, pour des politiciens en campagne électorale, ça rapporte bien.

Villanueva a déjà été condamné à 11 mois de prison en 2006 pour possession d'arme à feu. Il a aussi été condamné pour vol qualifié. Il est soupçonné d'avoir utilisé une fausse arme lors d'un vol au centre-ville de Montréal en juin 2008. Il a aussi été accusé de conduite avec facultés affaiblies, de possession de marijuana et de bris de conditions.

Il est personnellement responsable de la mort de son jeune frère Fredy. Les policiers l'ont approché le 9 août 2008 pour contrôler son identité alors qu'il jouait aux dés dans un parc, ce qui est illégal. Son frère s'est porté à sa défense, provoquant l'échauffourée fatale.

Si on lui permet de rester au Canada, on a toutes les raisons de prévoir qu'il va poursuivre sa triste vie dans les ornières où il s'est déjà empêtré : de chapardages en larcins et en trafics de ci et de ça, de crimes contre la propriété en crimes contre la personne, d'emprisonnements en libérations conditionnelles, il est promis à une vie d'aide sociale et de récidive qui va coûter cher à la société. Pourquoi devrait-on payer tout cela ? Nous avons bien assez de nos criminels « nationaux ».

Combien sont-ils parmi les « signeux » de pétition qui miseraient un cent noir sur l'avenir d'homme honnête et sans reproche de Villanueva au Canada ? Bon, la plupart d'entre eux sont sans doute des « cassés » comme Villanueva lui-même, mais ce n'est pas le cas de Trudeau, qui a hérité de son père et de son grand-père. C'est un homme qui a des moyens. Il veut que Villanueva reste au Québec, qu'il montre qu'il est plus qu'un « péteux de boue », qu'il mette du pognon sur la table. Si Trudeau croit en lui, qu'il s'engage publiquement à

assumer tous les coûts que la vie de sociopathe et de criminel de Villanueva va occasionner à la société et à ses futures
victimes.

Rassurez-vous, Justin ne fera rien de la sorte. Les Trudeau
sont réputés être très proches de leurs sous.

Quinze mille individus sont renvoyés dans leur pays
chaque année pour des raisons légales malgré toutes les
embûches que le lobby de l'immigration a créées au cours des
décennies pour protéger ces criminels : demandes de révision
auprès de la Commission de l'immigration, recours à la Cour
fédérale, motifs humanitaires, etc. Trudeau père est en partie
responsable de cet état de fait déplorable.

Ceux qui parrainent des immigrants doivent déjà s'engager
financièrement à subvenir à leurs besoins. Il serait normal que
ceux qui veulent garder au Canada des criminels étrangers en
fassent autant.

Les crimes de guerre israéliens à Gaza : pourquoi le juge Goldstone renie son rapport

11 avril 2011

Le texte de la page opinion du *Washington Post* a fait sensa-
tion. Le juge Richard Goldstone, qui avait dirigé la commission
d'enquête de l'ONU sur l'invasion israélienne de Gaza, fin 2008
et début 2009, rétracte ses accusations de crimes de guerre à
l'endroit d'Israël.

Il affirme qu'il ne croit plus que les Israéliens ont inten-
tionnellement pris pour cible des civils durant l'invasion de
Gaza, qui a causé la mort de plus de 1400 Palestiniens contre
la perte de 13 Israéliens. Il dit maintenant que les civils
palestiniens ont été tués par inadvertance.

Il n'en demeure pas moins que de nombreux civils ont été tués dans des attaques où rien n'a été fait pour prévenir ces pertes de vie. Le reniement de Richard Goldstone est incompréhensible, puisque celui-ci ne remet pas en cause les éléments les plus accablants de son rapport.

Peter Hart, le directeur de Fairness and Accuracy in Reporting (FAIR), Kenneth Roth de Human Rights Watch et Jonathan Cook du magazine *Counterpunch* soulignent que les preuves contenues dans son rapport sur les crimes de guerre israéliens restent incontestées. Ils citent l'utilisation d'obus et de bombes au phosphore blanc dans des zones densément peuplées, la prise de civils comme boucliers humains, la destruction de bâtiments d'habitation sur une grande échelle et le ciblage des infrastructures civiles sans motif légitime.

Goldstone attribue son changement d'idée aux conclusions d'un comité d'experts de l'ONU présidé par Mary McGowan Davis, un ancien juge de New York, qui mettrait en cause les conclusions anti-israéliennes de son propre rapport.

Le chroniqueur Roger Cohen du *New York Times* est sidéré par l'attitude de Goldstone, puisque McGowan Davis est en fait profondément critique envers les enquêtes israéliennes sur le comportement de Tsahal à Gaza, envers leur retard, leur clémence et leur manque de transparence. Cohen souligne que le comité n'a trouvé aucune information nouvelle qui pourrait étayer le changement de conviction du juge.

Ainsi dans son texte de repentir Goldstone se dit convaincu que l'officier israélien responsable de l'assassinat de 29 membres de la famille al-Samouni sera puni. Pourtant, le rapport McGowan Davis signale qu'aucune décision n'a encore été prise à son sujet par les autorités israéliennes.

De façon générale, Roger Cohen affirme qu'«il n'y a aucune indication qu'Israël a ouvert des enquêtes sur les actes de ceux qui ont conçu, planifié, ordonné et supervisé l'opération ».

Goldstone fait grand cas que le Hamas n'a pas mené d'enquête sur ses attaques à la roquette sur le sud d'Israël. Cela, en effet, est consternant et condamnable, mais ne change pas la nature des actions posées par les soldats israéliens à Gaza.

Que s'est-il donc passé pour que Richard Goldstone se déjuge? La volte-face de ce juif pratiquant s'explique par les énormes pressions exercées sur lui, par Israël où demeure sa fille, par sa famille, par les communautés juives sud-africaine et américaine, et par le Congrès américain. Il a été cloué au pilori et abreuvé des plus viles injures: méprisable juif antisémite, hypocrite, traître. Un ministre de droite israélien a même affirmé que son rapport avait incité à l'assassinat de colons juifs en Cisjordanie.

Israël célèbre le reniement de Goldstone et se prépare à l'accueillir en héros. L'État juif envisage de demander à l'ONU d'annuler son rapport, même si Goldstone est le seul de ses quatre auteurs à se dédire.

Peu charitable envers le juge Goldstone, Roger Cohen du *Times* propose de créer le néologisme *Goldstonner*, qui aurait le sens de «semer la confusion, garder un secret et créer le chaos».

Quand les États-Unis torturent un de leurs courageux soldats

13 avril 2011

Le Pentagone a refusé lundi au rapporteur spécial sur la torture de l'ONU Juan Méndez un accès non surveillé au soldat Bradley Manning, le jeune militaire qui a copié sur une clé USB et transmis à WikiLeaks des centaines de milliers de dépêches diplomatiques confidentielles et secrètes du département d'État américain. Washington exige que la rencontre ait lieu en présence de responsables américains.

L'ONU avait demandé de pouvoir rencontrer Manning pour enquêter sur les plaintes répétées de son avocat, selon lequel il est soumis à la torture. Le mandat du rapporteur de l'ONU sur la torture est d'enquêter sur les cas de traitements cruels, inhumains ou dégradants et de faire rapport au Conseil des droits de l'homme. Voilà que les États-Unis se retrouvent aux côtés de l'Iran, de la Corée du Nord et de la Birmanie.

Des voix de plus en plus nombreuses s'élèvent aux États-Unis pour dénoncer les violations systématiques des droits de Manning par le gouvernement américain. Le mois dernier, le porte-parole du département d'État, P.J. Crowley, a qualifié le traitement du soldat de « contre-productif et stupide ». Il a été contraint de démissionner de son poste pour son honnêteté et sa franchise.

Dimanche dernier, le *New York Review of Books* a publié une lettre signée par plus de 250 avocats, professeurs et auteurs, qui qualifie les conditions de confinement de Manning d'« illégales et d'immorales ». Même le gouvernement britannique, un allié inconditionnel des États-Unis, s'est dit préoccupé par le cas de Manning. Âgé de 23 ans, ce dernier est détenu depuis le 29 juillet 2010 à la prison militaire de Quantico en Virginie dans l'attente d'un procès en cour martiale pour avoir mis en danger la sécurité nationale des États-Unis. Il passe 23 heures par jour seul, confiné à sa cellule. On lui permet une heure d'exercice, mais sans aucun contact avec d'autres prisonniers.

Les autorités militaires américaines affirment qu'il est soumis à un régime de détention spécial pour sa propre protection. Manning et son avocat disent que les abus auxquels on le soumet constituent des peines préventives. L'administration Obama rejette les accusations d'abus, mais refuse à des organisations comme Amnesty International de le rencontrer. Le Pentagone s'est même opposé à ce que le représentant et ancien candidat à l'investiture démocrate à la présidence, Dennis Kucinich, voie le prisonnier.

Les États-Unis, on le sait, utilisent la torture contre des «combattants ennemis» capturés depuis le début de l'administration Bush, à Guantánamo et ailleurs dans le monde. Cette pratique scandaleuse est maintenant appliquée à l'un de leurs propres citoyens sur le territoire des États-Unis.

Encore un nouvel exemple du fait que le président Obama, en qui je voyais l'homme du changement et du renouveau américains, n'est finalement que l'émule de Bush en plus présentable et plus intelligent.

Manning, à n'en pas douter, a contrevenu à la loi et à ses devoirs de militaire en transmettant des renseignements à WikiLeaks. C'est à son honneur d'avoir exposé l'hypocrisie et le mensonge qui caractérisent la diplomatie américaine actuelle, d'avoir mis la vérité au-dessus des règlements. Il doit répondre de ses actes et en assumer les conséquences. L'État doit démontrer sa culpabilité devant un tribunal indépendant qui jugera la peine à donner à Manning. Obama décidera aussi éventuellement s'il mérite d'être pardonné, parce que son geste courageux a servi le bien public et l'intérêt général.

À l'époque de la guerre du Viêt Nam, le président Nixon a bien pardonné à un véritable criminel de guerre, le lieutenant Calley, coupable du massacre de centaines de paysans vietnamiens.

Bradley Manning n'est ni un criminel de guerre ni un traître, c'est un héros de la liberté de l'information. Le grand coupable dans cette histoire est le cadre incompétent et idiot du service de la sécurité informatique du département d'État, qui a donné un accès généralisé et sans entraves aux secrets de son organisation sur des centaines de milliers d'ordinateurs à travers le monde. Dans d'autres pays que les États-Unis, il serait déjà passé par les armes.

Le maire Tremblay, Luigi Coretti, BCIA et les autres

15 avril 2011

Difficile de comprendre toutes les ramifications et toutes les implications des déboires actuels de la Ville de Montréal. Voici donc un petit aide-mémoire pour s'y retrouver.

Tout cela a commencé avec le contrat de 355 millions de dollars accordé au consortium GÉNIeau pour l'installation et l'entretien sur une période de 15 ans de 30 000 compteurs d'eau dans les immeubles industriels, commerciaux et institutionnels de l'Île-de-Montréal. Soulignons que c'est Claude Trudel, leader de la majorité au conseil municipal, un ancien député libéral membre de la clique rouge de l'Hôtel de Ville, qui a suggéré de « retenir la proposition de contrat indexé de GÉNIeau » et que Frank Zampino, le président du comité exécutif, a appuyé la proposition.

Frank Zampino reconnaît ensuite avoir passé des vacances sur le yacht de Tony Accurso, un des entrepreneurs participant au consortium GÉNIeau, et démissionne de son poste. Il affirme qu'il a payé pour son séjour sur le yacht, mais n'a jamais fourni les reçus.

Zampino est nommé vice-président et chef de la direction financière de la firme Dessau, partenaire d'affaires d'Accurso dans le consortium GÉNIeau. En 2009 le contrat est annulé par le maire Tremblay. Zampino quitte Dessau pour se joindre à Construction Z2, dont il devient administrateur et actionnaire. Pour gérer un important projet résidentiel, il retient les services d'une division de Simard-Beaudry de son ami Tony Accurso, dont trois entreprises se reconnaissent, entre-temps, coupables de fraudes fiscales de plusieurs millions de dollars. Rappelons que Mario Taddeo, le beau-frère de Tony Accurso, à qui il a succédé à la tête du groupe, a été assassiné par un tueur à gages à la fin des années 1980. Taddeo était proche, lui aussi, du Parti libéral du Québec (PLQ).

Frank Zampino a été maire de Saint-Léonard avant de devenir numéro deux de l'administration Tremblay. La firme de sécurité BCIA de Luigi Coretti a assuré pendant des années la protection de la maison de Frank Zampino gratuitement.

BCIA a été fondée en 1998 par Luigi Coretti, qui n'avait aucune expérience dans le domaine de la sécurité. Le libéral Pietro Perrino, ami et ex-conseiller de Jean Charest, est un investisseur dans BCIA, comme deux Fonds d'intervention économique régionaux (FIER), qui ont placé deux millions de dollars dans BCIA. Cette dernière obtient rapidement d'importants contrats, dont ceux de l'Agence métropolitaine de transport, des arrondissements de Saint-Léonard (maire Zampino) et de Verdun (maire Claude Trudel), de la Station d'épuration des eaux usées et de la Société des alcools du Québec (SAQ), dont Perrino est membre du conseil d'administration.

BCIA se voit aussi attribuer par simple entente verbale la surveillance du quartier général de la police à la demande du chef du Service de police de la Ville de Montréal (SPVM), Yvan Delorme, qui démissionne de son poste quelques semaines après que le gouvernement du Québec a renouvelé son contrat pour cinq ans au printemps 2010. Il apparaît que des enquêteurs privés, mandatés par on ne sait trop qui, et les « affaires internes » du SPVM ont mené des investigations indépendantes sur les liens qu'entretenait Delorme avec Luigi Coretti dans les semaines qui ont précédé sa démission.

Important donateur à la caisse du Parti libéral du Québec, Luigi Coretti est allé voir le ministre de la Sécurité publique, Jacques Dupuis, en 2008 pour lui demander son aide afin d'obtenir un permis de port d'armes, alors que ni lui ni sa compagnie Centurion (filiale de BCIA) n'y avaient droit.

Le bureau du ministre intervient à plusieurs reprises auprès de la SQ. Coretti obtient son permis de port d'armes.

Luigi Coretti était aussi un ami intime de l'ancien ministre libéral de la Famille, Tony Tomassi, qui a été contraint de démissionner de son poste après avoir admis qu'il utilisait une carte de crédit qui lui avait été donnée par le président de BCIA.

Coretti et BCIA sont maintenant en faillite. Le gouvernement Charest refuse de rendre public le rapport explosif sur BCIA effectué par la firme de juricomptables KPMG, qui est à l'origine d'une des enquêtes de la Sûreté du Québec.

Parallèlement et séparément, depuis deux ans, la SQ mène cinq ou six enquêtes dans tout ce bordel, alors que le contrôleur général de la Ville, Pierre Reid, s'adonne à l'ouverture illégale des courriels de plusieurs des protagonistes.

Claude Dauphin, un autre ancien député libéral, remplace Zampino au poste de président du conseil municipal. Il doit lui-même se retirer et attendre le résultat d'une enquête portant sur les conditions d'attribution d'un contrat à la firme Mindev, dirigée par Frank Minicucci, qui était, selon le journal *The Gazette*, jusqu'à récemment un membre du conseil de Simard-Beaudry de Tony Accurso.

Et ça tourne, et ça tourne. Et la police enquête et enquête et enquête...

Gilles Duceppe doit montrer qu'il est autre chose qu'un Jack Layton provincial

18 avril 2011

Jack Layton a-t-il autant le vent dans les voiles au Canada et au Québec que les derniers sondages le laissent croire ? C'est possible. Il faudra attendre les prochains mois pour voir si on a affaire à un mouvement de fond ou à une simple aberration, comme c'est souvent le cas avec les sondages. Les sondés donnent des réponses en fonction des questions qui sont posées. L'habileté d'un sondeur, c'est justement de composer et d'agencer les questions pour amener les personnes interrogées à donner la réponse voulue qui va faire la manchette. Comme la montée insoupçonnée de Jack Layton.

Gilles Duceppe, en tout cas, ne prend pas de risques et multiplie les mises en garde contre les néo-démocrates et leur chef. Si effectivement ils progressent au Québec, le chef du Bloc et ses principaux lieutenants n'auront qu'eux-mêmes à blâmer. Ils se comportent souvent comme la filiale québécoise du NPD, alors qu'ils forment le bloc national du Québec à Ottawa. On comprendrait les électeurs francophones de gauche qui préféreraient voter directement pour la maison mère plutôt que pour la succursale provinciale. Le Bloc oublie régulièrement qu'il est à Ottawa pour représenter l'ensemble des électeurs du Québec, qu'il est à Ottawa pour revendiquer l'indépendance nationale du Québec et non pour représenter les intérêts des centrales syndicales et des différents lobbies de gauche.

L'autre explication de cette fièvre néo-démocrate au Québec serait que le NPD attire des électeurs libéraux. Ça me surprendrait grandement que les Anglais, les affairistes francophones et la mafia, traditionnellement attachés au Parti libéral, se sentent tout à coup des attirances pour la social-démocratie. Le pognon n'est pas de ce côté. S'il devait y avoir des défections chez les Anglais et leurs auxiliaires, ils devraient être attirés par le pouvoir et le Parti conservateur, qui a en commun avec les libéraux beaucoup d'accointances et de carences éthiques, alourdies, il faut le dire, par un déficit intellectuel.

Quoi qu'il en soit, Gilles Duceppe a intérêt à recentrer et à radicaliser sa campagne électorale dans le sens de l'affirmation nationale du Québec. Ni Jack Layton ni les autres chefs de parti ne pourront le suivre sur cette voie. Il faut qu'il dise et répète qu'un vote pour son ami Layton est aussi dévoyé qu'un vote pour Harper ou pour Ignatieff.

Les années qui viennent s'annoncent déterminantes pour le Québec. Pauline Marois, avec le super vote de confiance du week-end, a maintenant les mains libres pour ramener le PQ vers le centre de l'échiquier politique et pour faire de son parti un véritable rassemblement pour l'indépendance nationale. De quoi diluer la gibelotte Legault-Sirois et « bardasser » le malheureux radeau de la Méduse sur lequel dérivent Deltell et ce qui reste de l'ADQ. Toutes les répartitions de votes sur la carte électorale favorisent Marois et le PQ, qui sont presque assurés de prendre le pouvoir à Québec s'ils vont chercher les électeurs du centre. Marois a promis d'exercer une « gouvernance nationale » qui va nécessairement braquer le Canada anglais contre le Québec.

Dans cette optique, le Bloc québécois a un rôle déterminant à jouer à Ottawa comme formation de première ligne. C'est pourquoi il est impératif qu'il gagne des points de pourcentage et, surtout, des sièges. Gilles Duceppe mène actuellement la première bataille de la prochaine campagne en faveur de l'indépendance du Québec.

L'OTAN sans les États-Unis : un tigre de porcelaine

20 avril 2011

Kadhafi et son armée de rien du tout — moins de 10 000 hommes maintenant sans aviation et presque sans blindés — tiennent tête depuis plus d'un mois à l'OTAN, la plus formidable alliance militaire du monde actuel, sur papier.

La révolte populaire du 15 février s'est transformée en rébellion armée. Avec l'appui aérien de l'OTAN, le renversement du « fou de Tripoli » ne devait prendre que quelques jours. Mais le régime perdure. Kadhafi fait un bras d'honneur à l'OTAN, qui s'enlise dans le conflit. Une partie substantielle des 28 membres de l'alliance est carrément hostile à l'intervention : le sale boulot est laissé à la France, à la Grande-Bretagne et à quatre autres pays, dont le Canada. Paris et Londres dépêchent maintenant sur le terrain des « conseillers militaires » pour éviter l'écrasement des rebelles. Les États-Unis, qui ont d'autres chats à fouetter, se contentent, heureusement, du rôle de gérant d'estrade.

L'aventure libyenne est en train de faire la démonstration que l'OTAN est un tigre de porcelaine quand les États-Unis ne s'impliquent pas massivement dans les opérations militaires. On découvre que les forces aériennes franco-britanniques et celles de leurs alliés ont des capacités extrêmement limitées. Déjà au Kosovo dans les années 1990, il a fallu que les Américains interviennent contre la Serbie afin de tirer les marrons du feu pour les Anglais et les Français.

Les faiblesses de l'Alliance atlantique sont aussi évidentes en Afghanistan, où chaque pays participant a pu choisir la géométrie de son implication militaire. De la trentaine de pays membres et aspirants membres de l'OTAN engagés, seuls les États-Unis, la Grande-Bretagne, le Canada, la France et la Hollande s'y battent vraiment. Les autres font de la figuration ou assurent des missions de « police de village » dans les secteurs tranquilles du pays.

L'OTAN a perdu sa raison d'être avec l'effondrement de l'empire soviétique. C'est un club d'anciens combattants auquel se sont joints des États est-européens ex-communistes encore traumatisés par leur intégration forcée au pacte de Varsovie, qui y recherchent une garantie contre le retour des Russes. La plupart de ces pays n'ont ni les capacités ni la volonté de se battre.

Le fait que les deux principales puissances européennes ne puissent vaincre facilement et rapidement un dictateur d'opérette dans leur voisinage immédiat montre qu'il y a des lacunes extrêmement graves dans le dispositif de sécurité collective du continent.

Il est temps que l'Europe prenne en main sa propre défense et cesse de compter sur les États-Unis. L'Europe doit se donner une capacité militaire vraiment autonome. Il existe bien une Agence européenne de défense depuis 2004, mais c'est encore un vœu pieux : il faudrait d'abord qu'il y ait une politique commune de défense.

Pour y arriver, il ne suffit pas de remettre en cause l'OTAN, mais peut-être aussi l'Union européenne dans sa forme actuelle.

Le dénouement de la crise libyenne va avoir des répercussions à la fois sur les relations militaires entre les États-Unis et l'Europe et sur l'organisation de la sécurité collective du continent, et peut-être sur l'Union européenne elle-même.

Les écoutes illégales d'Accurso ne le seraient peut-être pas tout à fait

22 avril 2011

Avez-vous écouté sur YouTube les trois conversations téléphoniques de Tony Accurso avec des interlocuteurs différents qui discutent de la façon de placer leur homme, Robert Abdallah, au poste de président du port de Montréal ?

Qui a bien pu faire cela ? Pourquoi l'a-t-il fait et comment s'y est-il pris ?

Voici l'hypothèse qui circule présentement dans le milieu montréalais du renseignement. Des connaisseurs en matière d'interceptions téléphoniques excluent que des détectives privés aient les moyens techniques de réaliser de telles interceptions.

Ils répugneraient aussi à soudoyer un employé d'un fournisseur de services téléphoniques, à commettre un acte criminel et à perdre leur permis.

Ces personnes croient que les écoutes ont été réalisées par la GRC avec un mandat judiciaire dans le cadre d'une opération visant le port de Montréal ou la mafia. Un gendarme aurait ensuite illégalement copié des interceptions pour en rendre certaines publiques anonymement sur YouTube.

Les trois principaux corps policiers de la région de Montréal se sont divisé le travail contre le crime organisé. La Sûreté du Québec cible les motards criminalisés, la police de Montréal s'occupe des *gangs* de rues et la GRC s'occupe de la mafia (et aussi du port de Montréal).

Pour réaliser une interception téléphonique, pas besoin de poser des micros dans des résidences ou des places d'affaires. Il suffit de se présenter chez le fournisseur de services téléphoniques avec une autorisation d'écoute signée par un juge. L'entreprise va ensuite facturer à gros prix à la police une ligne spéciale de ses installations au Q.G. de la GRC.

Dans le passé, les conversations des personnes sous écoute étaient enregistrées sur de grandes bobines qu'on rangeait ensuite sous clé. Elles étaient difficilement accessibles à quiconque aurait voulu en faire des copies non autorisées.

Il aurait fallu que la personne signe pour avoir accès au centre d'interception et signe ensuite un autre registre pour avoir accès aux grandes bobines dans la voûte. Elle aurait eu ensuite à trouver un magnétophone disponible pour faire la copie et sortir la bobine contenant la copie du centre sans être observée. Cela aurait pris des heures. Une mission pratiquement impossible.

Tout a changé avec l'informatique. Toutes les écoutes sont maintenant des fichiers numériques stockés dans la mémoire d'un ordinateur. Il a donc suffi d'introduire une clé USB dans l'ordinateur et, en quelques secondes, de copier des journées ou même des semaines d'écoute électronique.

Pourquoi un policier aurait-il voulu faire de telles copies ? Peut-être un cadre qui se désole que des enquêtes n'avancent pas et qui espère relancer des dossiers en les médiatisant.

Si c'est le cas, il faut s'attendre à d'autres fuites de conversations téléphoniques, puisqu'il est tout aussi facile de copier trois conversations que 30 000 !

Si cette explication est correcte, elle soulève plusieurs questions. Pourquoi avoir attendu la campagne électorale de 2011 pour les rendre publiques, alors que Tony Accurso est dans l'actualité depuis deux ans ? Combien d'autres écoutes électroniques légales échappent-elles maintenant au contrôle des services de police ?

« Si j'étais à la place des politiciens, des fonctionnaires et des hommes d'affaires qui ont trempé dans des affaires croches ces dernières années, je dormirais mal. Je craindrais d'être réveillé un de ces matins par un journaliste me demandant d'écouter YouTube pour confirmer que c'est bien ma voix qu'on entend », me dit un ancien policier avec un grand sourire.

Afghanistan. Le fiasco se poursuit sur son erre d'aller

25 avril 2011

Quelque 500 détenus ont réussi à s'enfuir de la prison de Kandahar par un tunnel de plus de 300 mètres de long creusé pendant cinq mois par les insurgés. Quatre des évadés étaient des commandants talibans de haut niveau. L'évasion a duré plus de quatre heures sans que les gardes s'aperçoivent de quelque chose. On soupçonne évidemment des complicités généralisées parmi le personnel de la prison. Les autorités attribuent la réussite spectaculaire de l'attaque à la négligence des forces de sécurité afghanes.

C'est la troisième fois que les talibans s'en prennent à la prison de Kandahar. En mars 2010, des commandos-suicides y avaient fait 30 morts. En 2008, un attentat avec un camion rempli d'explosifs avait permis aux insurgés d'ouvrir une brèche dans ses murs et de libérer près de 1000 prisonniers, dont 400 combattants talibans.

La nouvelle évasion démontre la totale incapacité des forces afghanes, malgré le fait qu'elles sont entraînées par l'OTAN depuis près de dix ans. Cela prouve aussi que les déclarations ronflantes des généraux américains et canadiens voulant que la sécurité ait été rétablie dans la province de Kandahar sont tout simplement des mensonges, destinés aux opinions publiques des deux pays.

Les milliards consacrés à l'entraînement de l'armée et de la police afghanes ne servent absolument à rien, notamment à cause de l'infiltration systématique de ces forces par les insurgés. Il ne se passe pas un mois sans que des instructeurs de l'OTAN tombent sous les balles de recrues qu'ils sont en train de former ou de taupes infiltrées de longue date. Une partie significative des armes, des équipements et du pétrole fourni aux militaires et aux policiers afghans est revendue au marché noir ou transférée directement à la rébellion.

Heureusement, le retrait de nos forces de combat va être complet à la fin de juin. Mais 900 de nos militaires vont continuer jusqu'en 2014 à agir comme s'il existait une vraie armée afghane et à faire semblant de l'entraîner.

L'entraînement de l'armée afghane est le prétexte trouvé par les généraux américains pour garder des troupes de l'OTAN dans le pays le plus longtemps possible pour éviter l'humiliation de la défaite.

Il n'y aura pas de miracle. Le gouvernement Karzaï, de l'avis de la plupart des spécialistes, ne va pas survivre plus de quelques mois au départ des Américains, alors que les forces de police et l'armée vont se désintégrer et, par pans entiers, rejoindre la rébellion. S'ils ont de la chance, Karzaï et ses proches vont fuir en hélicoptère vers une base américaine d'Asie centrale pour finir aux États-Unis, où ils ont d'importants investissements.

On ne parle que très peu durant la campagne électorale de cette malheureuse guerre qui a entraîné la mort de plus de 150 Canadiens, causé des blessures physiques et psychologiques graves à des milliers d'autres et coûté une vingtaine de milliards de dollars. Je trouve troublant que la question ne semble guère préoccuper l'électorat.

Les bureaucraties du Québec donnent raison au Pʳ Parkinson

27 avril 2011

Vous avez vu l'article du *Journal de Montréal*? Depuis dix ans les effectifs du réseau scolaire québécois sont tombés d'un million d'élèves à 879 000, alors que les bureaucrates pour les administrer, eux, sont passés de 5937 à 6579.

Le journaliste qui a écrit le texte ne le savait sans doute pas, mais ces données confirment la véracité des «lois de Parkinson» sur l'évolution des bureaucraties. Le professeur Cyril Northcote Parkinson a publié en 1958 un livre ironique et satirique sur les administrations gouvernementales.

En étudiant l'évolution de la marine britannique à travers les âges, il a découvert qu'alors que le nombre de navires de la flotte diminuait, le nombre de fonctionnaires de l'Amirauté chargé de la gérer s'accroissait. Parkinson prédit qu'un jour la Marine britannique aurait plus d'amiraux que de vaisseaux*!

Parkinson a ensuite étudié l'évolution sur 200 ans du Colonial Office pour arriver au même résultat. Moins la Grande-Bretagne avait de colonies, plus il fallait de bureaucrates pour les gouverner. Le Colonial Office a atteint son effectif le plus important le jour de la disparition des dernières colonies. Personne n'a perdu son emploi. Tous ses bureaucrates ont alors été transférés au Foreign & Commonwealth Office.

Une autre de ses fameuses lois s'applique sans doute aussi à toutes les bureaucraties du Québec : le nombre de fonctionnaires d'une administration augmente naturellement de 2 % par année, même s'il n'y a aucun accroissement du travail à accomplir. Il s'ensuit la « loi des mille » qui dit que « tout organisme bureaucratique dont l'effectif atteint ou dépasse mille personnes n'a besoin, pour se perpétuer, d'exercer nulle autre activité que de se gérer lui-même ».

Selon Parkinson, un fonctionnaire va naturellement être poussé à multiplier ses subalternes plutôt que ses concurrents. Parkinson affirme que les administrations ont tendance à se débarrasser de leurs éléments dynamiques pour les remplacer par des ronds-de-cuir léthargiques au nom de la tranquillité générale et de la stabilité de la caste dirigeante de l'organisation.

Au sujet de l'emploi du temps des bureaucrates, Parkinson observe que « tout travail tend à se dilater pour remplir tout le temps disponible ». Il note aussi que « plus on accorde de ressources (temps, argent, personnes, etc.) à une activité, plus l'activité va être gourmande en ressources pour finir par consommer toutes les ressources ».

On doit aussi à Parkinson un « coefficient d'inefficacité » qui stipule que plus une commission ou un comité gouvernemental a de membres, moins il est apte à prendre des décisions rapidement et efficacement. À cela s'ajoute le « coefficient de trivialité », qui veut que les instances gouvernementales aient tendance à accorder un temps et une importance exagérés à des questions insignifiantes, mais faciles à comprendre, comme des abris de vélos. Par contre, elles attribuent sans discussion des contrats complexes de centaines de millions de dollars, parce que les sommes et les questions impliquées dépassent l'entendement de leurs membres.

Les lois de Parkinson sont à l'origine de nombreuses autres études sur les bureaucraties : le principe de Peter, qui déclare que tout fonctionnaire atteint son haut niveau d'incompétence ; la loi de Goldin qui infère que la généralisation de l'incompétence est directement proportionnelle à sa hauteur dans la hiérarchie. Cela entraîne la loi de Vail, qui veut que, dans chaque projet, le travail soit sous-traité aux niveaux hiérarchiques inférieurs.

Et, pour conclure, la savoureuse loi de Conway, qui veut que, dans chaque administration, il y ait toujours quelqu'un qui comprend ce qui se passe et qu'on licencie afin d'assurer la pérennité de l'organisme.

*J'ai découvert il y a une vingtaine d'années qu'il y avait plus de généraux dans l'armée canadienne (132) que de chars d'assaut (116). Les chiffres actuels sont sans doute du même ordre.

La réconciliation du Fatah et du Hamas : pour qui sonne le glas ?

29 avril 2011

La révolution en cours dans le monde arabe va complètement bouleverser la donne dans le conflit israélo-arabe.

Le premier signe de cette tendance lourde est la réconciliation des frères ennemis palestiniens au Caire.

Grâce aux bons offices égyptiens, le Fatah laïque et le Hamas islamiste, qui s'entretuaient, se torturaient et s'emprisonnaient depuis quatre ans, s'engagent à définir une politique commune et à tenir des élections d'ici un an.

La réconciliation générale a lieu au grand dam des Israéliens et des Américains. Le président d'Israël, Shimon Peres, qualifie l'accord d'erreur fatale tandis que le premier ministre Benyamin Netanyahou affirme qu'il rend impossible toute négociation de paix. Quant à son ministre des Affaires étrangères, Avigdor Lieberman (extrême droite raciste), il menace l'Autorité palestinienne d'un vaste arsenal de mesures de représailles.

Le professeur likoudnik Emmanuel Navon de l'Université de Tel-Aviv n'hésite pas à dire que c'est une déclaration de guerre et que le président de l'Autorité palestinienne, Mahmoud Abbas, se prépare à un affrontement avec Israël.

Washington va rapidement se mettre au service d'Israël contre les Palestiniens. Le lobby proisraélien, qui dicte la politique étrangère des États-Unis au Moyen-Orient, va dans un premier temps imposer une suspension de l'aide américaine à l'administration palestinienne.

Mais cela a moins d'importance que par le passé. Les États de la péninsule arabique, l'Arabie saoudite en tête, et l'Iran ont largement les moyens de la remplacer. Quand le Hezbollah a accédé au gouvernement à Beyrouth, Washington a menacé d'interrompre son aide militaire au Liban. L'Iran a immédiatement proposé l'équivalent.

Le temps et les événements jouent contre les États-Unis et Israël. Depuis deux ans, la Turquie, la puissance économique et militaire montante du Moyen-Orient, est passée d'alliée d'Israël à une neutralité hostile. Avec le renversement de

Moubarak, l'Égypte est engagée dans un même processus de distanciation de l'État juif.

Dans les deux cas, ces réalignements s'expliquent par l'obstination du gouvernement Netanyahou à poursuivre sa politique de colonisation en Cisjordanie, au mépris du droit international, et de ses violations des droits de l'homme et des lois de la guerre dans ses interventions militaires musclées des dernières années.

Ceux qui contestent le président Bachar al-Assad de Syrie ne peuvent être considérés comme moins hostiles que lui envers Israël. C'est plutôt le contraire. Les mêmes tendances anti-israéliennes sont évidentes dans tous les groupes populaires qui luttent pour l'établissement de régimes démocratiques au Moyen-Orient.

Le gouvernement irakien n'attend que le retrait des dernières troupes américaines de son territoire pour rejoindre, lui aussi, le nouveau « front du refus » anti-israélien. C'est l'une des raisons pour lesquelles les Américains tentent par tous les moyens de retarder leur départ d'Irak. L'autre est de différer l'humiliation des grandes manifestations de « retrouvailles » chiites et l'alignement inévitable de Bagdad sur Téhéran.

Ces bouleversements sont de mauvais augure pour nous. Harper a fait du Canada un allié militaire inconditionnel d'Israël. Les généraux des deux armées se rencontrent et se consultent régulièrement. Dans les années qui viennent, le Moyen-Orient va être la scène de multiples conflits dont certains vont impliquer Israël et les États-Unis.

La tentation va être forte pour Harper, réélu majoritaire ou minoritaire, d'envoyer les Forces armées canadiennes donner un coup de main aux Américains et aux Israéliens s'ils nous appellent à l'aide, parce qu'ils se seront créé plus d'ennemis qu'ils sont capables d'en affronter. Les choix et les orientations de la politique militaire des conservateurs nous préparent à ces engagements depuis des années.

Pourquoi pensez-vous que les conservateurs tiennent tant à leurs F-35, peu importe le prix ?

‖‖‖‖‖‖‖‖‖‖‖‖‖‖‖‖‖ La mort de Ben Laden : le martyr va-t-il inspirer autant les masses que le héros ?

2 mai 2011

Oussama Ben Laden ne se cachait plus dans des grottes le long de la frontière entre l'Afghanistan et le Pakistan depuis de nombreuses années. Dans ma chronique de l'année dernière intitulée « Où se trouve Ben Laden ? », j'avançais qu'il vivait dans une résidence, qui se situait probablement dans un environnement urbain où il avait accès à CNN, à la BBC, et aux quotidiens et hebdomadaires internationaux.

Je proposais que l'endroit au monde où il serait pratiquement impossible pour les Américains d'aller le tuer était la ville sainte de La Mecque en Arabie saoudite. Il a finalement été abattu dans sa luxueuse résidence fortifiée d'Abbottabad à quelque 200 kilomètres de la frontière afghane. Cette ville abrite de nombreuses installations militaires pakistanaises, dont l'Académie militaire du pays, qui se trouve à quelques centaines de mètres de l'endroit où Ben Laden est mort. Avec ses murs fortifiés de cinq mètres surmontés de barbelés, la résidence était impossible à ignorer. Pour moi, il ne fait aucun doute que l'Inter-Services Intelligence (ISI ou services secrets militaires pakistanais) savait où se trouvait Ben Laden. Je ne suis pas le seul.

En juillet, alors qu'elle se trouvait au Pakistan, la secrétaire d'État Hillary Clinton avait accusé Islamabad de ne pas faire assez pour capturer Ben Laden. Elle avait même suggéré que le gouvernement pakistanais savait où il était.

Les Américains se méfiaient tellement de leurs alliés pakistanais qu'ils n'ont averti le gouvernement d'Islamabad qu'après l'opération engagée. À partir du moment où les forces américaines étaient dans l'enceinte du complexe de Ben Laden, les Pakistanais ne pouvaient faire autrement que de collaborer. Ils n'ont rien fait pour s'opposer à la mission des forces spéciales américaines, qui a duré une quarantaine de minutes.

Divers sondages réalisés depuis dix ans indiquent que la population pakistanaise avait une meilleure opinion de Ben Laden que des présidents Bush et Obama. L'exécution du héros des intégristes musulmans sur son territoire est donc extrêmement embêtante pour le gouvernement pakistanais, qui veut, à la fois, plaire à son opinion publique et aux Américains, qui lui fournissent des milliards de dollars d'aide militaire.

Les Américains reprochent aux Pakistanais leur double jeu. Le chef de l'état-major américain, l'amiral Michael Mullen, a même accusé l'ISI lors d'une visite au Pakistan d'entretenir des liens avec les talibans afghans qui ciblent les troupes américaines. Les plus récents documents secrets rendus publics par WikiLeaks confirment que l'ISI est considéré comme l'allié d'al-Qaida par Washington.

Les relations entre les deux pays sont actuellement à leur plus bas, mais cette opération spectaculaire pourrait les envenimer encore plus. Les Américains vont sans doute avoir accès d'ici peu aux secrets les mieux gardés d'al-Qaida, dont ceux portant sur les relations de l'organisation terroriste avec les autorités pakistanaises. Les forces spéciales américaines ont en effet saisi tous les ordinateurs qui se trouvaient dans la résidence de Ben Laden. Les spécialistes américains sont actuellement en train de décoder ces informations.

On saura dans les prochaines semaines si la mort de Ben Laden va rapprocher le gouvernement pakistanais de Washington ou si au contraire elle va accélérer la détérioration des relations. Cela va dépendre des secrets qu'on va découvrir dans les disques durs des ordis de Ben Laden et aussi de la réaction de l'opinion publique musulmane et pakistanaise à son exécution. Le martyr va-t-il inspirer autant les masses que le héros?

Ben Laden et al-Qaida n'avaient plus de véritables capacités opérationnelles autonomes. Ils ne pouvaient qu'encourager les autres à agir, des émules comme al-Qaida dans la péninsule arabique et al-Qaida au Maghreb islamique. Alors qu'al-Qaida a subi un revers stratégique, Obama obtient un succès retentissant qui va requinquer les Américains. Justice a été faite. On doit s'attendre à des représailles, mais de la part d'une organisation qui est affaiblie par dix années de frappe américaine et qui est en déclin.

Le Nouveau Bloc démocratique (NBD) du Québec balaie le BQ

4 mai 2011

Le NPD a élu assez de «poteaux» au Québec pour faire une clôture. Le parti n'aura pas un caucus québécois mais un caucus constitué des membres du club néo-démocrate de l'Université McGill. Mulcair devrait organiser un cours d'initiation à la culture québécoise et à la langue française pour ses nouvelles recrues.

Le nouveau Parlement fédéral reflète encore l'affrontement séculaire entre les deux nations. Une majorité des électeurs du Canada anglais a voté pour un gouvernement de droite, alors que les Québécois, pour marquer leur dissidence, ont élu une forte majorité de députés sociaux-démocrates. Soixante-deux si on additionne les quatre bloquistes aux 58 néo-démocrates. Curieux: la fissure politique fondamentale de ce pseudo-pays resurgit, alors même qu'on croyait du côté des Anglais la voir finalement disparaître.

Les sociaux-démocrates du Bloc (ce n'est pas pour rien qu'on le qualifiait de sénat de la CSN) ont préparé le lit du NPD pendant 20 ans. J'ai toujours trouvé agaçant que ce parti qui devait être un rassemblement national québécois fut devenu, sous Duceppe, une sorte de version provinciale du NPD avec une fleur de lys. On avait l'impression souvent qu'il prêchait plus la social-démocratie que l'indépendance. En passant, vous vous rappelez comme Duceppe, en début de campagne, était fier d'aligner les appuis qu'il recevait des organisations syndicales? Aujourd'hui on est à même de constater que leur représentativité populaire est proche de zéro.

Gilles Duceppe est à la fois le responsable de l'échec catastrophique de la première bataille de la prochaine campagne pour l'indépendance du Québec et du miracle qui fait du NPD l'opposition officielle à Ottawa. Il l'a compris. Homme honorable, il a remis sa démission dès les résultats connus.

Une partie importante de l'électorat québécois a cru Gilles Duceppe, qui lui répétait que le NPD était le parti frère au Canada, en oubliant les antécédents antiquébécois de ce parti (lac Meech, nuit des longs couteaux, rapatriement de la Constitution, etc.). J'ai hâte de voir la rapidité avec laquelle les électeurs québécois du NPD vont déchanter.

Il va être intéressant aussi de suivre l'évolution interne de ce parti, dont la quintessence est canadienne-anglaise. Des trois partis politiques fédéraux, c'est celui qui a le moins de racines chez nous et voilà que la majorité de ses députés est issue du Québec. Si jamais ce Nouveau Bloc démocratique reflète vraiment les aspirations de ses commettants québécois, les réactions du Canada anglais et des Anglos du parti vont être intéressantes.

Aux élections fédérales de 1962, le parti Crédit social a remporté 30 sièges, dont 26 au Québec grâce à Réal Caouette. Cela avait provoqué des chicanes à n'en plus finir avec le chef national du parti, Robert Thompson, et le déclin du parti. En 1972, le Crédit social en était réduit à 15 sièges, tous au Québec. L'ambitieux Thomas Mulcair se voit déjà chef national du parti. L'état de santé de Jack va peut-être favoriser une transition rapide et souple.

Les conservateurs ont réussi à élire un gouvernement majoritaire sans le Québec. Ce résultat est une manifestation du déclin démographique du Québec français au sein de la Confédération. Harper vient de montrer que le Québec est dorénavant une force politique négligeable au Canada. On va voir maintenant s'il peut gouverner sans que le Québec soit adéquatement représenté au Conseil des ministres.

Un des résultats de cette élection m'apporte une grande satisfaction. Il semble indiquer le déclin inexorable des libéraux. Tout ce qui reste du PLC au Québec, c'est le fond du baril : Coderre, Trudeau, Cotler et Dion. Tous élus, je vous le signale, par des Anglos et Néos assimilés. Aucun Québécois qui se respecte ne s'est abaissé à voter pour ce parti. Laissons-le aux minorités, aux tripoteurs, aux affairistes et à la mafia. J'aimerais croire que ce parti de traîtres et de renégats est rayé de la carte pour toujours. Même l'ancien valet de Paul Desmarais à son domaine de Sagard, Martin Cauchon, a été battu. Il apparaît que Desmarais réussit mieux à placer ses hommes de main au pouvoir en France qu'au Canada.

Pour les souverainistes, c'est un revers humiliant même si ses conséquences sont limitées. Pauline Marois et le PQ devront réfléchir à la façon de mieux incarner les aspirations de tous les Québécois. Après avoir donné leur appui à la gauche au fédéral, les électeurs québécois risquent de contrebalancer en votant à droite à Québec. François Legault et Charlie Sirois s'en frottent les mains.

Avec la disparition du Bloc, le Canada anglais croit être libéré des revendications des électeurs québécois. Il se trompe :

la grande spirale de l'affrontement entre les deux réalités nationales du Canada n'a fait que se resserrer.

Les Québécois sont-ils aussi stupides que les Canadiens le pensent?

22 403 personnes qui paraissaient assez saines d'esprit et lucides pour être admises dans un bureau de scrutin, soit 40 % des électeurs de Berthier-Maskinongé, ont choisi Ruth Ellen Brosseau, une parfaite inconnue, pour les représenter au Parlement fédéral. Tout ce qui était dit d'elle dans la documentation du NPD était qu'elle aimait les petits animaux et qu'elle veillait à leur bien-être. D'où elle venait, ce qu'elle était, ce qu'elle voulait et était capable de faire pour son comté, ses électeurs s'en foutaient comme de l'an quarante.

Plusieurs centaines de milliers de Québécois se sont ainsi précipités pour voter en faveur de « poteaux » néo-démocrates dont ils ne savaient absolument rien sauf qu'ils étaient des candidats de « Jack ». Jack qui ? Euh... Clayton... Peyton... Vous savez bien, le gars sympathique à moustache qui est passé il y a deux semaines à *Tout le monde en parle*.

Ces centaines de milliers de « Ti-counes » ont voté comme leurs voisins, comme les gars à' *job*, au garage. Rita, Thérèse et Yolande, elles, ont fait comme leurs « *chums* de filles » au salon de coiffure et au bureau : « On veut faire pareil comme les autres. Quand tout le monde votait Bloc, on votait Bloc. Le Bloc, c'est pu à mode. Chose l'a dit à radio à matin. Maintenant c'est Jack. Y le disent à tivi, tout le monde fait d'même c't'année ! C'est un beau monsieur, propre de sa personne, bien mis. Souriant et compatissant en plus. »

Que voulez-vous, je vous le demande, qu'un peuple de « suiveux » et de moutons complexés comme les Québécois fasse ? Ils vont faire comme tout le monde, de crainte d'être perçus comme différents. Ils vont être solidaires. Le mot « solidaire » déguise bien notre besoin de conformisme tricoté serré. So-So-Solidarité ! On aime tellement mijoter ensemble dans notre médiocrité collective. « Tout le monde le fait, fais-le donc », disait jadis le slogan d'une radio populaire.

On a parlé d'« effet Layton » pour expliquer ce qui est arrivé. C'est de l'« effet lemming » dont il s'agit. Vous savez, ces petits rongeurs nordiques qui sont à la fois stupides et solidaires au point de suivre leurs semblables lorsqu'ils se jettent en masse en bas d'une falaise. Il faut remplacer le mouton de la Saint-Jean-Baptiste comme notre symbole national officieux par le lemming. Heureusement, Ruth Ellen aime bien les petits animaux.

Les médias, s'appuyant sur des sondages à répétition, commentés à n'en plus finir, servent de caisses de résonance pour certains phénomènes porteurs qui attirent des auditoires. Les journalistes, qui ont naturellement le cœur à gauche, ont joué le jeu du NPD. Si Jack avait été de droite, il en aurait été différemment. Plutôt que d'encourager la vague avec des commentaires sympathiques et rieurs, ils auraient multiplié les analyses critiques, les commentaires malveillants, les reportages hostiles et les portraits négatifs pour ramener le bon peuple dans le droit chemin. Quant aux patrons de presse, à Radio-Canada, à Power Corporation et ailleurs, ils n'avaient aucune raison d'intervenir comme ils le font habituellement lorsque leurs journalistes se laissent emporter par un engouement qui menace l'ordre fédéral. Le coup de foudre pour Jack nuisait essentiellement au Bloc.

Les résultats des élections fédérales au Québec ont confirmé au Canada anglais les préjugés et les stéréotypes qu'on y entretient sur les Québécois, comme le démontrent les milliers de commentaires cruels laissés sur les sites des médias anglophones. Et la réalité est encore pire, puisque les web-mestres ont retiré les plus désobligeants et méprisants.

À Berthier-Maskinongé, il y a maintenant des électeurs qui dénoncent leur nouvelle députée parce qu'elle ne parle pas français, habite Ottawa, a préféré Las Vegas aux élections et n'est jamais venue faire campagne dans la circonscription.

Les seuls dans cette affaire qui méritent d'être vivement dénoncés sont les 22 403 « caves » du comté qui ont voté pour elle simplement pour faire comme tout le monde. Cela s'applique bien sûr à tous les imbéciles du Québec qui ont voté aveuglément en faveur de « poteaux » (quelle que soit leur valeur personnelle) parce qu'on a parlé en bien de Jack « à' tivi ».

La majorité des électeurs ne comprend rien à la politique en général et encore moins aux questions économiques et au fonctionnement de l'État. Ils se méfient des politiciens dont bon nombre sont soupçonnés d'être des menteurs et des corrompus au service des milieux d'affaires et des lobbies. Pour s'y retrouver, ils se fient à des références : amis, parents, commentateurs à la radio ou à la télé. Cette fois, il y avait unanimité. « Jack, Jack, Jack, faisaient les canards, les perdrix et les sarcelles », dirait Vigneault.

Ce qui s'est passé au Québec cette semaine démontre les limites de la démocratie.

Des moutons, des « suiveux » et des « caves », les Québécois : l'explication historique

9 mai 2011

J'ai été abreuvé d'injures et de reproches pour ma dernière chronique. Pas constructif, pas édifiant ; négatif, décourageant. On dirait que des gens me lisent comme si j'étais un curé ou un *preacher*. Il faudrait que je raconte de belles histoires qui se terminent bien. J'essaie d'expliquer la réalité sociale et politique dans sa continuité historique et d'identifier, dans ma perspective, ceux qui font de bons coups, ceux qui sont dans l'erreur, ceux qui en profitent et ceux qui se font avoir. J'essaie d'amener les gens à prendre conscience de notre situation gravissime. Ce n'est pas avec des euphémismes, des demi-mots et des périphrases que j'espère y arriver. D'ailleurs, ce n'est pas mon genre.

Les gens n'aiment pas qu'on évoque ouvertement nos tares nationales. En particulier d'être un peuple de « suiveux » et de moutons. Ce n'est pas moi qui ai inventé ces qualificatifs pour nous caractériser. Cela fait des générations qu'on les porte et, malheureusement, ils reflètent encore la réalité.

C'est une question de culture, de tradition et de mentalité. Vous avez vu les résultats de la dernière étude de la Fondation de l'entrepreneurship? Les Québécois de souche sont deux fois moins portés que les autres Canadiens à vouloir créer leur propre entreprise, à être leur propre patron.

Les Québécois, comme le dit Yvon Deschamps, veulent avant tout « une *job steady*, pis un bon *boss* ». Et c'est le gouvernement qui offre la *job* la plus *steady* et qui est le bon *boss* par excellence. Il ne risque pas de fermer ses portes ou de procéder à des mises à pied. Une *job* à vie. Même pour les médiocres.

Lancer sa propre affaire. Pensez-y pas ! En plus d'être des « suiveux », on est frileux. On n'a pas exactement le goût du risque. On est le peuple sur la Terre qui dépense le plus pour s'assurer et les compagnies d'assurances exploitent notre insécurité maladive ! « Prendre des risques », ce n'est pas « nous autres » et ça va l'être de moins en moins, avec notre population vieillissante. Les petits vieux ne sont pas, en général, attirés par les défis, les changements, par le vent du large… Le risque chez nous se limite à mettre un « petit deux à la loto ».

Le sociologue germano-italien Robert Michels a montré comment les masses italiennes à la fin du XIXe siècle abandonnèrent l'Église catholique pour le socialisme. Après avoir pendant des siècles défilé, lors de la Fête-Dieu, derrière des images du Christ et de la Vierge, du jour au lendemain le bon peuple s'est mis à marcher, le 1er mai, en brandissant des images de Marx et d'Engels. La vérité imposée d'en haut et les valeurs de solidarité de l'Église catholique ont été reprises par les syndicats et les organisations politiques marxistes. Ce que les masses catholiques de l'Europe ont connu dans les années 1880-1900, nous, au Québec, nous l'avons vécu entre 1960 et 1980. Le même transfert s'est effectué de l'Église vers l'idéologie socialiste, qui proposait une version laïque de la solidarité catholique et un paradis sur Terre plutôt qu'au-delà des nuages. Mais la mentalité est restée la même.

Les pays du nord de l'Europe ont été imperméables au marxisme. La Réforme protestante, axée sur l'individu plutôt que sur la collectivité, y avait changé profondément les mentalités. Dans les États réformés, chacun a l'obligation de faire son salut plutôt que de suivre, solidairement, la voie imposée par l'Église. On encourage l'individu à lire la Bible pour pouvoir lui-même comprendre les révélations divines. L'Europe catholique dissuadait les fidèles de la lecture et de l'éducation. Seul le clergé pouvait comprendre la Bible et en répandre les enseignements.

Le résultat : l'Europe protestante prend des centaines d'années d'avance pour ce qui est de l'alphabétisation. Au Québec ça fait moins de 100 ans que la majorité des francophones est alphabétisée et scolarisée. Encore aujourd'hui l'éducation est perçue comme moins importante chez les Québécois de souche, affligés par un taux de décrochage scolaire plus élevé que chez les autres groupes sociaux.

Ce besoin de suivre un chef, de se conformer et de s'intégrer à une organisation autoritaire pour réaliser son destin nous vient également de l'Église catholique. Les fascismes européens au XXᵉ siècle, je vous le rappelle, ont prospéré dans les pays catholiques : Portugal, Espagne, Italie, France. Dans les pays germanophones, ce sont les régions catholiques qui ont été le plus touchées par le nazisme : Bavière, Autriche, etc.

Les Québécois ont beau avoir renoncé dans leur majorité aux pratiques religieuses catholiques, le catholicisme est encore massivement présent dans leur mentalité et dans leurs pratiques sociales.

Quand je vois, en une semaine, des centaines de milliers de Québécois sous-informés aligner leur intention de vote sur celle perçue de la majorité pour se conformer à une vague appréhendée, cela me préoccupe. Ça tient plus d'un solidarisme malsain et instinctif issu de notre mentalité catholique que d'un choix de citoyen éclairé.

La droite *US* veut ajouter le Pakistan à l'« axe du mal ». Bouclez vos ceintures !

11 mai 2011

Un membre en règle de l'extrême droite belliciste des États-Unis, David Frum, suggère dans sa chronique sur le site de CNN que les États-Unis cessent de faire la guerre en Afghanistan pour s'en prendre plutôt au Pakistan, à l'origine, selon lui, du mal terroriste. Frum est un Canadien qui est parvenu à se faire accepter dans le cénacle des « penseurs » néo-conservateurs américains. Il collabore aussi au quotidien likoudnik de Toronto, *National Post*, où, lorsque l'occasion se présente, il se joint à la charge contre l'affirmation nationale du Québec.

En tant que rédacteur de discours de l'ignare George W. Bush, c'est lui qui a inventé l'expression absurde d'«axe du mal» pour réunir l'Irak, l'Iran et la Corée du Nord. Absurde, parce que l'Irak de Saddam et l'Iran des ayatollahs étaient des ennemis mortels. Mais la vérité et la réalité n'ont souvent rien à voir avec les élucubrations de Frum, un partisan inconditionnel de la domination américaine de la planète comme façon d'assurer la sécurité et la pérennité d'Israël.

Frum se demande donc sur CNN si l'exécution de Ben Laden par des commandos américains ne rend pas l'intervention américaine en Afghanistan obsolète. L'homme, qui a été l'un de ceux qui ont poussé Bush dans les guerres où il s'est enlisé, reproche maintenant au président Obama d'avoir aggravé le problème en augmentant les effectifs américains dans le pays!

Il déplore que les États-Unis ne puissent prendre des mesures énergiques contre le Pakistan parce que pratiquement tout le ravitaillement des armées américaines en Afghanistan arrive par convois à travers ce pays. Frum affirme que la guerre d'Afghanistan est ingagnable du fait que le Pakistan soutient en sous-main les talibans, qu'il les finance, les approvisionne et donne sanctuaire à leurs chefs de son côté de la frontière. Il se trompe.

La guerre d'Afghanistan est ingagnable parce que les talibans sont les fils du pays qui luttent contre des armées étrangères qui imposent à Kaboul un gouvernement fantoche.

Frum pose des questions insidieuses du genre à inciter à une intervention militaire au Pakistan. Il se demande si les généraux qui ont protégé Ben Laden ne sont pas les mêmes qui contrôlent la force nucléaire du Pakistan. Pourquoi la doctrine formulée par l'administration de George W. Bush et entérinée par Obama, «ceux qui abritent des terroristes seront traités comme des terroristes eux-mêmes», ne s'applique-t-elle pas au Pakistan ? Il escamote le fait que le Pakistan a capturé plus de terroristes d'al-Qaida que les Américains et leurs alliés réunis.

Le porte-voix de l'extrême droite américaine devrait savoir que la situation catastrophique des finances publiques des États-Unis leur enlève une grande partie de leur liberté d'action géostratégique. Ce n'est vraiment pas le moment pour les États-Unis de s'engager dans une nouvelle guerre, dans un pays de 175 millions d'habitants qui possède l'arme nucléaire.

Faire du Pakistan un ennemi ou même simplement le traiter de façon antipathique serait une erreur monumentale pour Washington. Islamabad se rapprocherait de Pékin, dont il est l'allié depuis des décennies contre l'Inde. Toute interruption de l'aide américaine au Pakistan serait rapidement remplacée par des subsides chinois. Les Chinois, contrairement aux Américains, ont les moyens financiers de mener une politique étrangère de grande puissance.

Les États-Unis n'ont plus de tels moyens, en grande partie à cause des guerres déclenchées à l'instigation des néoconservateurs comme Frum et des politiques financières toxiques défendues par les mêmes idéologues au profit de leurs amis de Wall Street.

La Commission des droits de la personne est-elle dominée par des racistes ?

13 mai 2011

Parmi la centaine de recommandations de son rapport, elle demande à la police d'établir l'origine raciale des suspects qui sont arrêtés et que cette information soit intégrée dans les statistiques criminelles. Moi, ça me rappelle l'Afrique du Sud du temps de l'apartheid.

Cette commission qui, en général, se méfie de la police comme du diable et qui est une caricature de la rectitude politique veut que les mêmes policiers, dont elle dénonce les lacunes et les préjugés, soient chargés d'établir l'ethnicité d'un suspect. Comment ? En la lui demandant ? En la déduisant de son nom, de son accent ? Pire, de son faciès, de ses vêtements, de sa démarche, de sa coiffure ?

Va-t-on donner des cours permettant aux policiers et autres intervenants de distinguer entre Africains, Antillais, Latinos, Maghrébins, de devenir des spécialistes des nuances de la couleur de la peau ? La règle d'identification ethnoraciale va-t-elle s'appliquer seulement aux immigrants récents, aux enfants d'immigrants ou à tout le monde qui n'est visiblement pas originaire d'Europe du Nord ?

Pourquoi s'arrêter là ? Établissons aussi un lien entre l'origine ethnique ou raciale et toute la panoplie des déviances civiques et sociales. Pourquoi ne pas aussi demander aux inspecteurs municipaux de noter l'origine des propriétaires de restaurants insalubres ? Demander à la Régie du logement du Québec de spécifier l'origine des personnes expulsées de leur logement et les raisons de leur expulsion ?

Quand on aura réalisé tous les chambardements proposés par la Commission, quand on aura modifié la Loi sur la police, le Code de déontologie des policiers du Québec et la Charte des droits et libertés de la personne, quand les attitudes et les comportements de la police et de la majorité se seront libérés de leurs stéréotypes, qu'est-ce qu'on constatera ? Que rien n'aura changé la réalité sociale.

Les crimes de violence contre les personnes et la propriété seront toujours le fait de jeunes hommes pauvres de quartiers défavorisés, élevés le plus souvent dans des familles dysfonctionnelles ou monoparentales avec peu d'éducation et peu d'intérêt pour l'éducation. C'était comme cela au XIXe et au XXe

siècles, ce le sera encore à la fin du XXIe. La seule variable à travers le temps est la composition ethnique majoritaire des démunis, en fonction des vagues successives d'immigration. La Commission des droits de la personne est en guerre contre le bon sens.

Dans la logique de son rapport, la Commission aurait dû au contraire recommander qu'on interdise à la police de prendre la description des suspects non blancs pour éviter tout profilage de la part des victimes, qui font souvent allusion à l'apparence ethnique des criminels, ce qui est absurde. Si le profilage est un comportement aussi odieux, antisocial et dangereux que la Commission le dit, pourquoi ne pas en faire un crime passible de prison ?

Dans le monde irréaliste mais statistiquement correct imaginé par la Commission, les individus soupçonnés, inculpés et condamnés pour avoir commis des actes criminels devraient correspondre parfaitement au profil démographique de la population du Québec.

D'ailleurs, la Commission ne devrait pas se limiter à dénoncer le profilage des gens de couleur. C'est de la discrimination ! Elle doit entreprendre immédiatement une autre étude pour faire des recommandations antiprofilage pour aider certains « Blancs ». Je pense aux sans-abris, aux punks, aux paumés, aux junkies, aux gothiques et aux psychosés qui, eux aussi, sont plus souvent interpellés que les garçons B.C.B.G. qui fréquentent Stanislas ou Brébeuf.

Une excellente idée pour améliorer les relations intercommunautaires au Québec serait d'abolir la Commission des droits de la personne. On pourrait aussi la déménager à Montréal-Nord avec un horaire de travail qui obligerait ses membres et son personnel à circuler régulièrement le soir dans les rues du quartier.

Dans une société juste et démocratique, il ne devrait pas y avoir de droits et de tribunaux d'exception comme tout ce bataclan d'organismes de contrôle sociétal issu de Trudeau et de sa charte.

Agression sexuelle : DSK proclame son innocence. Pour une fois ?

16 mai 2011

Comme l'ont chanté en chœur des membres de la classe politique française, laissons la justice suivre son cours et accordons à Dominique Strauss-Kahn la présomption d'innocence dans le cas des accusations de tentative de viol, d'agression sexuelle et de séquestration qui pèsent contre lui à New York. Il a retenu les services de certains des meilleurs criminalistes américains pour assurer sa défense et, qui sait, il est peut-être innocent.

Sa quatrième femme, la journaliste Anne Sinclair, soutient son homme de tout son cœur. Elle affirme qu'elle ne croit pas les accusations de la police de New York et assure que l'innocence de son mari va être démontrée. Comme politicien, il s'est déjà tiré de justesse en France de plusieurs affaires impliquant des crimes économiques.

DSK, tout le monde politique français le sait, est un obsédé et un prédateur sexuel ou, pour reprendre les euphémismes utilisés dans ce milieu, un « chaud lapin », un « grand séducteur » et « charmeur irrépressible ». Son problème est qu'au cours des années, il a tenté d'imposer ses charmes à de nombreuses femmes à qui il inspirait répugnance et dégoût. Heureusement pour lui, elles n'ont jamais osé le dénoncer. Mais cette nouvelle affaire de New York risque de délier bien des langues. Ainsi, Me David Koubbi, l'avocat de la romancière Tristane Banon, a annoncé que sa cliente pourrait porter plainte pour agression sexuelle contre DSK dans les prochains jours.

En 2002, Strauss-Kahn a attiré la jeune femme, alors âgée de 23 ans, dans sa « garçonnière », sous prétexte de lui accorder une entrevue pour un livre qu'elle préparait. Elle affirme qu'il a tenté de la prendre de force. Jetée par terre, elle s'est défendue à coups de pied. Il a finalement laissé aller sa proie après lui avoir administré une paire de gifles. La jeune femme, qui a raconté la tentative de viol à l'émission de Thierry Ardisson, parle de DSK comme d'un « chimpanzé en rut ». C'est sa mère, Anne Mansouret, une élue socialiste, qui a dissuadé sa fille de porter plainte contre un des pontes de son parti : « Pour moi, Dominique Strauss-Kahn est malade. Ce n'est pas une injure de dire cela, il a un vrai problème : une addiction au sexe, comme d'autres ont des soucis avec l'alcool, la drogue ou le jeu. Il est malade, je suis formelle, il a bien tenté d'abuser de Tristane. » Ardisson et d'autres sources médiatiques en France parlent d'une quinzaine de cas semblables. On verra bien.

Il y a aussi le cas où, en 2008, DSK a été obligé de s'excuser publiquement d'« une erreur de jugement » pour avoir eu une liaison avec une de ses subordonnées lorsqu'il travaillait pour le Fonds monétaire international à Washington. Une enquête interne de l'organisation l'a blanchi de l'accusation d'avoir abusé de ses fonctions pour obtenir les faveurs de Piroska Nagy. La jeune économiste hongroise a été, elle, forcée de démissionner. Quand la complaisante et consentante Anne Sinclair a décrit la liaison de son mari avec Nagy comme une affaire d'un soir, cette dernière s'est indignée et a affirmé que DSK harcelait constamment le personnel féminin du FMI, ajoutant que son patron avait bel et bien utilisé sa position d'autorité pour la séduire. Les responsables de l'enquête du FMI semblent avoir ignoré les déclarations de Piroska Nagy. Pourquoi ?

Je trouve particulièrement troublant qu'aucun des grands médias français n'ait tenté d'enquêter à fond sur les nombreuses histoires d'abus et d'agressions sexuelles impliquant

Strauss-Kahn. Je veux bien croire que les Français, fièrement décadents et blasés, sont prêts à fermer les yeux sur les peccadilles sexuelles de leurs élus. Il ne s'agit pas ici d'amourettes clandestines, mais d'agressions sexuelles et de viols commis pendant des décennies. Où était *Le Monde*, *L'Express*, *Le Point*, *Le Figaro*, *Le Canard enchaîné*? Espérons que, maintenant que l'affaire est amorcée, les médias vont y affecter leurs meilleurs journalistes d'enquête. Il n'est pas sûr que les socialistes soient les seuls à avoir des squelettes semblables dans leur placard.

Si DSK avait réussi à fuir en avion le territoire américain pour la France, il aurait été impossible de l'extrader, puisque Paris protège ses citoyens qui se sont rendus coupables de crimes sexuels à l'étranger. Pensez à Roman Polanski.

Entre-temps, DSK, le séducteur de la gauche caviar, risque la pire peine qu'on puisse imaginer pour un individu de son acabit : privé de femmes pendant des années et contraint, sous la menace, de se soumettre dans des prisons américaines à des rustres assoiffés de sexe, issus des bas-fonds.

DSK ne sera jamais élu président : la France l'a échappé belle

18 mai 2011

C'est quand même extraordinaire. Soixante-dix pour cent des socialistes et cinquante-sept pour cent des Français croient que Dominique Strauss-Kahn a été la victime d'un complot. Je me demande si cette croyance, qui relève de l'aveuglement volontaire collectif, va tenir longtemps si ses avocats plaident la relation sexuelle consentie. Il faudra alors admettre qu'il a lui-même adopté un comportement autodestructeur qui a rendu le complot possible.

Un fait est indéniable. En tant qu'obsédé et prédateur sexuel compulsif, comme l'indiquent ses comportements depuis des décennies, DSK était un homme particulièrement vulnérable au chantage et aux manipulations.

On sait déjà que ses adversaires politiques avaient constitué un épais dossier sur ses frasques sexuelles qu'ils envisageaient d'utiliser contre lui lors de sa campagne présidentielle. Pourquoi alors exécuter le complot à New York et ainsi laisser le temps au Parti socialiste d'encaisser le coup, de se remettre d'aplomb et de se choisir un nouveau candidat pour la campagne électorale ?

Les ennemis de DSK et du PS auraient dû attendre et réaliser leur complot en pleine campagne, anéantissant DSK et son parti avec aucune possibilité pour le PS de se ressaisir. DSK aurait été tout aussi sensible à une offre de charme féminin dans deux mois, six mois ou un an que maintenant.

Les Français devraient donc remercier la Providence que cet individu ne puisse dorénavant jamais accéder aux fonctions de président de la République. Pourquoi ?

S'il était devenu président, il est certain que les adversaires, les concurrents et les ennemis de la France auraient été dans une position pour exploiter les « faiblesses de caractère » de leur chef d'État.

Tous les grands services secrets de la planète disposent de départements spécialisés qui colligent les renseignements sur les vulnérabilités des hauts responsables étrangers en vue de les exploiter. Les tares, les vices, les travers, les défauts de ceux qui veulent gouverner, comme les épisodes inavouables ou troubles qui se tapissent dans leur passé, risquent toujours de faire surface et d'être utilisés contre eux.

Le journaliste d'enquête Seymour Hersh, dans son livre *The Dark Side of Camelot*, révèle que l'avionneur General Dynamics a obtenu le contrat pour son F-111 en faisant chanter le président

Kennedy. Au courant des faiblesses de caractère de JFK, des membres du service de sécurité de l'entreprise ont placé des micros dans l'appartement de Judith Exner, avec qui il avait des relations sexuelles. Ils ont ainsi obtenu des preuves que le président des États-Unis avait une liaison amoureuse avec cette jeune femme liée à Sam Giancana, le parrain de la mafia de Chicago. Lorsque des représentants de la General Dynamics ont présenté les rubans à Kennedy, il a cédé au chantage et a octroyé le contrat des F-111 à la compagnie, malgré son coût faramineux et l'opposition du Pentagone, qui ne voulait pas de ces avions médiocres.

C'est le rôle de la presse dans une société démocratique d'exposer les zones d'ombre de la vie des politiciens dans la mesure où cela peut avoir des répercussions sur leurs décisions politiques.

La presse française a manqué scandaleusement à ce que la société attendait d'elle dans l'affaire DSK. En France, la plupart des journalistes politiques sont depuis toujours subornés par l'élite du pouvoir. Le pays en fait les frais.

Le Pentagone consacre 320 millions par année à la musique

20 mai 2011

Aux États-Unis comme au Canada, on appréhende de plus en plus des dépassements de coûts astronomiques dans le programme du chasseur F-35. Les plus récentes projections indiquent qu'au cours de sa vie estimée à 53 ans, le programme coûtera 1000 milliards de dollars aux contribuables américains.

Un analyste des questions de défense, Loren Thompson du Lexington Institute, favorable au F-35, affirme que, durant le même demi-siècle, les fanfares militaires du Pentagone allaient coûter, après ajustement pour l'inflation et d'autres facteurs, 50 milliards de dollars à opérer.

Thompson se demande dans une entrevue au quotidien politique *The Hill* de Washington si on ne devrait pas couper dans la musique, qui ne contribue guère à la sécurité nationale, avant de mettre la hache dans le futur avion de combat.

Disons d'abord que projeter des coûts opérationnels sur une période de 50 ans relève plus de la boule de cristal que de la science économique.

L'estimation de Thompson arrive alors que Washington est aux prises avec un déficit catastrophique et une dette qui menace l'avenir du pays et sa position prédominante dans le monde. Le président Obama veut couper plus de 400 milliards de dollars du budget de la défense au cours des 12 prochaines années. Le budget du Pentagone est actuellement de 700 milliards de dollars par année.

C'est un fait que les Américains ne lésinent pas quand il s'agit de fanfares. Le Pentagone en a tellement qu'il a été incapable de fournir aux représentants des élus une liste complète de ses musiques militaires. Le nombre est probablement en pleine expansion depuis dix ans. Une fanfare est sur place pour accorder les honneurs militaires chaque fois qu'un soldat mort au combat est inhumé.

La US Army à elle seule en compte plus de 100, dont 35 pour l'armée active, 18 pour sa réserve et plus de 50 pour l'élément terrestre de la Garde nationale. La US Air Force compte 15 fanfares. L'Air Force Reserve et la Garde nationale de l'air en possèdent quelques dizaines. Le même genre de prolifération musicale affecte la US Navy et le Marine Corps. Même la Garde côtière vogue au son de ses propres tambours. L'ensemble des forces armées américaines atteindrait facilement 200 fanfares.

Les soldats affectés aux fanfares sont mal vus des autres militaires du rang, qui leur reprochent leur élitisme et le fait qu'ils obtiennent plus rapidement des promotions sans aucun risque pour leur vie et leur santé. L'ancienne secrétaire d'État Condoleezza Rice observait au sujet des États-Unis : « Les effectifs de nos musiques militaires sont supérieurs à ceux de notre service diplomatique. »

L'année dernière, le *Washington Post* a calculé que le Pentagone dépensait annuellement 550 millions de dollars pour faire de la musique. Les chiffres du journal ont été contestés par le porte-parole du ministère de la Défense, qui a affirmé que ça tournait plutôt autour de 320 millions de dollars par année. C'est quand même beaucoup d'argent pour déployer des tambours et des trompettes.

Le secrétaire à la Défense Robert Gates est conscient du ridicule de la situation. Mais il fait face à une cacophonie de hurlements lorsqu'il tente de réduire la musique. L'armée, la marine et l'aviation veulent conserver leurs fanfares. L'image des forces armées, le moral des troupes et de longues traditions patriotiques seraient menacés. Les villes de garnison où elles sont cantonnées font aussi pression sur les élus pour les garder, afin qu'elles puissent parader dans les défilés du 4 juillet et lors des cérémonies locales.

Les pacifistes diront qu'un corps de clairons et tambours fait moins de mal qu'un F-35. Oui, mais ça casse terriblement les oreilles.

Le journal *The Gazette* renie son histoire et fait l'éloge des patriotes

23 mai 2011

Dans une volte-face surprenante, le journal haineux anti-québécois *The Gazette* appelle ses lecteurs dans son édition du 23 mai à honorer la fête des Patriotes plutôt que la fête de la reine Victoria, comme c'est le cas dans le reste du Canada. Le journal constate que plusieurs anglophones ont participé au mouvement et que le premier président de la République éphémère s'appelait Robert Nelson. Il aura fallu plus de 170 ans au journal pour reconnaître que le soulèvement des patriotes a été avant tout « une quête pour la justice sociale inspirée par les idéaux démocratiques »...

Francophone à l'origine, *La Gazette*, fondée en 1778 par le grand Fleury Mesplet pour propager l'esprit des Lumières au Canada, est devenue au XIXe siècle l'organe antifrancophone qu'il est resté depuis. Le journal « mange-canayen », comme on disait à l'époque, affichait un odieux mépris pour la majorité française du pays. Voici ce que *The Gazette* disait à l'époque de la république que voulaient créer les patriotes : «*A French Republican government [...] would rule with despotic oppression and keep their constituents the slaves of their tyranny, and bring them with a yoke, from which they could never free themselves.*» Le journal présentait la caste dominante d'accapareurs mercantiles britanniques du Bas-Canada comme une classe opprimée !

On le sait, les Anglais de Montréal sont de grands démocrates : ils ont un attachement sans faille aux institutions démocratiques, pourvu qu'elles soient sous leur contrôle et qu'elles protègent leurs intérêts. C'est pourquoi, respectant une logique qui ne s'est jamais démentie au long de leur histoire, dans la soirée du 25 avril 1849, à l'instigation de la *Montreal Gazette*, ils vont mettre le feu au siège du Parlement du Canada-Uni, alors temporairement installé place d'Youville dans le Vieux-Montréal.

L'union du Haut et du Bas-Canada date de moins de dix ans. Elle a été réalisée, selon les recommandations de Lord Durham, dans le but d'assimiler la majorité d'origine française. Dès l'entrée en vigueur de l'Acte d'Union, *The Montreal Gazette* jubile : l'anglicisation des Canadiens français va enfin pouvoir commencer, car l'anglais est maintenant imposé comme seule langue au Parlement.

Mais ce Parlement déchaîne une frénésie hystérique chez les Anglais de Montréal et *La Gazette* en voulant indemniser les cultivateurs de la Rive-Sud, victimes des exactions commises par l'armée britannique et ses fanatiques milices supplétives anglo-montréalaises. Déjà un projet de loi similaire avait été adopté sans difficulté pour dédommager les fermiers pareillement lésés du Haut-Canada (Ontario).

The Montreal Gazette, toujours à l'avant-garde quand il s'agit de propager la haine antifrançaise, lance un appel au « soulèvement racial », selon l'expression de l'historien américain Mason Wade. L'incitation à l'émeute raciste est publiée dans son édition spéciale de l'après-midi du 25 avril 1849 :

> La fin a commencé.
> Anglo-Saxons, vous devez vivre pour l'avenir ; votre sang et votre race seront désormais votre loi suprême, si vous êtes vrais à vous-mêmes.
> [...]
> La foule doit s'assembler sur la place d'Armes, ce soir à huit heures.
> Au combat, c'est le moment !

L'appel à la violence de *La Gazette* est entendu. Les Anglo-Montréalais passent à l'action : ils sont plusieurs milliers à répondre aux exhortations bellicistes du journal. Le *meeting* est délirant. Le rédacteur en chef de *La Gazette*, James Moir Ferres, y prononce un discours virulent et, avec les autres orateurs, part, avec la foule, incendier le Parlement du Canada.

Il faut maintenant que *The Gazette* présente ses excuses au peuple du Québec pour avoir incité au soulèvement racial contre lui et pour avoir tenu à son endroit des propos haineux pendant 200 ans. Le journal doit aussi s'excuser auprès du peuple du Canada pour avoir attisé la colère de la foule déchaînée qui a incendié le Parlement du Canada.

Netanyahou au Capitole fait un bras d'honneur aux Arabes et au monde entier

24 mai 2011

Sous les acclamations effrénées des représentants et sénateurs américains, le premier ministre israélien Benyamin Netanyahou a défié l'ensemble des pays arabo-musulmans et la communauté internationale.

L'homme, qui avait humilié 24 heures plus tôt le président Obama à la Maison-Blanche, recevait maintenant plus d'applaudissements que le président lui-même en avait reçu de cette même assemblée lors de son discours devant les États de l'Union.

C'est dire l'influence que possède Israël sur l'élite du pouvoir de Washington. Les politiciens américains qui ont ovationné le leader israélien d'extrême droite vont le regretter amèrement de leur vivant. La harangue du Capitole de Netanyahou marque le point de départ de nouvelles guerres qui vont ensanglanter le siècle au Moyen-Orient.

Comment interpréter autrement un discours où il réitère qu'Israël a annexé la partie arabe de Jérusalem pour l'éternité, que l'État juif a l'intention de poursuivre sa colonisation de la Cisjordanie et de maintenir son armée sur la rive est du Jourdain pour une période indéfinie ? Netanyahou précise aussi que même un retour limité de réfugiés palestiniens en Israël est hors de question, ce que deux de ses prédécesseurs, Olmert et Barak, étaient prêts à accepter. Il propose aux Palestiniens une série de bantoustans comme ceux que les colons blancs avaient créés pour parquer les Noirs d'Afrique du Sud à l'époque de l'apartheid.

Netanyahou parle de la Judée et de la Samarie au lieu de la Cisjordanie, comme si elle faisait partie d'Israël. C'est une terre arabe occupée qui a été conquise par l'armée israélienne en 1967. Au mépris du droit international, Israël y a installé des centaines de milliers de colons juifs avec l'appui de milliers de soldats israéliens, qui ont « nettoyé » l'espace pour les nouveaux arrivants et qui assurent leur protection. Ces colonies sont considérées comme illégales même par les États-Unis, qui n'osent cependant jamais le dire publiquement.

Ce qu'il proclame, c'est Eretz Israël, le Grand Israël de la Bible. Le rêve des fanatiques de l'extrême droite sioniste. Netanyahou est un politicien d'extrême droite qui dirige un gouvernement d'extrême droite. Comment se fait-il qu'aucun grand média international n'utilise ce vocable pour le qualifier ?

Le premier ministre israélien déclare qu'Israël ne négociera pas avec un gouvernement palestinien avec participation du Hamas, qu'il appelle la version palestinienne d'al-Qaida. L'organisation créée par Ben Laden a toujours dénoncé le Hamas, l'accusant d'être trop modéré. Il n'a jamais mené d'opérations ailleurs qu'en Israël et dans les territoires occupés. À Gaza des affrontements ont opposé le Hamas à des groupes armés se réclamant d'al-Qaida. Le Hamas, il faut le dire, ressemble plus aux organisations terroristes juives (Irgoun, groupe Stern) qui ont contribué à la création d'Israël qu'à al-Qaida.

Ce discours est le dernier clou dans le cercueil des négociations de paix au Moyen-Orient. En septembre prochain, l'Assemblée générale des Nations Unies va voter par une immense majorité la reconnaissance internationale de la Palestine. Un décompte préliminaire indique que plus de 150 des 192 membres de l'ONU vont appuyer la résolution.

Vont s'y opposer Israël, les États-Unis, des États sous la dépendance économique directe de Washington, des pseudo-États téléguidés par les États-Unis, comme des îles du Pacifique et le Canada.

So what, me direz-vous? Ça n'a aucune conséquence immédiate pour nous que le Canada adhère à l'axe Washington–Tel-Aviv. Vous vous trompez. Montréal est le siège de plusieurs multinationales qui réalisent beaucoup de leurs bénéfices dans des pays arabo-musulmans. Quand des pays de la région vont devoir choisir entre des avions fabriqués au Canada et des avions brésiliens (Brasília soutient les Palestiniens), à qualité égale, d'après vous qui va avoir le contrat? Bombardier ou Embraer? Idem pour l'ingénierie et les grands travaux. Notre politique d'appui à Israël est non seulement immorale et contraire au droit international, mais elle va aussi à l'encontre de nos intérêts économiques.

Le droit international s'applique aux perdants et aux faibles

27 mai 2011

L'arrestation de l'homme le plus recherché de la planète, le criminel de guerre Ratko Mladic, 16 ans après son inculpation pour le massacre de 8000 hommes et garçons musulmans à Srebrenica, ne s'explique pas par un remords de conscience des autorités serbes. Il se la coulait douce en banlieue de Belgrade et sur la côte adriatique sous la protection de l'armée et des services secrets de Serbie.

Les dirigeants serbes se sont décidés, à contrecœur, à donner Mladic, qui est considéré comme un héros national par une partie significative de la population, parce qu'ils voulaient absolument adhérer à l'Union européenne et à l'OTAN.

Les deux organisations n'étaient disposées à accepter la Serbie que si elle livrait le commandant de l'armée des Serbes de Bosnie.

Mladic aura donc à répondre devant le Tribunal pénal de La Haye de génocide, de crimes contre l'humanité et de crimes de guerre. Ses deux supérieurs politiques, Karadzic et Milosevic, l'ont déjà précédé devant ce tribunal.

Le procès de Mladic va raviver une histoire douloureuse aux Pays-Bas. Srebrenica avait été déclarée zone de sécurité de l'ONU et placée sous la protection de 400 Casques bleus hollandais. Les soldats hollandais n'ont offert aucune résistance lorsque les Serbes ont pris la ville d'assaut et se sont même constitués en otages! Les forces de Mladic ont ensuite procédé au pire massacre commis en Europe depuis ceux des nazis durant la Seconde Guerre mondiale.

Sa détention et son extradition vers les Pays-Bas remettent dans l'actualité la question des crimes de guerre et des crimes contre l'humanité. Jusqu'à maintenant, le moins qu'on puisse dire, c'est que la justice n'est pas aveugle et seuls les criminels de guerre des pays perdants finissent devant la cour de La Haye. Et encore. Ceux qui ont une utilité quelconque pour les gagnants reçoivent généralement une absolution de facto.

Seule une infime minorité des dirigeants et exécutants nazis ont eu à répondre de leurs crimes. Sinon une bonne partie de l'élite allemande aurait été passée par les armes. Les criminels de guerre nazis qui avaient quelque chose à monnayer, comme des technologies spatiales pour Wernher von Braun, s'en sont tirés et ont même été choyés par leurs anciens ennemis. Von Braun a obtenu la citoyenneté américaine et il est honoré comme le « Père du programme spatial américain ». D'autres criminels nazis, spécialistes de l'Europe de l'Est et du monde slave, sont passés sans difficulté des services de sécurité du Reich à la CIA et au Secret Intelligence Service (SIS) britannique.

Pensez maintenant aux crimes monstrueux commis sous Staline et ses successeurs, et sous Mao au nom du socialisme. Ces centaines de millions d'êtres humains ont été tués dans des conditions atroces en URSS et en République populaire de Chine (RPC). Même si les autorités actuelles en Russie et en Chine ont rejeté les projets politiques et idéologiques de ces régimes, ni à Moscou ni à Pékin on envisage de traîner devant des tribunaux les vieux tortionnaires/ assassins communistes qui coulent des retraites tranquilles.

Ces dernières années, les États-Unis et Israël ont commis des crimes de guerre qui sont restés et qui resteront impunis. Dans la loi de la jungle, dans la loi de la rue et en droit international, c'est la règle du plus fort et du plus puissant qui s'applique. *Might is right.* Être la première puissance militaire de la planète ou un proche allié de celle-ci garantit à vos soldats l'immunité pour des crimes de guerre et des crimes contre l'humanité.

Mais les choses évoluent. George Bush et ses principaux complices ne voyagent pas à l'étranger (sauf au Canada), de crainte d'être arrêtés. C'est le cas également d'un certain nombre de généraux et de politiciens israéliens.

Radio-Canada, d'hier à demain, une « Propagandastaffel » canadienne

30 mai 2011

Les chaînes française et anglaise de télévision de Radio-Canada diffusent actuellement une série documentaire sur la propagande durant la Seconde Guerre mondiale.

Animée par Catherine Mercier, la série en six épisodes *Amour, haine et propagande* dissimule le rôle de principal instrument de propagande fédéral joué par Radio-Canada/ CBC durant le conflit, tout en critiquant les diffuseurs nationaux des autres nations belligérantes. Dégoûtant d'hypocrisie.

Voici donc un rappel de quelques faits omis (censurés?) de l'épisode de cette semaine, qui était en bonne partie consacré au désastre du débarquement de Dieppe de 1942. L'émission démontrait comment les services de propagande britanniques avaient transformé cette catastrophe militaire canadienne en victoire. Nulle part il n'était fait mention qu'au Canada, la CBC/Radio-Canada avait été l'organe de propagande qui avait claironné le plus fort ce mensonge éhonté.

La même année, la CBC/Radio-Canada a été le vecteur principal de la propagande d'Ottawa en faveur du non lors du plébiscite sur la conscription. Dans son livre *La crise de la conscription*, André Laurendeau parle de « la partialité absolue » de Radio-Canada.

Dans la campagne plébiscitaire, les orateurs invités à prononcer un discours sur les ondes de la SRC doivent soumettre au préalable le texte de leur allocution au censeur de Radio-Canada. Les partisans de la conscription jouissent de périodes gratuites à la radio d'État. Ses adversaires ne peuvent prendre le micro à la CBC/Radio-Canada. Ils doivent faire campagne sur les radios privées en payant leur temps d'antenne. Lors du plébiscite sur la conscription, 63 % du Canada anglais vote en faveur, 71 % des Québécois disent non, donc c'est plus de 80 % de francophones du Québec qui refusent la conscription, malgré la propagande radio-canadienne.

Dans le livre *La guerre des ondes*, Gérard Laurence présente ainsi la position de la Commission d'information du Canada (le service de propagande fédéral) au sujet de la manipulation de l'opinion publique : « Elle est nécessaire et indispensable, maintenant plus que jamais. D'autre part, dans cette entreprise de propagande, la radio est appelée à jouer un rôle clé et, tout naturellement, Radio-Canada doit se tenir en première ligne. En clair, il faut utiliser les méthodes de l'ennemi, aussi massivement et aussi efficacement. »

À l'occasion du référendum de 1995, la SRC-CBC a encore une fois fait preuve de partialité flagrante en faveur du camp du non. Ce ne sont pas des groupes nationalistes extrémistes québécois qui l'affirment, mais l'ombudsman de Radio-Canada, Mario Cardinal. Dans son rapport annuel 1995-1996, il dénonce le comportement du réseau anglais durant la campagne référendaire et critique les tentatives de la haute direction de la société d'État de défendre l'iniquité de la CBC.

Pour justifier le parti pris du réseau anglais, le président de Radio-Canada, Perrin Beatty, cite le consultant ERIN Research, qui soutient que les journalistes se doivent de refléter le consensus populaire, sans quoi il y a manipulation du processus démocratique. Les journalistes de la CBC auraient donc droit de manquer d'objectivité, pourvu que leur parti pris soit dans le sens du consensus populaire.

Cette nouvelle conception de l'éthique journalistique de la direction de la SRC-CBC va à l'encontre des « Normes et pratiques journalistiques » de l'entreprise qui, observe Mario Cardinal, loin d'imposer le consensus populaire comme facteur de choix des événements à couvrir, stipulent plutôt que « pendant les campagnes électorales ou référendaires, il faut apporter un soin encore plus grand que de coutume à maintenir l'équilibre dans la couverture des forces politiques en présence ».

Peut-on concevoir que, dans un souci d'équité lors du prochain référendum au Québec, la direction de Radio-Canada tiendra compte de l'opinion publique francophone et que ses émissions refléteront le « consensus populaire » au Québec ?

Bien sûr que cela n'arrivera jamais. Depuis 1760, il y a deux ensembles de règles éthiques et politiques au Canada : celles qui s'appliquent aux conquérants et celles auxquelles doivent se soumettre les conquis.

Lors du référendum de 1995, comme lors de la crise de la conscription de 1942, la CBC-SRC a abandonné toute prétention à l'objectivité et s'est mise au service du Canada anglais et du gouvernement fédéral. Radio-Canada n'a été fondée et n'existe que pour être à la disposition du gouvernement du Canada, en temps de crise, comme service de propagande.

Radio-Canada, après tout, c'est la voix de son maître.

Amir Khadir, le couple princier et autres nanocéphales, Papous et aborigènes

1er juin 2011

Le duc et la duchesse de Cambridge sont les porteurs d'un système « parasitaire » obsolète de plus en plus en marge du monde moderne. Cette affirmation du député de Mercier à l'Assemblée nationale a fait bondir la vice-première ministre et la ministre des Relations internationales. Les maîtresses d'école Nathalie Normandeau et Monique Gagnon-Tremblay exigent que le petit Amir, malpoli, s'excuse. De quoi ? D'avoir dit la vérité !

Toujours exquis dans son rôle de cloporte et de paillasson, Gérard Deltell fait chorus. Il crie au crime de lèse-majesté et cloue Khadir au pilori. Va-t-on l'emprisonner à la tour de Londres ou le forcer à servir sur les galères de Sa Majesté ?

Comment ne pas être d'accord avec l'affirmation selon laquelle la monarchie britannique est un système parasitaire ? La reine d'Angleterre était jusqu'à tout récemment la femme la plus riche du royaume. Elle a finalement été devancée par une simple roturière, Joanne K. Rowling, l'auteure des *Harry Potter*. Elle a consacré sa vie à inaugurer des chrysanthèmes et à dorloter ses chevaux et ses petits chiens. Bon, que les Anglais, qui sont des gens de tradition, acceptent d'être parasités par une clique aristocratique allemande, ça les regarde. Mais ici, au Québec, on n'en a rien à cirer des Saxe-Cobourg-Gotha et des Battenberg ou, sous leurs noms d'emprunt, des Windsor et des Mountbatten. Ces deux familles allemandes ont adopté des noms anglais lors de la Première Guerre mondiale parce qu'il était indécent qu'une dynastie germanique demande à de jeunes Anglais d'aller mourir pour en combattre une autre.

William et Kate sont les nouveaux commis voyageurs de la firme Windsor inc., chargés de redorer l'image de marque quelque peu malmenée par deux générations de cette famille lubrique dysfonctionnelle qui espère que sa rente de situation perdure. Oui, je sais. Toutes les midinettes de la planète, y compris celles du Québec, ont suivi avec émoi et serrements de cœur le mariage, un événement *Paris Match* planétaire.

Les *Royals* ont compris qu'ils pouvaient exploiter à leur compte ce couple télégénique. Tout comme le gouvernement britannique, qui va dorénavant les utiliser comme relationnistes. Qu'ils soient accueillis à Québec et à Montréal comme le serait un couple princier de Hollande, du Danemark ou de Norvège m'indiffère. Mais ce n'est pas le cas. La visite a des implications de politique intérieure. Les conservateurs harperiens veulent rappeler aux Canadiens et aux Québécois les liens coloniaux qui nous attachent toujours à la Grande-Bretagne. C'est dans ce contexte que la visite princière a été planifiée. Nos deux tourtereaux allaient promouvoir l'image de la Grande-Bretagne aux États-Unis, comment ne pas en profiter et leur demander de faire un petit détour au Canada, pour encourager le rapprochement de l'*Anglosphere* blanche (Grande-Bretagne, États-Unis, Canada, Australie et Nouvelle-Zélande)?

Le directeur de l'Office du tourisme de Québec estime que le Québec ne doit pas rater cette occasion de grande visibilité sur le plan mondial. D'autres parlent aussi d'exploiter les deux vedettes internationales, qui vont nécessairement être accompagnées par une nuée de paparazzis.

Ce n'est pas une raison de les accueillir avec une déférence obséquieuse comme s'ils étaient encore nos maîtres aristocratiques au sang bleu. Qu'on les engage. Qu'on les paie le tarif de l'Union des artistes (UDA) pour faire quelques petites promos touristiques dans le Vieux-Québec, dans une calèche devant le château Frontenac et en chaloupe avec la Basse-Ville et le cap Diamant en toile de fond.

Notre Amir national s'étonne avec raison qu'on évoque des retombées économiques pour justifier la visite du duc et de la duchesse de Cambridge, comme s'ils étaient «des personnages de cirque pour attirer les touristes». J'ai trouvé particulièrement hilarant le parallèle qu'il établit entre la visite du couple princier et «celle naguère des fêtes foraines où défilaient nanocéphales, difformes, Papous et aborigènes pour le plaisir de la populace».

Bravo, Amir. Lâche pas!

Les Mohawks nous volent des milliards et Ottawa laisse faire

3 juin 2011

Les criminels mohawks sont en train de devenir, s'ils ne le sont pas déjà, la plus importante organisation criminelle du Québec et du Canada. Des documents diplomatiques américains mis en ligne par WikiLeaks et cités par Radio-Canada indiquent que drogues, armes et autres marchandises de contrebande, pour environ un milliard de dollars, passent chaque année par Akwesasne, la réserve mohawk qui se situe sur le Saint-Laurent aux confins du Québec, de l'Ontario et de l'État de New York.

Il ne fait aucun doute que les deux autres zones criminelles mohawks autorisées du Québec, Kanesatake et Kahnawake, assurent le transit de la contrebande et en profitent. D'ailleurs, les documents diplomatiques soulignent que la proximité de l'autoroute 401 permet aux criminels à plume de desservir les marchés de Montréal et de Toronto.

Cela dure depuis des décennies maintenant. Les organisations criminelles mohawks ont engrangé des centaines de millions de dollars de profits du crime et les poltrons qui nous gouvernent à Ottawa et à Québec laissent faire.

Comme je le rappelais dans une chronique il y a plus d'un an, Stockwell Day, le ministre de la Sécurité publique du gouvernement «la loi et l'ordre» Harper, a promis en 2007 de réprimer les contrebandiers mohawks.

De la foutaise! Comme ses prédécesseurs libéraux, il a pris rapidement son trou et il s'est fermé le «mâche-patate». Le chantage à la violence des Mohawks tétanise les politiciens, qui leur accordent une impunité totale sur leurs réserves. Les politiciens et les responsables policiers en ont une peur bleue. Ils craignent que toute intervention contre eux provoque une prise de contrôle du pont de Cornwall et du pont Mercier par les criminels mohawks avec le soutien des résidants des réserves, qui tirent une partie substantielle de leurs revenus d'activités criminelles. De plus, les bandits à plume sont aussi bien armés que la GRC, l'Ontario Provincial Police (OPP) et la SQ.

La seule chose qui pourrait obliger les «branleux» qui nous dirigent à agir serait que les Américains s'inquiètent qu'Akwesasne devienne une menace à la sécurité nationale des États-Unis. Ce n'est qu'une question de temps avant qu'une organisation terroriste internationale voie l'intérêt d'utiliser le territoire mohawk pour y faire passer des commandos suicides ou des armes de destruction massive nucléaires, biologiques ou chimiques. Pourvu que la somme payée soit suffisante, il ne fait pas de doute que le crime organisé mohawk ferait affaire avec des terroristes. Pour le moment, Washington ne fait rien parce que les trafiquants mohawks de drogues et de cigarettes graissent les élus américains par l'intermédiaire de leurs comparses qui gèrent les casinos de la réserve.

Je me répète. Il faut prendre contre les organisations criminelles mohawks les mêmes moyens qu'on a utilisés pour régler le cas des Hells Angels. Les chefs criminels à plume ont réalisé des milliards de dollars de profits illégaux, donc non imposés. On n'a jamais utilisé contre eux la Loi sur le recyclage des produits de la criminalité pour saisir leurs avoirs. Les services de renseignements policiers savent où l'argent sale des Indiens est placé. Mais nos politiciens foireux regardent dans l'autre direction et ne veulent surtout pas faire de la peine à l'Assemblée des Premières Nations.

Ne l'oubliez pas. Les criminels mohawks sont de plus grandes menaces à la sécurité et à la santé publique que les motards ne l'ont jamais été et ils coûtent plus cher à l'État. Les cigarettes des bandits à plume tuent plus de gens que les motards criminalisés n'en ont jamais tué. Et elles tuent principalement des enfants et des jeunes, leurs consommateurs privilégiés.

Une combine de patinoire de hockey et l'avenir du Québec

7 juin 2011

Le fait que trois députés péquistes « ministrables » démissionnent pour des raisons d'éthique d'un parti qui était promis, à court terme, au pouvoir doit complètement méduser leurs adversaires libéraux. Qu'est-ce que c'est que ces individus bizarres? Mettre leurs principes au-dessus de considérations électoralistes, ce n'est pas comme ça qu'on fait de la politique, doivent-ils se dire.

C'est donc le Parti libéral, le parti le plus immoral, le plus corrompu et le plus bassement opportuniste du Québec contemporain qui va profiter des déboires actuels du Parti québécois. Pauline Marois et son entourage doivent accepter la responsabilité de cette catastrophe. Fallait-il que le parti de René Lévesque renonce à ses principes d'éthique politique et de transparence pour gagner d'hypothétiques votes dans la région de Québec?

Les élections sont dans deux ans et les électeurs ont la mémoire courte. Les 200 millions promis par Charest pour le nouveau Colisée ne se sont pas traduits par une montée de popularité des libéraux dans les sondages et l'appui inconditionnel du Bloc à Labeaume ne lui a pas apporté un vote de plus dans la région de Québec lors de la dernière élection fédérale. Je suis de ceux qui pensent que Labeaume va être le seul à profiter politiquement de la construction du Colisée et du retour des Nordiques. Il va aussi être le seul à en payer le coût politique si le projet foire.

Comment exiger de la transparence dans les grands travaux, dans la gestion publique et s'y opposer dans le cas de la construction du Colisée? Pauline Marois n'aurait pas dû donner son appui inconditionnel à la façon détournée dont le maire de Québec voulait soustraire l'entente avec Quebecor de toute contestation. Un contrat au sujet de la construction d'une patinoire pour un club de hockey va-t-il compromettre la réalisation de l'indépendance du Québec? Ou simplement l'avenir politique de Pauline Marois?

La décision d'appuyer le gouvernement dans cette affaire est une erreur stratégique de la part de Pauline Marois*. Pierre

Curzi, Louise Beaudoin et Lisette Lapointe ont aussi claqué la porte du parti parce qu'ils trouvaient que le parti sous Pauline Marois était trop mou sur la question de la souveraineté. Le Colisée n'est que « la goutte qui a fait déborder le vase », comme le dit le cliché abondamment répété depuis 24 heures.

Tous les élus du PQ sont maintenant forcés de prendre position sur ce qui est devenu une question de fond. Le député de Nicolet-Yamaska, Jean-Martin Aussant, a rejoint ses trois collègues démissionnaires. D'autres députés pourraient suivre et ainsi remettre en cause l'autorité de la chef péquiste malgré l'appui extraordinaire de 93 % des militants du parti, obtenu lors du dernier congrès du PQ.

Certains au PQ veulent utiliser l'occasion pour provoquer un changement de garde et un changement de génération. L'avenir du PQ n'est pas lié à Pauline Marois. Bien sûr, elle a bien mérité de la patrie, mais il ne faut pas oublier que, selon les sondages, la souveraineté est actuellement plus populaire que la dirigeante du PQ. On va voir dans les prochains jours si le leadership de Pauline Marois est irrémédiablement compromis dans cette affaire.

Cette nouvelle crise au sein du PQ va-t-elle amener sa gauche à lorgner du côté de Québec solidaire et d'Amir Khadir, et ses électeurs centristes, à trouver refuge auprès de François Legault ? Après le comportement erratique de l'électorat québécois lors du dernier scrutin fédéral, il serait vraiment présomptueux de prédire quoi que ce soit. Tout le monde dit que l'électorat québécois veut du changement. Malgré toute sa valeur, Pauline Marois n'incarne pas le changement, mais une certaine continuité.

*Mise à jour : Pauline Marois a elle-même reconnu publiquement son erreur.

10 juin 2011

Le Council on Foreign Relations américain cache-t-il des criminels de guerre?

Le prestigieux Council on Foreign Relations est le plus influent centre de réflexion sur la politique étrangère des États-Unis. Il réunit 5000 membres, dont un bon nombre d'anciens et de futurs responsables américains. On pourrait penser que le CFR est plus avisé que la population en général. Ce n'est pas toujours le cas, comme le démontre sa plus récente initiative.

Il publie ces jours-ci un rapport spécial proposant que les États-Unis aident plusieurs pays à enquêter sur des crimes de guerre et des crimes contre l'humanité et à poursuivre les responsables de ces atrocités, afin de renforcer les droits humains sur la scène internationale. L'auteur du rapport, David A. Kaye, de la faculté de droit de l'Université de Californie à Los Angeles (UCLA), recommande que les États-Unis s'attribuent un rôle prépondérant dans la coordination des efforts pour prêter assistance aux juridictions nationales afin de lutter contre de tels crimes.

Le célèbre politologue américain Stephen M. Walt de l'Université Harvard note dans son blogue de la revue *Foreign Policy* que le rapport est silencieux sur le fait que la justice américaine ne fait absolument rien pour enquêter sur des crimes de guerre et en accuser des responsables américains, comme George W. Bush, Donald Rumsfeld et Dick Cheney, pour ne parler que des cas les plus notoires.

Walt rappelle que l'administration Bush a violé le droit international quand elle a décidé d'envahir l'Irak en 2003; que des hauts fonctionnaires américains ont perpétré des crimes de guerre quand ils ont ordonné la torture de prisonniers; et que la politique officielle des États-Unis d'«assassinats ciblés» en Afghanistan, en Irak, au Yémen, en Somalie, au Pakistan et ailleurs, contrevient aux lois de la guerre.

Pire, au lieu de proposer des façons de poursuivre les fonctionnaires et les militaires américains coupables de tels crimes, le rapport du Council on Foreign Relations se demande comment Washington devrait réagir pour contrer la « perception largement répandue, surtout à l'étranger, qu'il n'a pas tenu ses propres fonctionnaires responsables des abus commis contre les détenus suspectés de terrorisme ».

C'est ce type d'hypocrisie qui mine la crédibilité et la réputation des élites du pouvoir de Washington dans le monde. L'exaspération est grande envers les donneurs de leçons américains qui ne veulent pas se soumettre eux-mêmes aux règles qu'ils édictent pour les autres. Si c'est bon pour Kadhafi, pour al-Assad et pour Milosevic, pourquoi ne le serait-ce pas pour Bush et Obama ?

Ce même pays à double face, qui exige le renforcement de la lutte contre les crimes de guerre, a soustrait ses propres citoyens et soldats de la juridiction de la Cour pénale de La Haye. Cela en principe ne devrait pas empêcher le tribunal d'agir, puisque, depuis 2002, il assume la responsabilité de poursuivre des criminels de guerre dans les pays incapables de les traduire en justice ou qui le refusent. Aucun gouvernement n'a encore osé porter plainte contre des Américains...

Stephen M. Walt rappelle malicieusement que, si le Council on Foreign Relations proposait que les États-Unis se soumettent aux règles qu'ils proposent aux autres, cela impliquerait que des membres du CFR pourraient se trouver face à un acte d'accusation en tant qu'anciens décideurs américains.

Heureusement qu'il y a encore dans l'*establishment* universitaire américain des personnes comme Walt pour parler vrai. Je rappelle qu'il est le coauteur avec John Mearsheimer du best-seller *The Israel Lobby and U.S. Foreign Policy*. Les deux hommes ont été violemment pris à partie par le lobby et les agents d'influence israéliens aux États-Unis, qui ont tenté par tous les moyens, mais sans succès, de les discréditer.

La GRC et la SQ à Oka : arrêtez le spectacle de propagande indécent!

14 juin 2011

Vous avez vu comment la GRC et la SQ se pétaient les bretelles après le raid de plus de 500 policiers pour démanteler un réseau de trafiquants de marijuana opérant à Kanesatake et à Akwesasne, deux des trois territoires criminalisés mohawks qui jouissent généralement d'une complète immunité? Pathétique de voir le surintendant Michel Arcand de la GRC et l'inspecteur Lino Maurizio de la Sûreté du Québec parler d'un grand succès et vanter la coopération des Peacekeepers.

Vous avez noté comment l'opération était restreinte? Une seule organisation criminelle autochtone était visée et uniquement pour le trafic de marijuana. C'est au grand jour, accompagnées par un cirque médiatique, que la GRC et la SQ ont réalisé leur opération de propagande destinée à impressionner les naïfs et les journalistes. Opération parfaitement réussie. Écoutez les reportages. Personne n'a relevé les mensonges par omission des policiers. Les reporters se sont transformés en caisses de résonance des fanfaronnades des flics.

Même si Kahnawake est le cœur des activités criminelles mohawks, les policiers ont évité d'y intervenir. C'est là pourtant où se trouvent les principaux entrepôts pour les drogues, le tabac de contrebande et les armes. C'est là où sont installés les plus importants serveurs de la planète pour les jeux de hasard illégaux en ligne. Les dirigeants mohawks avaient bien fait comprendre aux politiciens et à la police que cette lucrative criminalité était hors jeu. La police devait faire semblant de ne rien voir et de ne rien savoir.

C'est à Kahnawake, je vous le rappelle, que fonctionnent au grand jour plus de dix fabriques de cigarettes illégales qui propagent le cancer du poumon chez les jeunes et les pauvres du Québec et de l'Ontario. La GRC et la SQ ont préféré protéger les Américains des méfaits de la marijuana mohawk que les Québécois de ceux des cigarettes autochtones.

C'est beaucoup plus facile et moins dangereux pour les flics de s'en prendre aux dépanneurs ou aux revendeurs de cours d'école. De plus, ils n'indisposent pas leurs supérieurs politiques.

Comment se fait-il que les autorités politiques, à Ottawa et à Québec, aient cette fois permis à la police d'intervenir? D'abord, l'intervention a été réclamée par les Mohawks eux-mêmes. Un groupe de criminels indiens n'avait pas respecté les consignes et s'était mis à vendre la drogue aux résidants des zones mohawks. Autre erreur du groupe de gangsters autochtones : ils exportaient de la marijuana cultivée ici aux États-Unis à travers la zone hors la loi d'Akwesasne. Je suppose que les Américains ont mis le poing sur la table et ont contraint Ottawa d'intervenir pour que le trafic international de stupéfiants cesse.

Les autorités vont-elles maintenant appliquer aux dirigeants criminels mohawks arrêtés la Loi sur le recyclage des produits de la criminalité s'ils sont trouvés coupables? Vous voulez rire? Pensez-vous vraiment qu'on va saisir leurs maisons et leurs avoirs qui se situent sur un territoire mohawk? Depuis près d'une décennie que la loi existe, elle n'a jamais été appliquée aux bandits à plume, même pour leurs biens hors réserves.

Il y a deux justices au Québec. Une pour les Blancs et une pour les Mohawks. J'ai dit Mohawks, pas autochtones, pourquoi ? Parce que les criminels mohawks sont de véritables terroristes disposant d'une organisation politico-militaire clandestine capable de faire peur aux « politichiens » et à la police. À côté d'eux, la mafia de Saint-Léonard, c'est de la petite bière.

Vous pensez que j'exagère ? Le directeur du Service canadien du renseignement de sécurité, Richard Fadden, dans son rapport annuel déposé cette semaine aux Communes, identifie l'« extrémisme aborigène » comme une menace à la sécurité nationale du Canada.

La stupidité télévisuelle est contagieuse. Son effet est-il temporaire ?

16 juin 2011

Le professeur Markus Appel de l'Université Johannes Kepler à Linz en Autriche vient de faire une curieuse découverte au sujet de la stupidité télévisuelle ou écrite. Elle se propage aux téléspectateurs et aux lecteurs. La recherche est publiée dans la revue scientifique *Media Psychology**.

Le professeur Appel explique à la journaliste Misty Harris de *Postmedia News* que les personnes qui ne critiquent pas leur consommation médiatique risquent d'assumer certaines des attitudes mentales qu'elles observent à l'écran ou qu'elles lisent dans des livres. Si le personnage principal d'un roman ou d'une émission de télévision est un imbécile fini et que les spectateurs ou les lecteurs ne se demandent pas comment ils s'en distinguent, leurs capacités cognitives en sont affectées.

Appel a fait lire à 81 personnes des scénarios qui mettaient en vedette soit un protagoniste aux habiletés intellectuelles indéterminées, soit un héros qui est un hooligan alcoolique, agressif et idiot. Il a demandé à la moitié des lecteurs de cette dernière histoire de réfléchir sur ce qui les distinguait du hooligan, alors que tous les autres lecteurs ne reçurent aucune instruction.

Tous les participants furent ensuite soumis à un test de connaissances générales. Les lecteurs de l'histoire du hooligan idiot réussirent moins bien que ceux qui lurent celle où les habiletés intellectuelles du protagoniste étaient inconnues.

Le groupe qui réussit le mieux fut celui auquel Appel demanda de réfléchir au sujet de l'imbécillité du hooligan. Appel en conclut dans son article de *Media Psychology* que la réflexion et le sens critique ont protégé ce groupe de l'effet de contagion.

La journaliste de *Postmedia News* écrit que la découverte d'Appel est conforme à de nombreuses études qui démontrent que les humains sont influencés par leur environnement médiatique. Elle cite Jennifer Pozner, auteure du livre *Reality Bites Back: The Troubling Truth About Guilty Pleasure TV*, qui affirme que les indices les plus révélateurs de ce type d'influence proviennent des recherches sur la publicité. Le danger n'est pas de regarder des personnages imbéciles à la télévision, selon Pozner, c'est de ne pas réfléchir à leur stupidité.

Le Pr Appel ne parle pas de la permanence des effets, mais comment ne pas y penser? Peut-on pendant des décennies gober systématiquement les émissions les plus stupides des chaînes les plus idiotes sans en subir de conséquences? Il serait surprenant que cela n'ait pas d'effets significatifs à long terme. Cette situation est d'autant plus préoccupante et affligeante qu'année après année, on assiste à un nivellement par le bas et à un abêtissement généralisé de l'offre télévisuelle. Le phénomène est particulièrement marqué aux États-Unis, mais nous n'avons pas été épargnés par cette tendance lourde.

Cela finit nécessairement par laisser des traces sur les perceptions, les jugements et les comportements de ceux qui les subissent et qui n'ont aucun sens critique, c'est-à-dire une partie significative de la population.

Doit-on y voir l'explication de la montée du *Tea Party* aux États-Unis et des dérives imbéciles actuelles du Parti républicain ?

*« A Story about a Stupid Person Can Make You Act Stupid (or Smart): Behavioral Assimilation (and Contrast) as Narrative Impact », *Media Psychology*, vol. 14, issue 2, 2011, p. 144-167.

Un flic montréalais mérite-t-il une prime de risque ou de danger ?

21 juin 2011

Un simple patrouilleur de la police de Montréal embauché à 30 000 dollars par année reçoit un salaire de 72 000 dollars après cinq ans de services. Tout cela avec un diplôme de cégep en techniques policières et moins d'un an à l'École nationale de police de Nicolet. Cela me semble drôlement bien rémunéré. Sans compter les autres avantages que confère l'uniforme de policier, dont une retraite aussi dorée que prématurée.

De plus, les policiers ont le droit de se lancer en affaires et, par exemple, de diriger des entreprises de construction tout en restant dans la police. Plusieurs le font.

Les élus sont prêts à toutes les concessions pour que leurs policiers soient heureux. Les policiers ont le monopole de la force dans la société. Ils sont le rempart qui nous protège de l'anarchie. Personne ne veut une grève de la police.

Lors de la dernière, le 7 octobre 1969, dès la tombée du jour la ville était à feu et à sang. J'ai couvert l'événement comme journaliste à Radio-Canada. La racaille s'en est donné à cœur joie. Bilan : un policier de la SQ tué par balle pendant une manifestation politique violente, 20 blessés, une dizaine de banques braquées, une multitude d'actes de vandalisme et deux millions de dollars de dégâts. Le gouvernement a fait appel à l'armée, à la SQ et à la GRC pour rétablir l'ordre.

Le mot d'ordre chez les politiciens est de céder au chantage et de donner aux syndicats de policiers ce qu'ils réclament, mais le faire de façon à ne pas scandaliser l'opinion publique et indigner le contribuable. Il faut trouver les bons stratagèmes et inventer des euphémismes de circonstance pour justifier les augmentations de salaire.

Cette année on a satisfait aux demandes des 4500 agents de police de la Ville de Montréal en bonifiant une bien curieuse prime qui reconnaît le degré de danger plus élevé de leur travail à Montréal. Eh oui, on leur accorde une prime de risque.

C'est totalement absurde. Si quelqu'un décide de devenir policier, c'est qu'il est disposé à prendre des risques et à accepter le fait qu'il va être placé, à l'occasion, dans des situations dangereuses. Sinon, on n'a pas sa place dans la police. Il faut devenir coiffeur, danseur de ballet ou massothérapeute.

Pour éviter le ridicule, on n'a pas appelé ça une «prime de risque». On a donc bonifié la «prime de métropole», qui va atteindre 4 % dans quatre ans. La Fraternité évoque le fait que l'île de Montréal regroupe le quart de la population du Québec et est la scène d'un crime sur trois. Puis après? Par la même logique, devrait-on baisser leur salaire en fonction de la baisse de la criminalité ou de l'explosion démographique du 450?

Ça n'a pas de bon sens! Les officiers et les flics poussepapier qui usent leurs fonds de culotte dans des bureaux ne devraient pas avoir cette prime de danger. Elle n'est pas accordée aux agents de la SQ et de la GRC qui travaillent sur l'île de Montréal. Et les policiers des municipalités de banlieue, de Laval n'y ont pas droit. Ils travaillent eux aussi dans l'agglomération métropolitaine.

Et pourquoi arrêter là ? Patrouiller dans Montréal-Nord et Rivière-des-Prairies est beaucoup plus dangereux que dans Outremont et dans Mont-Royal. Pourquoi pas une prime pour les quartiers à risque ? Et une prime de bon sens pour savoir quand tirer sur un suspect. J'arrête là, puisque tout cela n'est qu'un mensonge. Un prétexte pour donner plus d'argent à des fonctionnaires municipaux armés, qui savent exploiter ce privilège.

Quand la Fête nationale prend des allures de veillée funèbre

24 juin 2011

Ma première chronique de l'année 2011 s'intitulait « Vers une remontée du courant indépendantiste au Québec ». J'y signalais que divers sondages indiquaient un regain de ferveur patriotique et une remontée de l'idée d'indépendance du Québec.

Une répartition des intentions de vote par le *Globe and Mail* accordait la victoire au PQ même si Legault formait son parti. Ces intentions de vote s'appuyaient sur des tendances profondes de la population du Québec. Une enquête de l'Association d'études canadiennes en décembre 2010 révélait que près de 70 % des résidants du Québec se définissent d'abord ou exclusivement comme Québécois et que de plus en plus de Québécois considèrent le Québec comme leur seule patrie.

Maintenant, je sais que tout cela ne voulait absolument rien dire.

J'écrivais : « À moins d'un renversement de tendance inimaginable actuellement, d'ici deux ans le PQ va être porté au pouvoir à Québec tandis que le Bloc va voir sa députation renforcée à Ottawa. Les conditions vont donc être réunies pour que le processus menant vers l'indépendance soit enclenché pour la troisième fois. »

Le renversement inimaginable de tendance s'est produit et le Québec semble maintenant plus loin de réaliser son indépendance que jamais depuis la fondation du Rassemblement pour l'indépendance nationale en 1960.

Le processus de destruction du mouvement indépendantiste a commencé avec l'élection fédérale du 2 mai dernier, où les Québécois avec une bonhomie insouciante ont exterminé le Bloc québécois, lui préférant un parti centralisateur représenté au Québec par des inconnus souvent sans racines et étrangers à la culture nationale.

Le phénomène m'est encore inexplicable. J'ai eu beau chercher dans l'histoire politique des 100 dernières années en Occident, je n'ai rien trouvé de semblable. Un peuple rejette massivement et sans préavis un parti politique jusque-là respecté et dominant sans raison évidente, sans justification. Évoquer la lassitude et le besoin de changement n'est pas une explication rationnelle.

L'anéantissement du BQ a eu de profondes répercussions psychologiques sur les militants indépendantistes, qui ont pensé sans vouloir l'admettre : « En rayant le BQ de la carte, les Québécois viennent d'opposer une fin de non-recevoir à l'idée d'indépendance. » Le sentiment de rejet massif et d'impuissance devant l'inintelligibilité et l'étendue de l'humiliation a fait ressurgir des ressentiments contradictoires chez ceux qui depuis des années trouvaient que le PQ marquait le pas. D'où la rage d'autoannihilation actuelle au Parti québécois, applaudie au Canada anglais avec une hilarité incrédule. Pas besoin de complots sordides, de manœuvres sinistres, d'intrigues inavouables, laissons les Québécois s'autodétruire.

À moins d'un miracle, les chances du Parti québécois de prendre le pouvoir aux prochaines élections et même de rester l'opposition officielle sont presque nulles. Et le temps joue contre nous.

L'idée d'indépendance va survivre au désastre. Mais la possibilité de réaliser l'indépendance va devenir de plus en plus incertaine à cause de l'effet conjugué de la démographie et du vieillissement de la population. Les Québécois francophones sont de moins en moins nombreux et de plus en plus vieux. Aucun peuple vieillissant n'est à l'origine de grands bouleversements politiques. Les vieux regardent passer l'histoire, ils ne la font pas. Cela semble maintenant notre destinée.

Dans le futur, on considérera sans doute que le 2 mai 2011 marque la fin du rêve et le début du déclin national. Les Québécois semblent avoir massivement opté pour un dépérissement tranquille de leur nationalité, pour le statut de Louisianais du Nord.

Ce jour de Fête nationale a des allures de veillée funèbre.

Miracle !
La madone du *Tea Party*
entend clairement
la voix de Dieu

28 juin 2011

Elle a cinq enfants. Elle vient d'un État enneigé du Nord-Ouest. Elle entend la voix de Dieu et elle veut devenir présidente des États-Unis. Non, elle ne vient pas de l'Alaska. Elle est représentante du Minnesota au Congrès des États-Unis. Le mouvement *Tea Party* est en train de faire d'elle sa nouvelle madone à la place de Sarah Palin. Son nom est Michele Bachmann. Elle est tout aussi idiote que Sarah Palin, mais plus ignorante.

Il y a quelques mois, elle s'est dite heureuse d'être de passage dans le New Hampshire où les premiers coups de feu de la guerre d'indépendance américaine ont été tirés. Les premières escarmouches de la Révolution américaine se sont déroulées au Massachusetts, l'État d'à côté. Elle a poursuivi la démonstration de son ignorance de l'histoire de son pays en affirmant devant un auditoire estomaqué que les pères fondateurs avaient travaillé sans relâche pour abolir l'esclavage. Or, tout élève du primaire aux États-Unis apprend que c'est Abraham Lincoln, près de 100 ans après la proclamation de l'indépendance, qui a aboli l'esclavage. Plusieurs des fondateurs de la République étaient propriétaires d'esclaves.

Elle est d'accord avec Sarah Palin, qui affirmait erronément que la Constitution américaine est religieuse, alors qu'elle est fondée sur la séparation de la religion et de l'État. Michele Bachmann proclame que les États-Unis devraient être un pays où tout le monde va à l'église et où tout le monde partage les mêmes valeurs civiques et religieuses. Elle affirme que la Bible devrait être le livre de référence ultime pour décider de ce qui est constitutionnel et de ce qui ne l'est pas.

Bachmann a confié au journaliste Bob Schieffer de CBS que c'est Dieu qui lui a demandé de poser sa candidature pour la magistrature suprême et qu'elle entend mener, si elle est élue, une politique évangélique commandée par lui : «C'est Dieu qui parle dans mon cœur et qui me dicte la direction que je dois prendre.»

Le discours politique de droite aux États-Unis va être saturé de religion jusqu'à l'élection présidentielle. Bachmann fait déjà face à deux mormons pour l'investiture républicaine. Le mormonisme est une religion nativiste américaine qui enseigne que le paradis terrestre se trouvait dans le Midwest. Elle fut fondée par un charlatan polygame, Joseph Smith, qui était aussi un piètre prophète. Il avait prédit que Jésus-Christ reviendrait sur Terre avant qu'il atteigne l'âge de 85 ans en 1891. Smith n'a pas atteint l'âge de 85 ans : il a été assassiné en 1844. Et Jésus-Christ n'est pas revenu pour mettre fin à l'ordre mondial. Les deux adversaires mormons de Bachmann, l'ancien gouverneur du Massachusetts, Mitt Romney, et l'ancien gouverneur de l'Utah, Jon Huntsman, comme six millions d'Américains, croient aux balivernes délirantes de Joseph Smith.

Une étude réalisée en 2005 par la firme Barna a révélé que 83 % des Américains ont dit avoir prié dans la semaine avant le sondage. Des électeurs potentiels pour Bachmann qui, comme beaucoup de gens religieux, parle de sa foi parce qu'elle est au cœur de la façon dont elle voit le monde. C'est une langue que beaucoup d'électeurs américains comprennent. Ils constituent une des nations les plus dévotes de la planète.

Et dire qu'il y a des Québécois (lucides?) comme Joanne Marcotte et Éric Duhaime, des fondateurs du soi-disant Réseau Liberté-Québec, qui veulent que leur mouvement s'inspire du *Tea Party* et des valeurs de la droite américaine, dont Michele Bachmann est une figure de proue.

Alléluia! *Praise the Lord and pass the ammunition!*

Pensez-vous qu'il faut tuer Éric Daudelin et s'emparer de ses organes?

30 juin 2011

Un pourcentage significatif de criminels n'est pas réha-bilitable. C'est particulièrement le cas des auteurs de crimes sexuels, qui sont souvent des multirécidivistes qui finissent par commettre l'horreur ultime: violer l'innocence d'un enfant et prendre sa vie.

Dans un retour vers la lucidité, le Québec commence à aligner ses sentences pour ces déchets de société sur ce qui se pratique dans le reste du Canada et dans la plupart des

États civilisés. On les déclare criminels d'habitude et on jette la clé de leur cellule.

Mais je pense qu'il faudrait aller plus loin avec ces criminels qui représentent un danger permanent pour la société et qui s'attaquent aux membres les plus fragiles, les plus sans défense de la collectivité : les petits enfants. Ils méritent la peine de mort. On devrait les exécuter dans les meilleures conditions sanitaires afin de pouvoir prélever de leurs cadavres tous les organes susceptibles de transplantation. Ces individus immondes auront ainsi fait au moins une contribution valable à la société.

Pour les prédateurs sexuels récidivistes n'ayant pas commis de meurtre, la castration physique ou chimique devrait être appliquée, accompagnée d'un anneau de signalisation GPS.

La Commission des libérations conditionnelles du Canada avait jugé, dix mois avant qu'il assassine la petite Joleil Campeau, qu'Éric Daudelin ne devrait jamais être remis en liberté parce qu'il allait récidiver. Des voleurs de vies innocentes comme Éric Daudelin devraient disparaître de la surface de la Terre non sans d'abord avoir donné leurs organes.

Malgré la propagande incessante de nos élites déboussolées et moralement décadentes, il y a encore 69 % de Québécois qui sont favorables à la peine de mort pour punir les homicides.

On affirme souvent que ce ne sont que les pays les plus obscurantistes de la planète qui appliquent la peine de mort. On cite l'Iran, l'Arabie saoudite et les États-Unis. On oublie que la peine capitale est aussi appliquée dans certains des pays les plus avancés financièrement et socialement de la planète, comme Singapour et le Japon.

Voici une liste partielle des crimes qui vous vaudront la peine de mort si vous les commettez à Singapour : meurtre, enlèvement ou abus sexuel en relation avec un meurtre, tentative de meurtre par un condamné à la prison à perpétuité, possession de drogue (500 grammes de cannabis, 30 grammes de cocaïne ou 15 grammes d'héroïne), possession illégale d'armes à feu, parjure ayant entraîné l'exécution d'un innocent, incitation au suicide d'un mineur ou d'une personne vulnérable, atteinte à la personne du chef de l'État, piraterie, soulèvement armé et complot contre le gouvernement de Singapour.

Singapour (majoritairement chinois) est l'un des États les plus riches de la planète avec un taux de criminalité parmi les plus bas. La Chine s'inspire beaucoup de ce que fait Singapour. Ce n'est pas demain que le Canada va aligner son traitement des criminels sur Singapour et la Chine.

Qu'on réhabilite les réhabilitables et qu'on ait recours avec les autres récidivistes à des peines draconiennes allant jusqu'à la mort et au prélèvement d'organes. C'est plus par eugénisme que par vengeance qu'il faut s'en débarrasser. Il faut éviter le plus possible qu'ils puissent propager leurs gènes pernicieux.

La justice est aveugle et les jurés le sont souvent aussi

5 juillet 2011

Il n'y a pas de justice dans les sociétés humaines. Il n'y a que des systèmes de droit qui sont un ensemble de procédures et de conventions codifiées qui reflètent les valeurs des élites sociales et servent à imposer une certaine concorde. Cela évite qu'on revienne trop rapidement à l'état de nature et à la loi de la jungle. Le droit assure une certaine équité. Mais ce n'est pas son but. Il vise d'abord à renforcer l'ordre social en contraignant les individus à se conformer aux règles édictées par ceux qui ont le monopole de la force.

Dans le cas de Guy Turcotte, le système de droit a connu un terrible dérapage. Quand j'entends des avocats et un juge féliciter le jury de sa décision, j'ai le goût de vomir. Ce n'est pas la première fois que l'auteur d'un crime abominable réussit à abuser un jury et ce ne sera pas la dernière. Mais que voulez-vous que les principaux suppôts du système fassent? Qu'ils reconnaissent que, dans ce cas, il a engendré une injustice immonde? Ils ne peuvent pas faire cela et décourager les justiciables. Non, ils préfèrent mentir à l'unisson.

Les faits ne sont pas en cause. Guy Turcotte reconnaît avoir tué à coups de couteau avec une violence inouïe ses deux jeunes enfants. L'odieux personnage voulait se venger de sa femme. Il voulait lui faire payer son humiliation. Il voulait qu'elle soit hantée pour le reste de sa vie par l'outrance infâme de son geste. Son crime a réussi. Il évite tout châtiment. Dans quelques jours ou quelques semaines, il sera en liberté. Il pourra fêter ses avocats de haute volée et ses témoins experts psychiatres. Et payer leurs honoraires. Rubis sur l'ongle.

Au fait, pourquoi accepter que des témoins experts soient payés par les parties? Il me semble qu'ils devraient agir *pro bono*. Ou, du moins, être choisis et payés par le tribunal. Un psychiatre ne devrait pas se vendre comme un vulgaire mercenaire ou une putain.

En pièces sonnantes et trébuchantes, combien sa vengeance et le meurtre de ses deux enfants ont-ils coûté à Turcotte? Des centaines de milliers de dollars? Peut-être. Je me demande comment se sent l'infanticide. Est-il fier d'avoir réussi à berner les 11 jurés? Il ricane sans doute. Il ne voulait pas vraiment se suicider après avoir tué ses enfants. Il était bien trop lâche pour se faire justice. Cette histoire de la tentative de suicide au Windex est ridicule. Un médecin comme lui qui aurait vraiment voulu mettre fin à son abjecte existence avait les connaissances voulues pour ne pas se rater.

On verra à l'avenir si sa défense, pratiquement inusitée de folie furieuse instantanée, fera école. Les psychiatres experts doivent déjà se frotter les mains avec des signes de dollars dans les yeux en peaufinant les prochaines versions de leur invention.

Le crime impuni de Turcotte me rappelle le cas O.J. Simpson, le sportif américain qui a assassiné son ex-femme et un de ses amis à coups de couteau et qui s'en est tiré lui aussi parce qu'il était riche et qu'il a pu se payer les meilleurs avocats et les meilleurs experts. La réaction festive des Noirs américains le jour de son acquittement m'avait consterné. Mais il fallait comprendre qu'ils avaient été eux-mêmes victimes au cours des siècles de tellement d'abus et de crimes de la part du système judiciaire américain qu'ils se réjouissaient maintenant qu'un des leurs en exploite enfin les faiblesses. Dans ce cas également, le jury s'était révélé le maillon faible du système.

Dans des pays aussi respectueux des droits individuels que le Canada et les États-Unis, on n'acquitte pas seulement des coupables. Régulièrement aussi, on condamne des innocents. Les jurys n'errent pas toujours du même bord.

Une preuve que la justice est aveugle.

Condamnations pour meurtre par des jurys : sept cas
7 juillet 2011 **récents d'erreurs judiciaires**

Une chose me trouble particulièrement dans les séquelles du verdict de non-responsabilité criminelle de Guy Turcotte. C'est l'obstination des défenseurs du système de droit canadien à ne pas vouloir reconnaître la possibilité même qu'une erreur terrible ait pu être commise par le jury. Pourtant, les erreurs judiciaires dans des causes de meurtre abondent. Et les jurys en sont complices.

Voici quelques cas où des « représentants du monde ordinaire », au meilleur de leur connaissance, ont déclaré coupables de meurtre des personnes innocentes.

En 1959, Steven Truscott devient, à 14 ans, le plus jeune condamné à mort de l'histoire du Canada. Un jury le déclare coupable du meurtre de Lynne Harper, âgée de 12 ans. La Cour suprême du Canada confirme le verdict de culpabilité en 1966. Après dix ans d'emprisonnement, il est libéré en 1969, sans être acquitté. Ce n'est que 38 ans plus tard, en 2007, que la Cour d'appel de l'Ontario conclut que sa condamnation était une erreur judiciaire. Truscott avait toujours clamé son innocence.

En Saskatchewan en 1969, un jury trouve David Milgaard, âgé de 16 ans, coupable d'avoir violé et assassiné une jeune infirmière. Condamné à la perpétuité, Milgaard passera 23 ans en prison à protester de son innocence. En 1997, le vrai coupable est finalement arrêté : un violeur en série identifié par une preuve d'ADN. David Milgaard a reçu un dédommagement de dix millions de dollars.

En 1971, un jury rend un verdict de culpabilité contre Donald Marshall Jr., un jeune Micmac de 17 ans, pour le meurtre d'un autre jeune de Sydney en Nouvelle-Écosse. Condamné à l'emprisonnement à perpétuité, il est libéré en 1983 et finalement acquitté en 1991 après une nouvelle enquête de la GRC.

En 1982, Thomas Sophonow, 28 ans, est accusé du meurtre de Barbara Stoppel, 16 ans, étranglée dans un café de Saint-Boniface. Un premier jury est incapable de rendre un jugement unanime. Dans un second procès, les 12 jurés le trouvent coupable, mais le verdict est annulé en Cour d'appel. Un troisième jury rétablit sa culpabilité en 1985. Mais la Cour d'appel du Manitoba annule une nouvelle fois le verdict. Il est libéré sans être innocenté. Ce n'est qu'en juin 2000 que son innocence est enfin reconnue. Il obtiendra *une indemnisation* de 2,6 millions de dollars.

En 1991, un jury manitobain trouve James Driskell coupable du meurtre de son ami Perry Harder. Le jury a fondé son verdict sur une preuve sans valeur. Il est libéré en 2003. En 2005, le ministre fédéral de la Justice Irwin Cotler conclut qu'une erreur judiciaire s'est produite dans son cas et annule sa condamnation. Il reçoit quatre millions de dollars.

En 1991, le journaliste Benoît Proulx est trouvé coupable par un jury et condamné à l'emprisonnement à perpétuité pour le meurtre de France Alain, qui a été tuée à Sainte-Foy en 1982. L'année suivante, la Cour d'appel l'acquitte, jugeant que la preuve disponible était insuffisante pour qu'un jury puisse conclure à sa culpabilité. En août 1997, la Cour supérieure lui alloue 1,15 million de dollars en dommages. La Cour suprême du Canada confirme cette décision.

En 1994, un jury trouve William Mullins-Johnson coupable du viol et du meurtre de sa nièce de quatre ans, Valin Johnson, en se fiant au témoignage du pathologiste incompétent Charles Smith. Après avoir purgé 12 ans de prison, Mullins-Johnson a été déclaré innocent et libéré en 2007. Cette erreur judiciaire a provoqué en Ontario une vaste enquête publique qui a établi que des analyses erronées de Smith avaient entraîné des condamnations pour meurtre ou négligence criminelle dans 13 procès.

La présence de jurés dans ces causes n'a rien fait pour protéger des citoyens injustement accusés de meurtre. Les jurés n'ont été que les complices ou les victimes des procureurs, des enquêteurs policiers, des experts ou des juges. Personnellement, je pense qu'ils ne font qu'alourdir le système.

L'innocence de tous ces hommes a fini par être établie malgré des verdicts de culpabilité prononcés par des jurys « populaires ». Il est évidemment plus difficile d'établir combien de coupables ont été innocentés par des jurés. J'ai tendance à penser qu'ils sont encore plus vulnérables à ce type d'erreur.

Le registre des armes longues peut-il sauver des vies humaines?

12 juillet 2011

Le gouvernement Harper va, à l'automne, abolir le registre fédéral des armes longues, et le Québec va probablement le récupérer et dépenser annuellement les cinq à dix millions de dollars nécessaires pour le faire fonctionner. Est-ce une façon rationnelle et efficace de dépenser l'argent des impôts? Je n'en suis pas sûr. Mais, comme les syndicats de policiers, les intervenants en sécurité publique, le lobby contre les armes à feu et une partie significative des leaders d'opinion au Québec le veulent, cela va se faire. Peu importe que le registre fédéral n'ait eu aucune influence sur la diminution de la criminalité violente. Le Québec a toujours les massacres de Dawson et de Polytechnique en mémoire.

Le Parti libéral du Québec ne va pas laisser passer une bonne occasion d'emmagasiner des votes. Le registre des armes à feu devait coûter deux millions de dollars au fédéral. Son coût s'est multiplié 500 fois pour dépasser le milliard de dollars. Les paris sont ouverts sur les dépassements de coûts du programme québécois.

Le sénateur Pierre-Hugues Boisvenu pense que l'argent serait mieux utilisé dans la prévention de la criminalité. Il m'a expliqué cette semaine à la radio qu'il y a à peine 2 % des homicides qui sont commis avec des armes d'épaule, contre 35 % avec des armes de poing et autant avec des armes blanches.

Les chiffres avancés par les organisations policières sont aussi incontestables. Sur les 111 000 armes à feu saisies après des actes criminels au Canada en 2009, 89 000 étaient des armes longues. Elles ont été utilisées pour tuer 14 des 16 agents de la paix assassinés depuis 1998 au Canada. Mais il faut noter qu'une bonne partie de ces armes étaient enregistrées.

Le registre des armes à feu, consulté chaque jour en moyenne à plus de 700 reprises par des policiers québécois, assure-t-il leur sécurité lors d'une intervention contre un suspect ? On doit avoir un permis de possession et d'acquisition pour acheter une arme à feu avant même de l'enregistrer. L'abolition du registre n'entraînera pas l'abolition du permis. Les policiers pourront aussi bien consulter la banque de données des permis.

Le registre sauve-t-il des vies humaines ? Le nombre de femmes assassinées par leur conjoint par arme à feu a diminué de 64 % depuis que les contrôles sur toutes les armes à feu ont été renforcés en 1995 dans la suite du massacre de Poly. Le registre n'a rien eu à voir avec cette tendance. Les homicides par arme à feu en général ont aussi commencé à diminuer au Canada avant le registre. Les suicides par arme à feu ont diminué, eux aussi, mais pas les suicides en général.

Si le Québec va de l'avant avec son propre registre des armes de chasse, il risque de devoir recommencer à zéro. Pour des raisons de confidentialité et de protection de la vie privée, le gouvernement Harper a averti qu'il ne partagera pas les renseignements contenus dans son registre une fois qu'il l'aura aboli. C'est absurde. Si la loi fédérale sur la protection des renseignements personnels interdit le partage de renseignements sur les individus qui possèdent des armes à feu au Canada, elle devrait être amendée. Posséder une arme à feu, ce n'est pas comme posséder une motoneige ou un avion. La motoneige peut tuer, mais n'est pas conçue pour cela. L'arme à feu, oui.

Ce qui est incontournable, c'est que moins il y aura d'armes à feu en circulation, qu'elles soient de poing ou d'épaule, enregistrées ou pas, moins il y aura de personnes tuées avec de telles armes.

Le NPD doit exiger l'arrestation de Bush à son retour au Canada à l'automne

15 juillet 2011

Le président George W. Bush et ses principaux acolytes, le vice-président Dick Cheney, le secrétaire à la Défense Donald Rumsfeld, le directeur de la CIA George Tenet, ont autorisé l'utilisation de la simulation de noyade contre des détenus à Guantánamo, à Abu Ghraib et dans des prisons secrètes ailleurs dans le monde. Dans un rapport publié cette semaine à New York, Human Rights Watch demande au président Obama d'ordonner l'ouverture d'une enquête criminelle sur leurs agissements.

La grande organisation internationale de défense des droits humains affirme qu'Obama n'a pas le choix, puisque les États-Unis sont signataires de la convention de l'ONU contre la torture. Quoi qu'en ait dit Bush, la simulation de noyade constitue un acte de torture en vertu du droit américain comme du droit international. Durant la Seconde Guerre mondiale, des soldats japonais, trouvés coupables de l'avoir pratiquée par des cours martiales américaines, ont été pendus.

Human Rights Watch réclame aussi la création aux États-Unis d'une commission comparable à celle établie après l'attaque du 11 septembre 2001 pour examiner les actions du pouvoir exécutif américain, de la CIA, de l'armée et du Congrès relatives aux politiques et pratiques de torture par l'administration Bush.

Le directeur exécutif de l'organisation, Kenneth Roth, se demande comment les États-Unis peuvent insister pour que justice soit faite pour des crimes de torture commis au Darfour, en Libye et au Sri Lanka, alors qu'ils mettent leurs propres hauts dirigeants à l'abri d'enquêtes et de poursuites judiciaires pour des faits similaires.

À ce sujet, il faut aussi noter que le département d'État américain a le culot de publier chaque année un bilan des violations des droits de l'homme dans le monde sans parler des violations commises par ses propres soldats et agents secrets. Avec une incroyable hypocrisie, Washington condamne dans ses bilans la pratique de la torture dans des pays où la CIA a envoyé des islamistes soupçonnés de terrorisme pour en obtenir des renseignements par la torture.

Le porte-parole de HRW ne se fait pas d'illusions au sujet d'Obama. Il déclare que, si le gouvernement américain n'engage pas d'enquêtes criminelles crédibles, d'autres pays doivent, en vertu du droit international, poursuivre les dirigeants américains impliqués dans de tels crimes.

Cette menace de poursuite est bien réelle. En février 2011, Bush a annulé un voyage en Suisse, où des victimes de supplices qu'il a ordonnés avaient l'intention de porter plainte contre lui. Une enquête sur Bush, Cheney, Rumsfeld, Tenet et la torture est ouverte en Espagne. Des documents diffusés par WikiLeaks révèlent les pressions exercées par l'administration Obama sur les autorités espagnoles pour qu'elles l'abandonnent.

Depuis la fin de son mandat, George Bush est venu deux fois à Montréal pour prononcer des conférences sans être inquiété. Conscient qu'il risque des ennuis pour les crimes qu'il a commis, il semble limiter ses déplacements à l'étranger au Canada. Il doit revenir l'automne prochain.

Ottawa est signataire de toutes les conventions internationales sur la torture, les crimes de guerre et les crimes contre l'humanité. Le gouvernement Harper doit assumer ses responsabilités et ses obligations en vertu de la charte des Nations Unies et des diverses conventions afférentes à la torture et aux droits de l'homme. Il faut que George W. Bush et ses principaux lieutenants soient arrêtés et mis en procès si jamais ils remettent les pieds sur le territoire canadien.

La nouvelle opposition officielle à Ottawa doit exiger que le gouvernement Harper applique le droit international dans le cas de Bush. C'est une excellente occasion pour Jack Layton et le Nouveau Parti démocratique de se démarquer.

Il est temps que les donneurs de leçons américains goûtent à leur propre médecine.

Le Canada accueille 550 traîtres et collabos afghans pour services rendus

18 juillet 2011

Le bateau afghan est en train de couler, quoi qu'en disent les services de propagande canadiens. Et les rats commencent à le quitter. Soyons clairs : la guerre que nous menons en Afghanistan depuis dix ans est une occupation militaire étrangère à laquelle s'oppose avec détermination la presque totalité de la population afghane.

Nos politiciens nous ont dit que nous étions là-bas pour apporter la démocratie, la liberté et la civilisation. La réalité est que l'immense majorité des Afghans rejette totalement nos concepts de démocratie, de liberté et de civilisation. Pour tenter de leur imposer nos valeurs, nous avons fait appel à des collabos, comme les Allemands l'ont fait en France durant l'Occupation. En retour d'espèces sonnantes et trébuchantes, nos traîtres afghans ont joué le rôle d'interprètes et d'indicateurs pour notre armée. On les voyait dans les reportages télévisés, accompagnant nos soldats dans les villages, dissimulant leur identité derrière des noms de guerre, se cachant le visage et refusant d'être photographiés. Ils n'étaient pas très fiers de leur mission.

Le Canada va recevoir les collabos afghans afin de les récompenser pour les services qu'ils nous ont rendus et reconnaître que leur trahison a entraîné pour eux des « risques personnels hors de l'ordinaire », pour reprendre les mots du ministre fédéral de l'Immigration, Jason Kenney.

Le Canada leur offrait de 600 à 900 $ par mois pour qu'ils trahissent leur pays, leur religion et leurs concitoyens. Plusieurs collabos au service des Forces canadiennes ont été exécutés. D'autres ont vu des membres de leur famille tués ou kidnappés à cause de leur félonie. Jusqu'ici 56 « vendus » afghans sont déjà installés au Canada. Cent soixante-dix autres devraient suivre d'ici la fin de l'automne.

Si nous avions imposé nos « valeurs démocratiques, sociales et culturelles » aux Afghans, ces collabos n'auraient pas à fuir leur pays. Si le Canada croyait ses propres mensonges sur le succès de notre engagement dans ce pays, il devrait au contraire tout faire pour que ces intermédiaires, qui parlent l'anglais et connaissent les Canadiens, restent sur place comme des ambassadeurs de bonne entente capables d'aider leurs compatriotes à surmonter leur sous-développement. Mais il n'en est rien. Ottawa sait et ils savent que s'ils restent, ils vont être exécutés comme des traîtres maintenant que les soldats canadiens ont quitté la zone d'opération où ils offraient leurs services.

Cet accueil d'interprètes collabos n'est que la première étape d'une évacuation beaucoup plus imposante dans quelques années. Quand les Américains vont retirer leurs derniers bataillons d'Afghanistan, des centaines de milliers de politiciens à la solde des Américains, de gouverneurs à la solde de l'OTAN, de fonctionnaires, de policiers, d'administrateurs et de cadres du régime pourri de Karzaï et leurs familles vont vouloir fuir le pays en catastrophe. Seuls les plus riches et les mieux pistonnés, donc les plus corrompus, vont y parvenir. La prison, la torture, la mort ou les camps de réfugiés en Iran ou au Pakistan attendent les autres. Quant à Hamid Karzaï, ça va être pour lui un retour à la case départ. Il va reprendre en main la gestion de sa chaîne de restauration américaine où

Washington l'avait recruté pour en faire le président fantoche d'Afghanistan.

Pour être fidèles à nos engagements mensongers, il faudrait aussi organiser dans les secteurs sous contrôle canadien le sauvetage des Afghanes à qui nous avions confié la mission de favoriser l'éducation, l'égalité et la liberté des femmes. Vous avez remarqué comment nos politiciens n'en parlent plus. Elles sont abandonnées à leur sort. Pas de place pour elles à bord des C-17 qui ramènent nos soldats au pays. Bonne chance et soyez prudentes. *Sorry! Inch Allah!*

Appel à tous du Canada : trouvez les réfugiés politiques criminels de guerre

22 juillet 2011

Nous avons un des pires systèmes d'immigration de la planète. Un système biaisé en faveur des faux réfugiés, des fraudeurs, des criminels et des vils avocats qui en vivent. Le système a été mis en place au cours des quatre dernières décennies par le Parti libéral du Canada, dont le but était d'en profiter politiquement. Des règles d'immigration laxistes facilitent l'établissement du plus grand nombre d'immigrants au Canada, qui, en retour, vont être reconnaissants au PLC de les avoir laissés entrer. Trudeau et Chrétien sont responsables d'avoir donné au Canada les lois de l'immigration qui permettent à toute la racaille de la planète de s'établir ici, des triades asiatiques aux terroristes islamiques en passant par les *gangs* de rues antillais et les cartels de drogue latinos.

La décision du gouvernement Harper d'émettre des avis de recherche contre les 30 criminels de guerre les plus recherchés parmi les soi-disant réfugiés et de retirer à 1800 fraudeurs leurs passeports canadiens obtenus par une déclaration mensongère indique que les conservateurs envisagent de revoir les règles du jeu. Enfin !

Si vraiment il sévit contre les faux réfugiés affairistes, criminels ou terroristes, le Parti libéral du Canada va perdre une de ses dernières assises électorales.

Le ministre de l'Immigration Jason Kenney nous explique que ces criminels sont arrivés au Canada avec de faux passeports. Il ne nous dit pas que c'est, depuis toujours, une pratique courante parmi les demandeurs du statut de réfugié politique. La plupart détruisent leurs faux documents à bord de l'avion avant d'arriver en territoire canadien pour prononcer l'expression magique : « Je demande le statut de réfugié politique. » Aucun d'entre eux n'a jamais été poursuivi pour être entré au pays sans documents ou avec de faux documents.

Tout le système a été habilement construit par les libéraux pour rendre pratiquement impossible l'expulsion du territoire canadien. Il a fallu dix ans pour renvoyer en Chine Lai Changxing, un criminel de droit commun qui a utilisé tous les recours judiciaires possibles contre son extradition. Il va en falloir au moins autant pour expulser vers la Tunisie Belhassen Trabelsi, le beau-frère corrompu du dictateur Ben Ali, qui a trouvé refuge au Québec.

Vous êtes-vous demandé comment les autorités pouvaient connaître les noms des 30 criminels de guerre les plus recherchés en cavale au Canada ? C'est qu'ils ont été arrêtés et déférés devant un tribunal qui a ordonné leur expulsion. Puis on les a libérés sous condition, parce que leurs avocats, la plupart du temps payés par les contribuables canadiens, ont appelé du jugement. Et ils sont disparus dans la nature.

Seulement depuis 1997, 3000 autres criminels de guerre et auteurs de crimes contre l'humanité, violeurs en série, tueurs de masse ont été identifiés au Canada et ont pu tranquillement entrer dans la clandestinité grâce à des avocats fangeux et à des conseillers en immigration crapuleux et à tous les participants de cette prospère et poisseuse industrie.

Parallèlement, Jason Kenney a aussi annoncé que le gouvernement envisage de révoquer la citoyenneté canadienne de 1800 personnes soupçonnées de l'avoir obtenue « par des moyens frauduleux ». C'est probablement moins de 1 % des fraudeurs qui sont touchés. La plupart d'entre eux embauchent des « consultants en citoyenneté » pour se faire fabriquer de fausses preuves de résidence au Canada, alors qu'ils continuent de vivre dans leur pays.

Des centaines de milliers de filous, de forbans et d'affairistes crapuleux à travers le monde ont ainsi obtenu des passeports canadiens. Ces faux Canadiens vivent à l'étranger sans jamais payer d'impôts et de taxes au Canada. Ils se foutent du Canada comme de l'an quarante, sauf quand ils sont malades. Ils viennent alors nous voler des soins de santé gratuits. Ils se rappellent également qu'ils sont Canadiens quand ça va mal pour eux dans leur pays. La guerre du Liban de 2006 est l'illustration parfaite de cette situation. Tout à coup, des dizaines de milliers de Libanais agitaient des passeports canadiens devant l'ambassade de Beyrouth. Des avions et des navires affrétés par le Canada les ont évacués. Nos gouvernements ont payé pour leur installation temporaire au pays. La crise finie, ils sont rentrés chez eux et ont rangé leurs précieux passeports canadiens jusqu'à la prochaine fois.

Les plus habiles et les plus perfides parmi ces fraudeurs de citoyenneté envoient leurs femmes accoucher au Canada afin que leurs enfants soient citoyens canadiens avec tous les avantages que cela implique (une carte d'assurance maladie du Québec avec ça ?). L'Hôpital Royal Victoria de Montréal est particulièrement apprécié des gestantes de futurs détenteurs de la citoyenneté canadienne. Ça ne coûte que quelques milliers de dollars et ça rapporte durant toute une vie à toute la famille étendue.

La folie anxieuse d'Anders Breivik, l'avenir de l'Europe et celui du Québec

26 juillet 2011

Avant de passer à l'acte, avant d'abattre méthodiquement plus de 75 personnes sans défense — des jeunes Norvégiens comme lui —, Anders Behring Breivik s'est pratiqué pendant plus d'un an en utilisant *Call of Duty: Modern Warfare 2*. C'est une simulation informatique — jeu de rôle — où on peut tuer des êtres humains à bout portant avec une panoplie d'armes à feu et observer de près le résultat de son tir. Cris de douleur, sang qui gicle, cervelle qui éclate, etc. Ce n'est pas la première fois qu'un tueur de masse peaufine sa technique à l'aide de jeux de simulation. Ce ne sera pas la dernière. Les progrès technologiques devancent ceux de la civilisation.

Nous avons eu, ici même au Québec, nos propres jeunes hommes solitaires et sociopathes qui décident de se venger de leur mal de vivre en utilisant les moyens que leur enseignent les jeux vidéo et le cinéma hyperviolent et ultrasanglant de Hollywood.

Breivik se voit comme le chevalier martyr d'une nouvelle croisade qui va réveiller l'Occident contre le péril de l'Islam. Assez curieusement il n'est pas un chrétien intégriste. Dans son manifeste de 1500 pages, il est rarement question de ses croyances chrétiennes. Il se présente plutôt comme un laïque de tradition chrétienne. Difficile de le présenter comme un militant néonazi, puisqu'il se dit sioniste et proisraélien.

Conservateur, il sentait son identité nationale menacée par la Norvège multiculturelle qui remplaçait celle de son enfance.

Lui-même d'ailleurs était en pleine mutation culturelle. Sur Internet, il anglicisait son nom et son manifeste, rédigé en anglais, citait en grande partie des idéologues et des maîtres à penser anglo-saxons. Breivik s'est inspiré de Timothy McVeigh et de l'*Unabomber* Ted Kaczynski, deux Américains narcissiques et mythomanes comme lui.

Les opinions extrémistes anti-islamiques de Breivik reflètent un courant de fond en Europe, qui s'est développé à mesure que l'immigration musulmane y a affirmé sa propre identité. Pendant longtemps, les dirigeants européens ont refusé de reconnaître le problème en utilisant le vocabulaire de la rectitude politique et en promouvant, comme ici au Canada, le multiculturalisme. Les temps changent.

La chancelière allemande Angela Merkel, le président français Nicolas Sarkozy et le premier ministre britannique David Cameron ont reconnu au cours des derniers mois que l'approche multiculturelle dans l'intégration des immigrants avait totalement échoué. Au Canada, au niveau fédéral, personne n'a encore osé le reconnaître.

Si le multiculturalisme est un échec, par quoi faut-il le remplacer? La question est posée, en Europe comme au Canada.

L'État ne peut imposer à la société des valeurs qui sont contraires à celles qui font largement consensus. Vouloir le faire, c'est susciter des troubles sociaux et c'est ouvrir la voie à des dérapages, individuels ou collectifs. Anders Behring Breivik en est un exemple monstrueux.

On a eu au Québec un débat sur les accommodements raisonnables. Il s'est terminé en queue de poisson. Le consensus dans la population est favorable à une réaffirmation de la primauté de la culture nationale et à une limitation des accommodements. Bouchard, Taylor et les élites intellectuelles pensent autrement. Il faut que le PQ et François Legault & Cie

indiquent clairement où ils se situent par rapport à cette question. Elle devrait être au cœur des débats lors de la prochaine élection au Québec.

Soixante terroristes du *Tea Party* tiennent le Congrès américain en otage

29 juillet 2011

Ils sont 60 crétins, issus pour la plupart des coins les plus reculés de l'Amérique, à vouloir précipiter les États-Unis et peut-être le monde entier dans une crise financière sans précédent. Ils ont réussi à rendre le système démocratique américain, fondé sur le *check and balance* (sur la limitation des pouvoirs et le compromis), complètement dysfonctionnel. Comme des terroristes, ils se considèrent comme les ennemis du système politique américain actuel. Pour eux, le mot « compromis » est obscène. Leur haine de l'administration Obama a quelque chose de maladif. Elle relève sans doute d'un racisme latent caractéristique des milieux dont sont issus les *Tea Partiers*.

Pour réduire leur Everest de dettes, les États-Unis doivent à la fois opérer des coupes draconiennes dans les dépenses publiques et augmenter les recettes fiscales. C'est la logique même. Tout le monde en convient, sauf les 60 hurluberlus du *Tea Party*. Ils sont fanatiquement opposés à toute hausse d'impôts, comme si Dieu lui-même l'avait interdite à Moïse.

Pourtant, leur grande idole, Ronald Reagan, a haussé les impôts 11 fois et a augmenté le plafond de dette 18 fois pendant sa présidence. Et l'administration Bush est en grande partie responsable de la situation fiscale dramatique actuelle des États-Unis. Elle a engagé le pays dans deux guerres tout en baissant les impôts. Washington connaissait un surplus budgétaire lorsque Clinton a quitté le pouvoir en 2000.

Les membres du *Tea Party* ont réussi à humilier le président de la Chambre des représentants, le républicain John Boehner, qui en échange de coupes dramatiques dans les dépenses avait accepté des hausses modestes d'impôts pour les grandes entreprises et les contribuables gagnant plus de 250 000 dollars par année. Mais les fondamentalistes du *Tea Party* ont considéré l'accord comme une trahison.

Le *Tea Party* se veut l'émanation du peuple, mais il est, en fait, l'instrument de la ploutocratie américaine. Ce sont les pauvres et les classes moyennes qui vont souffrir le plus si le gouvernement américain est en défaut de paiement le 2 août prochain.

Obama possède pourtant une arme constitutionnelle redoutable pour pulvériser l'opposition à finir des élus du *Tea Party* sur la question de la hausse du plafond de la dette. Elle s'appelle le 14e amendement à la Constitution américaine.

Jusqu'ici le président s'est refusé à contourner le Congrès et à emprunter la voie constitutionnelle, mais, à mesure que la date limite du défaut de paiement approche, la pression augmente pour qu'il le fasse. Le 14e amendement affirme que la validité de la dette publique des États-Unis, autorisée par la loi, ne doit pas être remise en question.

L'ancien président Bill Clinton considère qu'il faut utiliser le 14e amendement « sans hésitation ». Michele Bachmann, la candidate du *Tea Party* à la présidence, a déjà annoncé qu'elle exigerait la destitution d'Obama s'il avait recours au 14e amendement.

Les 60 abrutis du *Tea Party* sont prêts à sacrifier leur pays et leurs compatriotes pour justifier leur idéologie antifiscale aussi primaire que débile. Eux qui gueulent constamment que les musulmans et les Chinois menacent l'avenir des États-Unis sont eux-mêmes le danger le plus immédiat pour la sécurité de leur pays. La polarisation politique prônée par le *Tea Party* va accélérer le déclin du pays commencé avec l'élection de George W. Bush.

John Boehner, qui braille publiquement pour tout et pour rien, va avoir encore beaucoup de raisons de pleurnicher avant la fin de cette crise.

Obama, le président le plus faible depuis le début du xxᵉ siècle

2 août 2011

Le président Barack Obama a cédé presque complètement aux demandes des preneurs d'otages du *Tea Party* et de la droite du Parti républicain. L'entente entre les dirigeants du Congrès et la Maison-Blanche va permettre d'éviter un défaut de paiement jusqu'à la fin de 2012, donc jusqu'après les élections présidentielles. Mais peut-être pas une décote de la dette américaine.

L'épisode montre l'efficacité de l'extorsion en politique. Les gens raisonnables finissent par céder à des terroristes qui prennent en otage l'intérêt national et qui se montrent déterminés à refuser tout compromis, quelles que soient les conséquences désastreuses de leur obstination. L'éditorial du *New York Times*, intitulé « Pour échapper au chaos, un accord terrible », parle d'« un contexte politique travaillé par la folie ».

Le président Obama aurait dû tenir tête aux républicains et invoquer le 14ᵉ amendement de la Constitution pour surmonter l'opposition du *Tea Party*. Il n'a pas eu le courage de le faire. C'est une reddition sans condition. Les présidents Roosevelt, Truman, Eisenhower, Kennedy, Johnson, Nixon, Ford, Carter, Reagan, Bush père, Clinton et Bush fils, ont réussi, eux, à faire élever les plafonds d'endettement sans condition.

Obama a cédé sur toute la ligne au *Tea Party* comme il a cédé sur toute la ligne au lobby israélien, comme il a cédé sur toute la ligne aux généraux du Pentagone. On sait depuis la crise de 2008 qu'il est au service des intérêts de Wall Street, dont les hommes occupent les principaux postes économiques de son administration.

La classe moyenne, les personnes âgées et les handicapés ainsi que les pauvres seront ceux qui souffriront le plus des coupures, tandis que les ultrariches, les multinationales et les entrepreneurs du secteur de la défense vont continuer à faire des pieds de nez au fisc.

Obama a réussi à donner aux républicains plus qu'ils espéraient obtenir et à obtenir moins pour les démocrates que ce que les républicains avaient offert. Plusieurs électeurs démocrates se demandent où est le candidat pour qui ils ont voté. Où est l'homme dont les discours passionnés en faveur du changement avaient soulevé le pays? Certains considèrent maintenant que sa campagne d'espoirs et de promesses de changement n'était qu'une arnaque.

La déception est telle chez les démocrates qu'il n'est pas exclu qu'Obama ait un adversaire à l'investiture démocrate. Ted Kennedy s'était opposé à Jimmy Carter en 1980. Obama espère quand même tirer profit de cette confrontation à l'élection présidentielle de l'année prochaine. Les sondages indiquent que les républicains sont considérés comme les principaux responsables de l'affrontement.

Le prix Nobel de l'économie Paul Krugman qualifie l'accord de catastrophe qui risque d'avoir des effets dépressifs sur une économie déjà déprimée et qui va probablement accentuer à long terme le problème du déficit américain.

Obama et le leader républicain en Chambre John Boehner, quant à eux, clament que l'accord va assurer la relance de l'économie américaine. Rien n'est moins sûr. Franklin Roosevelt, croyant la crise économique terminée, a opéré des coupes majeures dans les dépenses fédérales en 1937. Ces coupures ont replongé le pays dans la dépression. C'est finalement «le plan de relance» connu historiquement sous le nom de «Seconde Guerre mondiale» qui a redémarré l'économie. Cette fois, cela ne pourra pas marcher. Les États-Unis sont déjà engagés dans trois guerres... sans que l'économie en profite vraiment.

D'ailleurs, il n'est pas sûr que les États-Unis maintiennent leur cote triple A même s'ils ont évité le défaut de paiement. Plusieurs analystes estiment que la dette américaine va finalement être déclassée à AA, parce que leur secteur manufacturier reste faible et que les consommateurs ont réduit leurs dépenses le mois dernier pour la première fois en près de deux ans.

Si jamais cela arrive, il ne sera pas facile pour eux de retrouver la cote AAA. *Sic transit gloria mundi.*

Nycole Turmel, les syndicalistes québécois et l'assiette au beurre fédérale

5 août 2011

À en croire Nycole Turmel, ancienne présidente de l'Alliance de la Fonction publique du Canada, elle ne s'est jointe au Bloc québécois que par amitié pour sa députée Carole Lavallée. Et elle n'a adhéré à Québec solidaire que parce que c'était une formation de gauche. Dans les deux cas, l'option souverainiste des partis n'avait pas d'importance pour elle. Drôle de défense. Pas celle, en tout cas, d'une fédéraliste convaincue. Mais ce n'est pas la première fois qu'un dirigeant syndicaliste québécois est attiré par l'assiette au beurre fédérale.

Deux cas me viennent à l'esprit. D'abord, celui de Michel Agnaieff. Président fondateur du Conseil québécois de la paix, artisan de l'adoption de la ligne marxiste à la Centrale de l'enseignement du Québec, il deviendra le numéro deux de la CEQ sous Yvon Charbonneau.

Le directeur général de la CEQ sera recruté par le chef du NPD, Ed Broadbent, qui fera de lui le président associé du NPD-Canada, un peu le poste que Thomas Mulcair occupe présentement auprès de Jack Layton.

L'affaire tourne mal lorsque le *Journal de Montréal* révèle qu'Agnaieff est sous la surveillance des services secrets fédéraux depuis son arrivée d'Égypte dans les années 1960. On le soupçonne d'être un agent d'influence soviétique. Il porte plainte au Comité de surveillance des activités de renseignement de sécurité (CSARS), mais ce dernier estime que le SCRS avait raison de le surveiller. Candidat du NPD à l'élection fédérale de 1985, Michel Agnaieff finit loin derrière le libéral Reed Scowen, dans Notre-Dame-de-Grâce. Il quittera ensuite discrètement le NPD pour se joindre à la fonction publique fédérale. Il deviendra haut fonctionnaire de l'ACDI et président de la Commission canadienne pour l'Organisation des Nations Unies pour l'éducation, la science et la culture (UNESCO).

L'autre cas est celui du patron d'Agnaieff à la CEQ, Yvon Charbonneau, longtemps président de la Centrale. Dans les années 1970, la CEQ, dont la direction est infiltrée par des groupuscules communistes, est marxiste et indépendantiste. Avec la FTQ et la CSN, la CEQ participe à des confrontations avec le gouvernement libéral de Robert Bourassa qui mèneront Charbonneau et les chefs des deux autres centrales syndicales en prison.

Après avoir dirigé de nouveau la CEQ dans les années 1980, Charbonneau comprend que son avenir n'est pas du côté de ses camarades syndiqués ou même des travailleurs et des travailleuses. Il signale aux pouvoirs établis qu'il est disposé à « rentrer du froid ». Bourassa, qui l'a mis en prison, le nomme président d'une commission d'enquête sur les déchets dangereux. Il passe ensuite chez SNC-Lavalin comme vice-président aux relations publiques avant de se faire élire député libéral à l'Assemblée nationale. Mais l'ambition de notre renégat ne s'arrête pas là. Il fait le saut à Ottawa en devenant député libéral d'Anjou–Rivière-des-Prairies aux Communes. En 2004, lui qui était jadis sous la surveillance du service de sécurité de la GRC deviendra secrétaire parlementaire du ministre de la Sécurité publique. Et, en apothéose, le transfuge Charbonneau sera finalement nommé ambassadeur du Canada à l'UNESCO à Paris pour le remercier des éminents services qu'il a rendus au Parti libéral et au Canada.

Tout au long de son histoire, le Canada a toujours su traiter avec la plus grande considération les renégats, les transfuges et les « vire-capot » québécois à la recherche d'émoluments. C'est pourquoi la liste, déjà longue, va sans doute s'allonger rapidement au cours des prochaines années.

1945 : la US Air Force et l'incinération du peuple japonais

9 août 2011

Il y a 66 ans, le lundi 6 août 1945, l'ère atomique a commencé peu après huit heures du matin quand une gigantesque boule d'enfer est apparue au-dessus d'Hiroshima. Soixante-quinze mille personnes furent tuées, dont un grand nombre instantanément vaporisées, par la bombe nommée « Little Boy ». Pendant des années, 75 000 autres personnes seront effroyablement torturées à mort par les séquelles des radiations nucléaires.

Dans sa déclaration annonçant l'utilisation de la bombe atomique contre Hiroshima, le président Truman ment. Il affirme que ce sont les installations militaires qui ont été attaquées, alors que ce sont la population et les infrastructures civiles qui étaient ciblées.

Le point de visée était le centre-ville, pas le parc industriel ou les installations militaires négligeables situées à la périphérie. Hiroshima est entourée de collines sur trois côtés. La US Air Force avait calculé que l'onde de choc initiale allait rebondir, augmentant ainsi la puissance destructrice de l'engin contre la population.

La directive du président Truman prévoit l'utilisation d'une seconde bombe, sans même une pause pour évaluer les résultats de la première et la réaction japonaise. « Fat Man » pulvérisa Nagasaki, le jeudi 9 août.

Aucun objectif militaire ne justifiait la destruction des deux villes. La véritable raison qui explique l'utilisation de la bombe atomique contre le Japon est la vengeance. Truman écrit : « Nous l'avons utilisée contre ceux qui nous ont attaqués sans avertissement à Pearl Harbor, contre ceux qui ont affamé, battu et exécuté des prisonniers de guerre américains et contre ceux qui ont abandonné toute prétention d'obéir aux lois internationales de la guerre. »

Ces exterminations de masse de civils japonais étaient des crimes de guerre. Peu importe que le Japon ait commis des atrocités contre les populations civiles en Chine et en Corée, qu'il ait maltraité des prisonniers de guerre ennemis et qu'il ait commencé la guerre. Et, à Pearl Harbor, la marine nipponne avait attaqué des installations militaires américaines, pas des civils.

Certains tentent de justifier Truman en affirmant que sans ces bombardements nucléaires, les États-Unis auraient dû envahir le Japon pour obtenir sa reddition. Il aurait donc sauvé des milliers de vies américaines. Est-ce que sauver la vie de soldats américains justifie d'incinérer vivants des dizaines de milliers d'enfants japonais ? Cibler les civils pour contraindre un gouvernement à adopter une politique est la définition même du terrorisme.

Après la guerre, plusieurs dirigeants militaires américains ont affirmé que la décision de Truman était immorale et inexcusable. Le président de l'état-major interarmées, l'amiral William Leahy, estimait que «l'utilisation de cette arme barbare à Hiroshima et à Nagasaki n'a été d'aucune aide matérielle dans notre guerre contre le Japon. Les Japonais étaient déjà battus et prêts à capituler». Le commandant en chef pour l'Europe, le général Dwight Eisenhower, croit lui aussi que «les Japonais étaient prêts à se rendre et il n'était pas nécessaire de les frapper avec cette chose horrible».

Une autre preuve que les Américains en 1945 voulaient se venger de leur ennemi prostré est le raid suivant de plus de 1000 bombardiers contre Tokyo dans la nuit du 14 au 15 août 1945. L'empereur Hirohito avait pourtant annoncé 14 heures auparavant la reddition sans condition du Japon.

Cette attaque constitue le plus grand raid aérien de l'histoire, mais pas le plus meurtrier. Ce titre revient à un bombardement précédent de Tokyo dans la nuit du 9 mars 1945 qui tua plus de personnes que les bombardements atomiques d'Hiroshima et de Nagasaki. Des B-29 larguèrent 1700 tonnes de bombes incendiaires sur la capitale japonaise. Le résultat : 100 000 morts, 40 000 blessés, 1 000 000 de sans-abris et 267 000 bâtiments détruits.

En 1945, la US Air Force a détruit une bonne partie de 67 villes japonaises avec des bombes incendiaires, en plus d'aider les Britanniques à en détruire plus d'une centaine en Allemagne.

La stratégie américaine d'assassinat de masse de civils pour forcer le gouvernement à céder s'est poursuivie en Corée. Entre 1950 et 1953, 18 des 22 plus grandes villes nord-coréennes ont été, au moins, à moitié détruites.

Avec l'holocauste du peuple juif par les Allemands et le viol de masse de deux millions d'Allemandes par les hordes envahissantes soviétiques, l'immolation du peuple japonais constitue l'un des grands crimes de la Seconde Guerre mondiale.

Charkaoui et Abdelrazik sont-ils aussi innocents qu'ils le disent ?

12 août 2011

Adil Charkaoui et Abousfian Abdelrazik demandent chacun plus de 20 millions de dollars au gouvernement du Canada parec qu'il les a injustement considérés comme des terroristes. Les affaires les impliquant ont été relancées la semaine dernière lorsque *La Presse* a publié une note du Service canadien du renseignement de sécurité au ministère fédéral des Transports, datant de 2004 et relatant une conversation entre les deux hommes.

Le document, coté secret, signale que Charkaoui et Abdelrazik auraient discuté en 2000 de faire sauter un avion assurant la liaison entre Montréal et Paris. Les deux hommes nient l'allégation avec véhémence. Les avocats qui les représentent croient que la fuite est liée à leurs poursuites contre le gouvernement du Canada.

Charkaoui, un Marocain d'origine résident permanent du Canada, a réussi à faire annuler en 2009 le certificat de sécurité émis contre lui. Un tel certificat autorise l'État à emprisonner des non-citoyens sans porter des accusations contre eux et sans rendre publique la preuve qui justifie leur incarcération. Il a passé 21 mois en prison et, une fois libéré en 2005, il a été obligé de porter un bracelet GPS jusqu'en 2009.

Abdelrazik, un citoyen canadien d'origine soudanaise, est ciblé par la GRC et le SCRS depuis les années 1990 pour ses accointances avec des terroristes. Il figure aussi sur la liste noire des membres d'organisations terroristes établie par le Conseil de sécurité des Nations Unies*. Il pense que la publication de la note du SCRS pourrait aussi être une tentative de saboter ses démarches pour que son nom soit retiré de la liste de l'ONU.

Personnellement, je ne pense pas qu'il s'agisse d'un sombre complot des services secrets. La fuite semble venir du ministère des Transports plutôt que du SCRS. Un fonctionnaire des Transports, qui n'avait pas les deux hommes dans son cœur, a simplement fait état du vieux document dans une conversation avec un journaliste et ce dernier a manifesté son intérêt pour l'obtenir. On voit mal pourquoi quelqu'un se serait donné la peine d'inventer de toutes pièces une telle histoire, 11 ans après les faits, alors que les autorités ont renoncé à les poursuivre. La note semble donc authentique, même si les informations qu'elle contient sont peut-être erronées.

Les services spéciaux fédéraux avaient-ils raison de cibler les deux hommes au début des années 2000? Les renseignements obtenus de sources étrangères à leur sujet étaient troublants.

Adil Charkaoui était soupçonné de s'être entraîné dans des camps d'al-Qaida en Afghanistan en 1998. On le liait également aux auteurs des attentats meurtriers de Casablanca et de Madrid, à qui il aurait fourni de l'argent et un ordinateur.

On reprochait aussi à Abousfian Abdelrazik de s'être entraîné avec al-Qaida en Afghanistan et, en plus, d'avoir aidé Ahmed Ressam à s'y rendre. Montréalais d'origine algérienne, Ressam a été condamné pour avoir tenté de commettre un attentat à l'explosif à l'aéroport de Los Angeles en décembre 1999, le fameux attentat du millénaire.

Une telle accumulation de renseignements fautifs et de mauvaises interprétations dans les deux cas est-elle possible? Ça serait surprenant.

On verra bien au procès si l'État préfère leur donner des millions de dollars plutôt que de rendre publiques certaines des preuves qu'il possède contre eux, s'il en a bien sûr. Une simple décision ministérielle suffit pour lever le sceau du secret. Mais, de toute façon, il est sûr que les avocats du gouvernement vont poser à Charkaoui et Abdelrazik des questions qui risquent d'être fort embarrassantes pour eux, s'ils ne sont pas aussi innocents qu'ils le disent. S'ils le sont, ils auront l'occasion de se laver à jamais des allégations qui pèsent contre eux.

L'enquête sur la fuite, demandée par Charkaoui et Abdelrazik, n'est pas nécessaire.

* Son nom a depuis été retiré de la liste de l'ONU.

Les mystérieuses « araignées » de la planète Mars

16 août 2011

Il est presque certain qu'on a découvert l'existence d'une forme de vie sur Mars et pourtant les grands médias ignorent l'information depuis des années. Peut-être parce que la NASA n'y croit pas.

Voici comment la découverte s'est faite. Au début des années 2000, l'analyse de certaines photographies prises de la zone polaire sud de Mars a révélé des phénomènes mystérieux durant le printemps et l'été martiens. On distinguait clairement que des millions de ramifications apparaissaient et se développaient en arborescence avant de noircir et de disparaître avec la venue de l'hiver martien.

Ce qui a d'abord surpris les scientifiques est que ces « araignées » semblaient développer leurs embranchements selon la « suite de Fibonacci ». Sur Terre, elle s'applique presque essentiellement au vivant, des racines des arbres aux systèmes sanguins des animaux en passant par la géométrie des fleurs et des insectes.

La NASA refuse absolument d'envisager qu'il puisse s'agir d'organismes vivants. L'Agence spatiale européenne (ASE) n'a pas encore formulé de théorie pour expliquer les « araignées » et les taches noires, mais elle convient qu'aucune des hypothèses « purement physiques », c'est-à-dire non biologiques, avancées jusqu'ici n'est acceptable. Les photos prises de satellites d'observation semblent montrer qu'elles défient les lois de la gravité en remontant des pentes et des collines, contrairement, par exemple, à un liquide comme de l'eau.

Les indices de la présence de vie sur Mars s'accumulent depuis des années. On a établi qu'il y a de l'eau à certaines périodes de l'année martienne à la surface de la planète. Depuis 2003 on sait aussi qu'il y a des traces de méthane dans l'atmosphère martienne à un niveau constant. Cela indique qu'il existe des sources actives qui le produisent, puisque le méthane est un gaz instable. Des scientifiques ont estimé que, pour maintenir le même niveau, il fallait que 270 tonnes de méthane soient générées chaque année. Or, les impacts d'astéroïdes et les sources de méthane géologiques sont insuffisants pour produire ces quantités.

En février 2005, un satellite de l'Agence spatiale européenne a détecté des traces de formaldéhyde sur Mars. C'est un composé organique qui, sur Terre, est notamment généré par le métabolisme des organismes vivants.

Une équipe de scientifiques hongrois et espagnols pense que les taches sombres et les « araignées » pourraient être de gigantesques colonies de micro-organismes provenant de la photosynthèse. Ces colonies hiverneraient sous la calotte glaciaire sud de Mars (surtout constituée de CO_2) et seraient réactivées dès le début du printemps martien quand la lumière pénètre la glace et déclenche la photosynthèse des organismes végétaux.

Les « araignées » seraient les ramifications et les embranchements que ces organismes développent en se multipliant. Des poches d'eau qui se seraient normalement évaporées instantanément dans l'atmosphère ténue de Mars sont retenues autour d'eux dans la glace. Quand la couche de glace s'amincit, les micro-organismes passent au gris. En fin de saison, l'eau s'étant évaporée, ils se dessèchent et deviennent noirs, entourés d'une auréole grise.

Le fait que les « araignées » et les taches sombres n'apparaissent que dans des secteurs spécifiques proches du pôle Sud de la planète est une autre indication du caractère singulier du phénomène. S'il ne s'agissait que d'un processus purement physique, on devrait le retrouver ailleurs, notamment dans la région polaire nord.

Je ne m'explique pas le peu d'empressement de la NASA et de l'ASE à envoyer sur place une sonde pour trouver la solution au mystère en confirmant et en infirmant les hypothèses évoquées ici. Les investissements nécessaires pour y arriver sont négligeables et il s'agit d'une des plus grandes énigmes scientifiques de notre époque. Il va probablement falloir que les Chinois s'y mettent.

Injustice : l'armée canadienne mérite de devenir « royale » !

19 août 2011

Le gouvernement Harper a annoncé qu'il rétablissait le titre de « royales » à l'aviation et à la marine canadiennes. Elles l'avaient perdu lors de l'intégration des trois armées par le gouvernement Trudeau en 1968. Je trouve absolument scandaleux le mépris qu'on manifeste envers les membres de l'armée de terre qui, elle, n'aura pas droit à l'épithète monarchique. Pourtant, notre colorée police à cheval canadienne y a droit : Royal Canadian Mounted Police. Comme d'ailleurs une multitude d'autres institutions canadiennes et québécoises, dont le Royal 22ᵉ Régiment. Curieux quand même que des membres d'une unité constituante de l'armée puissent se bomber le torse et se pavaner avec le titre royal et pas l'armée elle-même...

Parce que nous, les Canadiens français, nous avons surtout servi dans les forces terrestres. Les dirigeants perspicaces de nos institutions militaires jugeaient que notre faible niveau d'instruction, nos connaissances limitées de la langue anglaise et nos incertaines capacités d'apprendre nous interdisaient l'accession à la marine et à l'aviation à cause des connaissances qu'elles exigent. Ne pas qualifier l'armée de royale dans son ensemble est une insulte aux centaines de milliers de soldats morts dans toutes les guerres de l'Empire avec, parmi eux, un grand nombre de Canadiens français. En tant que « colons » et colonisés de vieille date, nous nous devons de protester contre ce nouvel affront à notre indéfectible attachement à la couronne britannique et à la glorieuse famille Windsor.

C'est d'autant plus intolérable que le bon peuple québécois a de nouveau manifesté sa soumission et sa fidélité à la couronne en votant massivement aux dernières élections pour des partis *canadian* monarchistes et très fiers de l'être.

Comment pouvions-nous plus prouver notre déférence et notre attachement à la couronne qu'en élisant au Québec 71 députés monarchistes fédéralistes sur 75, le 2 mai dernier ?

Cette preuve de notre allégeance absolue au dominion du Canada est un signe manifeste que nous voulons dépasser l'étape de la colonisation pour atteindre le nirvana de la domestication et de la sujétion. Nos compatriotes du reste du Canada sont là, je le sais, pour nous aider et nous accompagner dans cette voie ouverte par nos élites depuis longtemps.

Certains des premiers ministres les plus attachés aux magnifiques institutions britanniques et à l'Empire étaient originaires du Québec. Je pense aux grands Wilfrid Laurier et Louis Stephen Saint-Laurent, qui poussaient le respect que leur inspirait la glorieuse monarchie britannique jusqu'à parler français avec un léger accent anglais afin de manifester de façon encore plus tangible leur humilité, leur respect et leur soumission au roi.

Mourir pour l'Empire et pour la couronne fut un honneur pour nous qui avons toujours accepté notre vassalité à un si grand peuple comme un privilège et une marque de distinction. Regardez avec quelle fierté nos anciens combattants portent leurs médailles britanniques. Nous, Canadiens français, avons toujours été plus fidèles à la couronne que ces traîtres d'Irlandais et d'Écossais, qui n'ont jamais complètement accepté leur sujétion au grand peuple anglais.

Il faut organiser un mouvement de masse pour demander humblement et respectueusement à nos maîtres anglais de nous accorder la modeste requête d'ajouter un fier « royale » au nom de l'armée canadienne. Notre « féauté » et notre dépendance affective à tout ce qui est *british* en seront renforcées.

Le *Globe and Mail* et tous les « *proud and loyal Canadians* » sont avec nous. Tout le monde debout ! *God Save the Queen !*

Non, la justice américaine n'a pas innocenté DSK

24 août 2011

Dominique Strauss-Kahn n'est pas blanchi des accusations portées contre lui. L'abandon des accusations n'est pas l'équivalent d'un acquittement*. Il y a bien eu une violente relation sexuelle spontanée dans sa suite au Sofitel de New York. Le problème est que les procureurs du District Attorney ne pensent plus être capables de convaincre un jury que la victime n'était pas consentante. Nafissatou Diallo a menti avec assurance aux procureurs sur un viol collectif dont elle aurait été victime de la part de militaires dans son pays, la Guinée, et sur d'autres faits de sa vie passée. Depuis qu'elle a admis ses mensonges, les avocats de la poursuite estiment qu'elle n'a pas la crédibilité nécessaire pour convaincre un jury à l'unanimité de la culpabilité de DSK.

Tout indique que l'odieux personnage qu'est DSK est bien coupable du viol de la femme de chambre. On sait notamment qu'il a invité sans succès la nuit précédente deux autres employées de l'hôtel à l'accompagner dans sa suite. Et qu'il a un long passé d'obsédé sexuel qui s'impose aux femmes même si elles lui disent, comme Tristane Banon, que ses yeux croches le rendent ridicule.

Le magazine suisse *L'illustré* publie une entrevue avec Marie-Victorine M., une ancienne maîtresse d'origine africaine de DSK, qui s'est fait avorter du fruit de leur liaison et a sombré dans une profonde dépression lorsqu'il l'a éconduite. Elle avait 23 ans, il en avait 47. Elle se porte à la défense de son ancien amant d'une bien étrange façon :

> — C'est-à-dire que je pense que c'est un homme qui aime le sexe, qui a un gros appétit sexuel, qui aime les femmes, donc, qu'effectivement, il est peut-être allé un peu trop loin, beaucoup trop loin. [...] Quand j'ai lu les premiers articles dans la presse américaine, contenant par exemple le détail qu'il aurait pris sa présumée victime par-derrière, cela m'a poussée à croire cette femme.
>
> — Avez-vous la conviction qu'il a pu violer Nafissatou Diallo ?
>
> — Franchement, je pense qu'il y a eu une relation entre eux, une relation forcée. Je ne sais pas s'il s'agit

de viol. C'est un homme qui est physique, donc il est tout à fait possible qu'il ait étreint cette femme de façon brusque ou brutale. Mais on en revient toujours à la même question : qu'est-ce que la définition exacte de la violence ? Dominique m'a étreinte parfois de façon brusque, mais, pour moi, c'était de la passion, pas de la brutalité. Cette femme dit qu'elle a lutté, je veux bien la croire.

Heureusement, DSK n'en a pas fini avec la justice. Comme il n'a pas été innocenté par la justice américaine, l'avocat de la plaignante, Nafissatou Diallo, envisage de porter plainte en France contre l'ancien ponte du Parti socialiste français et candidat potentiel à la présidence de la République, où il fait déjà l'objet d'une enquête pour tentative de viol sur Banon.

Il est particulièrement pathétique depuis 24 heures de voir la femme de ce grotesque personnage, Anne Sinclair, radieuse à ses côtés. Ce comportement sera sans doute connu à l'avenir sous le nom de « syndrome d'Anne Sinclair ». Il y a aussi le procès au civil aux États-Unis de la femme de chambre, qui pourrait coûter jusqu'à 25 millions de dollars à DSK. Pardon ! À Sinclair. O.J. Simpson a été acquitté d'avoir tué sa femme pour être ensuite trouvé coupable du même crime au civil, où il suffit de 9 jurés sur les 12 pour faire condamner une personne. De plus, la règle de la prépondérance de la preuve s'applique plutôt que le « hors de tout doute raisonnable » du procès criminel.

La terrible réalité est que les menteuses, les droguées, les prostituées et les femmes pauvres qui n'ont pas un passé irréprochable ne sont pas de « bonnes victimes » pour le système de justice criminelle, parce qu'elles sont moins susceptibles d'être crues par les policiers, les avocats de la poursuite et les jurés.

*Il va devoir se défendre au civil de la même accusation.

Jack Layton : *RIP* pour le chef irremplaçable du NPD

Rares sont les hommes politiques dont on peut dire qu'ils n'ont pas d'ennemis. Jack Layton était de ceux-là. Il possédait une autre qualité, peu commune, en politique. Il était sincère. Personne ne doutait de ses convictions. Cela ferait déjà de lui un personnage politique exceptionnel dans les annales canadiennes.

Il est mort alors qu'il venait de remporter un succès sans précédent. Son optimisme inébranlable jusqu'à son décès y a été pour quelque chose. Son testament politique est à son image. Sur son lit de mort, il encourageait encore ceux qui souffraient de la même terrible maladie que lui à être optimistes même si elle avait raison de lui.

Jack Layton est la preuve que le succès politique peut se réaliser dans la droiture. Il était un anti-Machiavel : « Mes amis, l'amour est cent fois meilleur que la haine. L'espoir est meilleur que la peur. L'optimisme est meilleur que le désespoir. Alors, aimons, gardons espoir et restons optimistes. Et nous changerons le monde. » Même un cynique comme moi est touché, sans trop y croire, par ce message d'espoir. C'est dire son impact sur le citoyen moyen.

J'admire chez Layton son courage devant la maladie, son optimisme inébranlable et ses options politiques favorables à la réduction des inégalités sociales tout en assurant le développement économique.

Layton était un parlementaire, éloquent et bien préparé, mais sa force était dans sa personnalité. C'était un homme chaleureux et compatissant. Ajoutez à cela qu'il inspirait confiance et donnait espoir aux gens et vous avez l'explication de sa fulgurante victoire du 2 mai dernier. D'autant plus que le Parti libéral, dont il convoitait le rôle d'opposition officielle, est un ramassis délabré d'opportunistes magouilleurs.

Avant le début de la campagne électorale, tous les sondages lui prédisaient entre 15 et 20 députés, dont un ou deux au Québec. Le courant de sympathie qui a entouré Jack Layton en particulier au Québec a été déterminant. Comme le dit Louis Plamondon, le courage avec lequel il a mené sa campagne électorale alors qu'il était rongé par le cancer a touché profondément les électeurs. Son image de « bon Jack » a opéré un miracle au Québec.

Le succès du NPD aux dernières élections est dû essentiellement à Jack Layton. Sans lui, il n'est pas sûr que le parti puisse se maintenir. Les chefs potentiels ne me semblent pas de taille. Mulcair est un personnage dynamique, intelligent, mais abrasif.

Quel que soit le chef qui succède à Jack Layton à la tête du NPD, je doute qu'il réussisse à refaire un second miracle du 2 mai au Québec. Le chef et le parti vont se buter à un défi impossible à relever : répondre aux revendications des Québécois sans indisposer le reste du Canada.

Harper fait face à trois partis d'opposition dirigés par des chefs intérimaires. Il va donc avoir une liberté d'action extraordinaire pour aller de l'avant avec les éléments les plus draconiens du programme conservateur. De quoi braquer encore plus les Québécois contre lui.

La réincarnation de la Vierge Marie vit parmi nous ici au Québec

30 août 2011

À Lac-Etchemin à 70 km au sud de Québec, on se prépare à fêter Marie-Paule Giguère, qui va avoir 90 ans dans quelques jours. Elle a ceci de particulier qu'elle est la réincarnation de Marie, mère de Dieu. Plus de 25 000 personnes au Québec et ailleurs dans le monde le croient. La « Dame de tous les peuples » se dit thaumaturge. Elle s'entoure de mystères et ne se présente que rarement en public. Elle vit au deuxième étage du spacieux complexe Spiri-Maria, le quartier général de l'Armée de Marie, la secte qu'elle dirige.

Le centre abrite une soixantaine de religieuses, de prêtres et de disciples. On y prie en permanence, 24/7. La principale différence entre la théologie de la secte et celle de l'Église catholique, et ça devrait plaire aux féministes, est que la Vierge Marie joue le rôle de « corédemptrice » avec le Christ. Cette position égale à Jésus donnée à Marie a amené le Vatican à condamner l'Armée de Marie comme schismatique et hérétique en 2007. Cela n'a pas empêché l'Armée de Marie de prospérer et de se développer.

Un visiteur suisse de Spiri-Maria affirme que le complexe de 15 000 mètres carrés ressemble moins à une église qu'à un parc d'attractions pour croyants avec boutique-cadeaux. Il affirme que les dévots se jettent à genoux en entrant, « ébaubis devant tant de beauté. Certains en pleurent ».

Les disciples de Marie-Paule Giguère considèrent qu'elle « est complètement enveloppée par Dieu » depuis qu'il lui est apparu à l'âge de 12 ans pour lui annoncer une vie de souffrances pour le bien de l'humanité. Mariée à un homme violent, elle mène une existence misérable. Elle élève cinq enfants dans la pauvreté la plus abjecte et subit de multiples interventions chirurgicales. En 1957, elle se sépare de son mari et place ses enfants dans un orphelinat. L'année suivante, par intervention divine, elle devient l'incarnation de la Vierge Marie. Dieu à cette occasion lui donne pour mission d'anéantir le visage du mal et de préparer son retour et la fondation de son royaume sur Terre. Dans les décennies suivantes, toujours sur instructions directes de Dieu, elle fonde l'Armée de Marie et construit le complexe Spiri-Maria.

En 1975, l'Église catholique confère le titre d'association pieuse à l'Armée de Marie pour ensuite se raviser et la dénoncer.

Pour ses fidèles, la persécution de Marie-Paule par Rome démontre qu'elle dit vrai. Ils croient que la dualité Marie-Paule/Vierge Marie s'apparente à la trinité divine et qu'elle est tout aussi inexplicable. D'ailleurs ils croient à la «Sainte Quintité», qui inclut Marie-Paule et une autre entité encore inconnue.

Les dévots de Marie-Paule sont convaincus que l'Église va un jour reconnaître sa sainteté comme elle l'a fait pour Padre Pio, un prêtre capucin considéré pendant des décennies comme masochiste hystérique avant d'être réhabilité et béatifié par Jean-Paul II.

Depuis sa condamnation par la Congrégation pour la doctrine de la foi et son excommunication, l'Armée de Marie a poursuivi sa dérive vers d'étranges et comiques aberrations mystico-spirituelles. Un prêtre membre du mouvement a été sacré pape sous le nom de Padre Jean-Pierre. Le nouveau pontife a canonisé Marie-Paule, bien qu'elle soit toujours vivante, et l'a couronnée «Souveraine de la Terre». Récemment, le «pape à Marie-Paule» a nommé, on ne sait trop pourquoi, un Belge (oui, oui, un Belge) roi de France sous le nom de Marc-André 1er.

On a affaire à une vieille dame et à son troupeau de Québécois naïfs, ignorants et crédules manipulé par les deux Européens opportunistes qui contrôlent la secte.

Il n'y a pas que Céline Dion et le Cirque du Soleil pour assurer la renommée internationale du Québec dans le domaine du divertissement.

Harper fait un bras d'honneur au Québec : « Je n'ai pas besoin de vous, bande de caves ! »

2 septembre 2011

Normal qu'Angelo Persichilli, le nouveau directeur des communications bilingue (anglais-italien) de Stephen Harper, ne parle pas français. Pour les conservateurs et une majorité d'anglophones, c'est une langue qui n'a plus aucune espèce d'importance au Canada. Le Québec et les Québécois, ils n'en ont plus rien à cirer. Comme chroniqueur au *Toronto Star*, Persichilli le disait haut et fort : pas de traitement de faveur pour ces tire-au-flanc de *frenchies*.

Dans ses diatribes, il dénonçait Gilles Duceppe, le Bloc et les « aspirations culturelles égoïstes » des Québécois, qui contraignent les Canadiens anglais « à réécrire les lois de la mathématique et de l'économie ». Pourquoi consacrer de l'argent à cette petite minorité en voie de disparition ? Persichilli en avait en particulier contre la surreprésentation des francophones partout au Canada et en particulier dans l'administration fédérale et au Parlement.

Les Québécois ont répondu aux désirs les plus fous de Persichilli aux dernières élections en débarrassant définitivement le Canada anglais de ces traîtres bloquistes.

Le 2 mai dernier, pour la première fois dans l'histoire du Canada, un parti politique a pris le pouvoir à Ottawa sans avoir besoin de l'appui du Québec. Non seulement les Québécois ont refusé tout soutien à Harper, mais, comme pour le narguer, ils ont aussi voté massivement, sans trop savoir pourquoi, pour un autre parti aussi fédéraliste que les conservateurs, mais qui leur est diamétralement opposé sur le plan social.

La destruction du Bloc par les Québécois eux-mêmes a eu deux conséquences politiques dont on mesure encore mal les gravissimes répercussions. D'abord, l'onde de choc a fissuré le Parti québécois au point où son avenir et celui du mouvement indépendantiste semblent compromis. Ensuite, elle a envoyé au Canada anglais le message que les Québécois se sont soumis et ont définitivement accepté le régime politique actuel. Le chapitre de l'histoire canadienne marqué par les revendications constitutionnelles des années 1960, la crise du Front de libération du

Québec (FLQ), l'élection de Lévesque et les deux référendums est maintenant clos à jamais.

Les élites politiques anglo-saxonnes, qui dirigent toujours le Canada, n'ont plus besoin de «lieutenants québécois» et autres clowns pathétiques locaux. Les Coderre n'ont plus leur raison d'être. Elles peuvent maintenant s'appuyer sur les groupes démographiques montants originaires d'Asie et plus particulièrement du sous-continent indien. Écoutez et lisez ce que disent leurs médias. Ils considèrent que la force politique du Québec, maintenant pratiquement nulle, n'a plus aucune chance de se rétablir.

Le vieillissement de la population du Québec et les changements démographiques, dopés par l'immigration massive au Québec et dans le reste du Canada, réduisent à jamais notre influence politique au Canada.

Ce sentiment de victoire définitive explique le mépris total du gouvernement Harper pour le Québec. Le rétablissement de la Royal Canadian Air Force et de la Royal Canadian Navy et la nomination d'un directeur des communications francophobe et haineux envers le Québec vous horripilent? Ce n'est que le début!

Ces manifestations de mépris sont accueillies par des hourras jouissifs de la majorité anglophone du pays. Le Québec récolte les fruits de ce qu'il a semé le 2 mai dernier dans l'insouciance et la désinvolture.

Oui, mais, direz-vous, le Bloc va se reconstruire et le PQ, se ressaisir. Dans combien de temps? Le PQ n'est qu'au début de son autodestruction masochiste et le Bloc est encore un amas de cendres brûlant. Mais dans 10 ans, dans 15 ans? Il n'y a pas de 10 ans, de 15 ans. La démographie aura fait son œuvre. C'est maintenant ou jamais. Et je vous le demande, quelles sont les chances que le Québec élise un gouvernement favorable à l'indépendance aux prochaines élections? Elles sont pratiquement nulles! Ces élections étaient la dernière chance que l'indépendance avait de se réaliser. Un gouvernement du PQ soutenu et secondé par une forte députation bloquiste à Ottawa.

Tout cela est à jamais rendu impossible par le vote du 2 mai. Vous l'avez voulu, vous l'avez eu. Vous n'avez qu'à prendre votre trou et vous la fermer.

‖‖‖‖‖‖‖‖‖‖‖‖‖‖‖‖‖ Quand les Américains expérimentaient des MTS
5 septembre 2011 **sur des Latinos et des Noirs**

La semaine dernière, une commission présidentielle sur la bioéthique a confirmé une épouvantable violation des droits humains par des chercheurs soutenus par le gouvernement des États-Unis durant la période 1946–1948. L'information a été accueillie dans l'indifférence et est presque passée inaperçue dans les médias.

Alors même que le tribunal de Nuremberg jugeait des nazis pour avoir commis de tels crimes contre l'humanité, les Américains se livraient à de monstrueuses expériences sur des êtres humains.

Approuvée par le US Public Health Service et le département d'État, une équipe de médecins dirigée par le docteur John Cutler a conduit des expériences sur au moins 5500 prisonniers et malades mentaux guatémaltèques, dont des prostituées incarcérées et leurs enfants. Près de 1300 ont été exposés à des MTS par contamination sexuelle ou par inoculation. Quatre-vingt-trois d'entre eux sont décédés d'avoir été délibérément et sans leur consentement infectés par la syphilis, la gonorrhée et le chancre mou.

On a infecté de gonorrhée une aliénée mentale souffrant de syphilis en phase terminale en faisant couler du pus dans ses yeux. Indifférents à la souffrance de la victime, les chercheurs étaient curieux de voir l'impact d'une infection supplémentaire sur la dégradation de sa condition. Dans un autre cas, on a injecté la syphilis dans l'arrière du crâne de sept femmes atteintes d'épilepsie pour vérifier la rapidité de propagation des MTS en fonction des méthodes d'acquisition.

La commission a conclu que le Dr Cutler et ses collaborateurs se sont livrés à des pratiques immorales contraires à toutes les règles déontologiques et à toutes les normes d'éthique médicale, présentes ou passées. Le président Obama au nom des États-Unis a condamné l'abomination et présenté ses excuses. Le Guatemala qualifie les expériences de crimes contre l'humanité.

Des Guatémaltèques sans défense n'ont pas été les seuls à servir de cobayes aux savants criminels au service des États-Unis. Agissant avec la même mentalité de supériorité raciale que les nazis, des médecins tortionnaires du Public Health Service ont aussi expérimenté sur 400 fermiers noirs illettrés de Tuskegee, un des comtés les plus pauvres de l'Alabama. Pour pouvoir suivre le développement de la syphilis, aucun traitement à la pénicilline n'a été fourni aux malades jusqu'à leur mort. Le même médecin tortionnaire, John Cutler (décédé en 2003), était également impliqué dans cette expérience qui s'est déroulée jusqu'en 1972, quand l'Associated Press a révélé l'affaire et provoqué son interruption.

Non seulement les Américains se sont, comme des nazis, livrés à des expériences immondes sur des êtres humains sans défense, mais ils ont aussi recruté certains des pires criminels allemands et japonais, leur offrant le secret et l'immunité.

À Nuremberg, seuls les scientifiques criminels nazis les moins intéressants ont été condamnés. Les Américains avaient déjà exercé une sélection. En 1946, dans une opération nommée Paperclip, Washington a donné refuge à 1000 savants nazis, dont Kurt Blome, qui avait testé le gaz neurotoxique Sarin sur des Juifs à Auschwitz, Hermann Becker-Freyseng et Konrad Schaefer, qui, eux, expérimentaient à Dachau, notamment en injectant de l'eau salée dans les veines de leurs malheureuses victimes pour étudier leur mort.

En 1947, le commandant suprême américain au Japon, le général MacArthur, a garanti l'immunité au général Shiro Ishii, commandant de l'unité 731 de l'armée impériale, en échange des résultats des expériences cauchemardesques menées sur des dizaines de milliers de civils et de soldats chinois, russes et coréens. Les prisonniers cobayes étaient soumis à des vivisections sans anesthésie ou étaient infectés du virus de la peste, du typhus et du choléra. Le Japon envisageait d'utiliser ces maladies comme armes bactériologiques.

Pire, le général Shiro Ishii a été invité à venir pendant un certain temps participer à des recherches à Fort Detrick au Maryland, qui abrite le centre de développement des armes biologiques de la US Army. Rentré au Japon, Ishii s'est éteint paisiblement entouré par sa famille sans jamais avoir été inquiété pour les crimes épouvantables qu'il avait commis. Les États-Unis sont les légataires de ses recherches immondes.

America can do no wrong. Mon œil!

‖‖‖‖‖‖‖‖‖‖‖‖‖‖‖‖‖‖‖ Le 11 septembre 2001 et
7 septembre 2011 le déclin de l'Empire américain

Il a fallu l'imbécillité de George W. Bush pour que le pire attentat terroriste de l'histoire soit aussi le plus réussi. Par ses réactions inopportunes et excessives, le cowboy qui ne savait pas monter à cheval s'est jeté, tête baissée, dans le piège que lui a tendu Oussama Ben Laden.

Le chef d'al-Qaida visait d'abord à humilier l'Amérique, à venger l'honneur du monde arabo-musulman, sur lequel s'essuie les pieds, depuis des décennies, l'impérialisme américain, protecteur des despotes arabes sanguinaires et soutien inconditionnel d'Israël.

Les mauvaises décisions en série prises à la suite de l'attentat en ont amplifié les répercussions négatives et placé les États-Unis sur la pente qui mène à l'affaissement de la grande République. Bush a précipité le pays dans une série de conflits tout en abaissant les impôts et en augmentant les charges sociales de l'État, une autre première dans l'histoire. Dix ans après le 11 septembre, les États-Unis sont au bord de la faillite.

Plutôt que de concentrer son action sur l'Afghanistan, où se trouvait Ben Laden et où il aurait pu changer le cours des choses en 2002–2004, Bush, incité par le lobby israélien, s'est attaqué à l'Irak de Saddam Hussein, un ennemi juré d'Israël et de Ben Laden.

Il a ainsi commis une des grandes erreurs stratégiques de l'histoire, dont les États-Unis ne se remettront sans doute jamais. Il fallait être particulièrement crétin pour penser pouvoir imposer par la force des armes une démocratie à l'américaine entre le Tigre et l'Euphrate. Le résultat sera inévitablement de faire de l'Irak, majoritairement chiite, un allié de l'Iran.

Sur le plan opérationnel, les Américains s'obstinent à croire que la force brute et le recours à une puissance de feu massive vont leur donner la victoire. Dans des guerres de guérillas comme celle qu'ils mènent en Afghanistan, le recours à l'aviation pour appliquer cette puissance de feu massive multiplie les victimes civiles innocentes et leur crée plus d'ennemis qu'ils n'en tuent.

Le 11 septembre hante l'Amérique, qui n'est plus sûre d'elle-même. Sa réputation et son prestige sont à jamais ternis par les crimes et les autres exactions perpétrés dans ses expéditions guerrières. Le trio de criminels de guerre Bush-Cheney-Rumsfeld a su exploiter la peur des Américains. Au nom de la lutte contre le terrorisme, ils ont banalisé la torture à la fois comme technique d'interrogatoire et instrument de représailles. La justification de la sécurité nationale a servi à restreindre les libertés civiles des Américains, entre autres en autorisant la surveillance électronique généralisée.

Le système politique américain est enrayé. Le pouvoir militaire est plus respecté que le pouvoir civil. Le Pentagone et le complexe scientifico-militaire sont à l'abri des restrictions budgétaires. Jamais autant d'incompétents, d'incapables et d'insignifiants ne se sont bousculés pour occuper les postes de commande de la République.

Avec Obama, les Américains croyaient élire l'homme providentiel qui allait sortir le pays des ornières où Bush l'avait enlisé. Ils ont élu un beau parleur maniéré, faible et indécis, ouvert à tous les compromis avec les lobbies et les puissances de l'argent. Malgré les promesses faites au Caire au monde musulman, Obama s'est mis au service d'Israël, dont les politiciens prennent un plaisir évident à venir l'humilier à Washington et à montrer au monde qui dicte la politique américaine au Moyen-Orient.

La mort de Ben Laden ne signifie pas qu'il y a « de la lumière au bout du tunnel ». Au contraire, les années qui viennent s'annoncent encore plus sombres pour les États-Unis, cruellement touchés par un déficit de leadership.

Le printemps arabe plonge le monde musulman dans une ère de bouleversements. Washington va être entraîné par Israël dans une succession de conflits au Proche-Orient qui vont l'affaiblir encore plus politiquement et économiquement.

Ailleurs, on voit mal comment les États-Unis vont éviter de s'embourber au Pakistan, où le gouvernement civil actuel, corrompu et inefficace, est condamné à court terme. Les

Américains ne peuvent accepter que les militaires nationalistes qui les vomissent ou des partis intégristes prennent le contrôle du stock d'armes nucléaires du pays de 180 millions d'habitants.

Le président de la commission d'enquête sur l'attentat du 11 septembre, Lee Hamilton, a déclaré au réseau PBS qu'il considérait comme inévitable que les États-Unis subissent d'autres attentats comme celui du 11 septembre. Il a dit espérer que, la prochaine fois, la riposte serait plus éclairée.

Les émissions culinaires : dîners de cons ou messes laïques ?

12 septembre 2011

Les Chefs, *La table est mise*, *Et que ça saute!* s'ajoutent cet automne à la liste, déjà longue, des émissions culinaires. Les auditoires répondent à l'appel. En France, on assiste au même phénomène. Pensez à l'incontournable *Un dîner presque parfait*, qui fait un tabac sur le plan des cotes d'écoute. Depuis quelques années, la cuisine est partout, sur toutes les chaînes, sur le Web et sur les tablettes des librairies des deux côtés de l'Atlantique. Dans les deux sociétés, la malbouffe et l'obésité semblent se propager malgré la multiplication des émissions culinaires. Les gens les regardent en buvant du Coca et en mangeant du McDo et des pizzas!

Après avoir passé dans toutes les pièces de la maison et dans la piscine, les émissions de téléréalité sont maintenant rendues dans la cuisine. La France connaît les mêmes «folies culinaires» que nous. Un philosophe courageux, Robert Redeker*, s'intéresse au phénomène dans le journal *Le Monde*.

La cuisine en France, et cela s'applique parfaitement au Québec et sans doute aussi ailleurs, serait vécue, selon lui, comme le dernier lieu de stabilité, la dernière zone refuge d'un monde en voie de disparition. Redeker estime que l'exploitation médiatique de la cuisine relève de la pathologie sociale : « Les vrais amateurs de la table et de ses plaisirs voient d'un mauvais œil cette promotion. Ils savent en effet que la vraie cuisine est sans enjeu, qu'elle n'est ni un spectacle, ni une complétion, ni surtout le dernier réduit du sens et de la culture nationale. »

Il accuse les producteurs des séries populaires comme *Un dîner presque parfait* de trahir les spectateurs en valorisant la compétition plutôt que la cuisine. Il affirme qu'en transformant la cuisine en avatar du spectacle sportif, on la détruit. Il attribue aussi aux émissions de cuisine « compétitives » le même rôle social qu'un match sportif (foot en France, hockey au Québec), qui donne, le temps d'un spectacle mercantile, une illusion de solidarité sociale. La cuisine télévisuelle serait donc, comme le sport, l'opium du peuple.

Pour lui, la symbolique autour de la table, des recettes et de la façon de manger est un rituel qui s'apparente à la messe. Il parle même des émissions culinaires comme d'une parodie involontaire de l'eucharistie.

Il dénonce le fait que la cuisine française vient d'entrer dans le patrimoine mondial de l'UNESCO. Il craint que ce soit son arrêt de mort. Lorsque la religion est reléguée au patrimoine culturel d'un pays, c'est qu'elle n'occupe plus une place centrale dans la vie collective (le catholicisme en France et au Québec).

L'identification du culinaire et du culturel est particulièrement évidente en France comme au Québec. On aime croire qu'on est de fins gourmets (notre poutine nationale ?). Beaucoup plus qu'au Canada ou aux États-Unis. La multiplication récente des fromages « québécois » place maintenant le fromage parmi « nos valeurs patrimoniales ». Le vin d'ici n'est pas loin derrière dans le même processus de création continue de notre imaginaire national.

Redeker (qui s'intéresse autant aux sports qu'aux religions) propose une approche aussi nouvelle qu'intrigante d'un sujet pourtant aussi vieux que l'anthropologie culturelle elle-même : le lien entre culture, nourriture et religion, toujours sources d'incompréhensions dans nos sociétés en transformation ethnoculturelle. Pensez aux tensions entourant au Québec la nourriture cachère et halal.

On est ce qu'on mange et, peut-être plus, ce qu'on cuisine.

*Comme Salman Rushdie, Robert Redeker doit vivre dans la clandestinité sous la protection de la police pour avoir écrit en 2006 un texte critique sur Mahomet et le Coran.

Les confidences de Jackie Kennedy : ce qu'elle ne dit pas sur Martin Luther King

16 septembre 2011

Pour quelques millions de dollars, Caroline Kennedy a décidé de trahir sa mère et de rendre publics des enregistrements qu'elle voulait garder secrets pendant 50 ans après sa mort. Tout le monde, sauf son mari bien-aimé Jack, en prend pour son rhume dans ses confidences. C'est le cas du leader noir Martin Luther King, qu'elle qualifie de faux jeton.

Martin Luther King, apôtre de la non-violence, a rendu possibles les avancées extraordinaires des droits civiques des Afro-Américains. Son assassinat à Memphis en 1968 a provoqué des émeutes dans plus de 100 villes américaines et créé un tel climat de panique chez les Blancs que Washington s'est empressé de proclamer un jour férié en son honneur, le Martin Luther King Day.

Comme le président John Kennedy, l'autre grande figure mythique de l'Amérique des années 1960, Martin Luther King, un pasteur baptiste, était un prédateur sexuel compulsif aux mœurs scabreuses. Le côté sombre du personnage est un sujet tabou aux États-Unis.

King, qui suit les traces de son père, également pasteur baptiste, est un personnage ignoble. Son premier discours à l'église baptiste Ebenezer en 1947 est le plagiat intégral d'un discours d'un autre pasteur noir, Harry Emerson Fosdick. Le *Wall Street Journal* découvrira plus tard que King a aussi plagié au moins 50 phrases complètes dans sa thèse de doctorat en théologie à l'Université de Boston. La commission constituée pour enquêter là-dessus conclut qu'il a plagié 45 % de la première partie de sa thèse et 21 % de la seconde. Même si le plagiat est flagrant, l'université ne lui enlève pas son titre de docteur. On craint la réaction des Afro-Américains. Un groupe d'universitaires, chargé par sa famille de réunir ses œuvres pour publication, découvre que son fameux discours « I have a dream » est en partie plagié d'un discours prononcé 11 ans plus tôt par le pasteur noir Archibald Carey.

Mais surtout le pasteur King est un obsédé sexuel avec un besoin insatiable de copulation. Les informations sur les mœurs dissolues de King ne viennent pas de ses ennemis racistes, mais de proches collaborateurs, d'universitaires et de journalistes noirs troublés par son hypocrisie sans borne.

Dans sa biographie de 1989, *And the Walls Came Tumbling Down*, le compagnon de lutte, confident et meilleur ami de King, le pasteur Ralph Abernathy, qui était avec lui la nuit où il a été assassiné, raconte ses dernières heures. Après avoir prononcé un discours en fin d'après-midi, King accompagne une femme chez elle, où il reste jusqu'à une heure du matin. En rentrant au motel où il loge, il ramasse une prostituée. Comme elle ne veut pas baiser avec lui dans la chambre qu'il partage avec Abernathy, il loue une seconde chambre où il l'emmène. Une troisième femme, à qui il avait donné rendez-vous, se présente entre-temps à la chambre où dort Abernathy. Lorsqu'il y revient, après avoir baisé la pute, une violente dispute éclate avec la femme qui l'attend. Il la frappe si fort au visage qu'elle est projetée de l'autre côté du lit, rapporte Abernathy. Ces révélations ont soulevé la colère et l'indignation de la communauté noire américaine, qui a ostracisé le pauvre Abernathy jusqu'à sa mort.

Abernathy avait averti King qu'il était imprudent d'avoir une vie sexuelle aussi dévergondée alors que le FBI l'avait dans sa mire. Le 6 janvier 1964, Martin Luther est installé à l'Hôtel Willard de Washington. Sa suite est sonorisée par le FBI. Les magnétophones de la police fédérale américaine vont enregistrer l'intégralité de l'orgie de plus de 12 heures qu'il préside. Dans son livre, Abernathy révèle que le FBI a non seulement enregistré l'orgie du Willard, mais l'a également filmée.

L'historien des droits civiques Taylor Branch, qui a eu accès au matériel du FBI, rapporte dans son *Pillar of Fire: America in the King Years* que King, tout à coup durant l'orgie, lance le blasphème « *I'm fucking for God!* » alors qu'il monte une prostituée blanche.

Comme les autres femmes trahies et humiliées de la politique américaine, Jackie Kennedy et Hillary Clinton, Coretta King accepta son sort avec résignation et protégea toujours la mémoire de son mari. Le 31 janvier 1977, elle obtint une ordonnance judiciaire plaçant sous scellés 845 pages de documents du FBI concernant son mari jusqu'en 2027, parce que ces documents pourraient détruire sa réputation.

La vérité est souvent cruelle. Lorsqu'elle contredit la légende entourant un héros national, les peuples aiment beaucoup mieux s'en tenir à la légende.

On accepte mal que nos héros soient des salauds sur le plan personnel.

||||||||||||||||||||||||||| Comment se débarrasser
de Jean Charest ?

Au départ, personne ne voulait de Jean Charest à Québec. Jean Charest lui-même n'était pas intéressé à devenir chef du Parti libéral et premier ministre du Québec. John Charest, de son vrai nom, rêvait de devenir premier ministre du Canada. Mais le Canada anglais en a décidé autrement. Dans les années qui ont suivi le référendum volé de 1995, les groupes économiques qui dictent la politique canadienne en finançant les carrières des politiciens ont jugé qu'il était le seul capable de défendre la feuille d'érable rouge dans le cas d'un nouveau référendum.

Charest ne voulait rien savoir. Les puissances de l'argent pour l'amadouer ont dû lui octroyer un généreux subside secret (75 000 $ par année) pour qu'il accepte de prendre la tête du Parti libéral du Québec. Le fait qu'il soit conservateur n'avait aucune importance, pour ceux qui l'achetaient. Il était *Canadian* ! Libéral, conservateur, c'est du pareil au même pour l'élite économique canadienne. Quant aux mafieux, aux magouilleurs et aux opportunistes qui constituent le Parti libéral, seuls comptent pour eux le pouvoir et ses possibilités d'enrichissement. S'il faut Charest, on prend Charest. *Capiche* ?

Ce cloaque qu'est le PLQ jouit d'un avantage exceptionnel sur toutes les autres formations politiques québécoises. Il est assuré, maintenant et pour toujours, de l'appui inconditionnel des Anglos et des Allos, et en particulier des Italiens et des Juifs. À partir de cette base en pleine expansion, il a de bonnes chances d'obtenir une pluralité suffisante de votes pour gouverner, dans la mesure où la majorité francophone divise son allégeance entre plusieurs partis.

Voilà comment nous avons eu Charest.

Dès que Charest a été porté au pouvoir, la mafia italienne, qui contrôle des pans entiers de l'industrie et des syndicats de la construction, a pris en main la gestion de l'État dans les secteurs les plus profitables pour ses activités. Les secteurs corruptibles intéressants sur le plan municipal étaient déjà sous sa férule.

Un ancien de la GRC, qui eut à travailler dans des enquêtes internationales avec la police italienne, m'a dit récemment que la mafia avait autant d'influence au PLQ et dans l'industrie de la construction du Québec que dans les institutions semblables en Sicile.

Certains lancent des appels aux députés, encore honnêtes, du Parti libéral pour qu'ils se révoltent contre Jean Charest. Entre les principes, la droiture, l'honnêteté, la fidélité à son serment de député, et la concussion et le pouvoir, les élus libéraux ont choisi il y a longtemps. Il n'y a plus de gens sans reproche dans ce parti. Le Parti libéral du Québec a les allures d'une association de malfaiteurs. Ses députés et ses membres sont maintenant au minimum des complices après les faits qui profitent des produits de la criminalité.

Voilà où nous en sommes rendus.

La seule façon maintenant de chasser Charest du pouvoir est de faire appel aux agents et aux officiers intègres des services policiers qui enquêtent sur cet amas d'immondices rouges sur lequel trônent quelques parrains plurimillionnaires :

- le système de justice est bloqué. Votre intégrité et votre probité sont en cause. Jamais vos enquêtes ne vont aboutir si vous vous en tenez aux règles et aux procédures normales. Si vous avez vraiment à cœur vos responsabilités sociétales, il faut que vous alliez au-delà de la loi ;

- la seule façon de vous assurer que justice soit faite est de transmettre des informations compromettantes aux médias d'information. L'opprobre populaire. C'est une forme de justice expéditive, mais c'est la seule qu'il nous reste ;

- suivez l'exemple de votre courageux collègue qui a dévoilé le document Duchesneau. Nous avons besoin que cinq, dix, vingt d'entre vous lui emboîtent le pas ;

- il dépend de vous de nous débarrasser de Charest et du PLQ.

Israël et la Palestine : ONU ou pas, la paix est-elle possible ?

23 septembre 2011

Quel que soit le résultat des démarches actuelles de l'Autorité palestinienne à l'ONU, les chances de la création d'un État palestinien et de la signature d'un accord de paix au Moyen-Orient sont pratiquement nulles. La transformation démographique des territoires occupés par Israël depuis la guerre des Six Jours de 1967 rend impossible la solution prévoyant deux États, vivant pacifiquement côte à côte.

Ce sont les Nations Unies par leur vote du 29 novembre 1947 qui ont donné à Israël sa légitimité (son territoire, il le doit essentiellement à la puissance de ses armées). Ça fait 37 ans, depuis le premier discours de Yasser Arafat devant l'Assemblée générale de l'ONU, que les Palestiniens attendent la réciproque de l'ONU. Entre-temps leur situation s'est dégradée sur le terrain. Trois guerres et deux intifadas n'y ont rien fait.

Israël est un État bien particulier. C'est le seul pays à ne pas vouloir déclarer sa frontière orientale. Est-ce l'ancienne ligne d'armistice de l'ONU de 1948? Son territoire actuel, Jérusalem, et toutes les colonies de peuplement juives de Cisjordanie et du Golan? Toute la Cisjordanie sauf pour quelques bantoustans palestiniens et le Golan?

Ignorant le droit international, sous la protection du veto américain, Israël a installé quelque 500 000 colons juifs dans des colonies et des camps fortifiés en Cisjordanie. De plus, la vieille ville de Jérusalem a été annexée « pour l'éternité » par l'État juif.

Les colonies juives couvrent maintenant quelque 40 % du territoire de la Cisjordanie. Ces annexions illégales se poursuivent à un rythme effréné. Dans les sept premiers mois de 2011, plus de 2500 projets israéliens de construction ont débuté en Cisjordanie, soit deux fois plus qu'en Israël. Un mur de quelque 650 kilomètres isole la Cisjordanie d'Israël. Les Palestiniens doivent se munir d'un passeport intérieur pour se déplacer d'une ville à l'autre dans leur propre territoire.

En 2006, l'ancien président et prix Nobel de la paix, Jimmy Carter, a été accusé d'antisémitisme pour avoir publié un livre dans lequel il comparait la politique israélienne dans les territoires occupés avec celle de l'Afrique du Sud au temps de l'apartheid. Carter est allé jusqu'à qualifier les conditions de vie dans les territoires occupés comme « l'un des pires exemples de violations des droits de l'homme que je connais ».

L'obtention du statut d'observateur à l'ONU ne va pas donner un véritable État avec des frontières stables aux Palestiniens. Elle va leur donner une plate-forme légale pour faire valoir leurs droits sur la scène internationale. Cette reconnaissance, même limitée, leur permettra d'avoir un accès complet à la Cour pénale internationale et à la Cour internationale de justice, et c'est ce qui préoccupe le gouvernement israélien. Israël redoute qu'un jour, ses ministres et ses généraux ne puissent plus sortir du territoire national de crainte d'être arrêtés en vertu de mandats de tribunaux internationaux.

Israël et ses partisans parlent souvent de « faits sur le terrain » pour justifier des faits accomplis comme la colonisation de la Cisjordanie.

Le fait incontournable est que d'ici moins de 40 ans, les musulmans vont être deux fois plus nombreux que les juifs sur le territoire de la Palestine, entre la Méditerranée et le Jourdain, qui englobe maintenant Israël, la Cisjordanie et Gaza. Ce sera, de facto, un État apartheid. Un tel État israélien, basé sur l'apartheid, est tout aussi inimaginable. Cet État juif avec une majorité musulmane sera entouré en 2050 d'États musulmans hostiles ou inamicaux comprenant 180 millions d'habitants.

Deux États imbriqués peuvent-ils coexister dans un enchevêtrement d'enclaves, de colonies aux statuts multiformes et dans un empêtrement de juridiction ? Cela m'apparaît impossible.

La création de deux États viables impliquerait d'importants transferts de population qui sont tout aussi irréalisables compte tenu des animosités intracommunautaires et interethniques qui caractérisent Israël et la Palestine. Jamais les colons juifs ne vont rentrer en Israël sans une épouvantable guerre civile.

Loin de s'atténuer, ces problèmes vont s'accentuer dans les années à venir. Comment peut-on imaginer établir une paix durable dans de telles conditions ?

À moins d'un miracle, les décennies qui viennent au Moyen-Orient vont être marquées par de terribles et sanglantes tragédies sans doute amplifiées par le recours chez les deux belligérants à des armes de technologies nouvelles et de destruction massive.

Une commission d'enquête à huis clos : idéale pour protéger les coupables

26 septembre 2011

Le responsable de l'Unité anticollusion, Jacques Duchesneau, suggère la création d'une commission d'enquête à huis clos sur les scandales qui éclaboussent l'industrie de la construction et le Parti libéral en les reliant à la mafia. J'estime que c'est une mauvaise idée. Voici pourquoi.

Robin Philpot et moi avons été les victimes d'une commission d'enquête à huis clos. Nous avons publié en 2006 *Les secrets d'Option Canada*, qui révélait les dépenses référendaires illégales de cette officine de propagande que les partis libéraux du Canada et du Québec opéraient sous la couverture du Conseil pour l'unité canadienne. Nous avions en main la totalité des documents comptables d'Option Canada, que tout le monde croyait détruits depuis 1997. À la suite des révélations de notre livre, le Directeur général des élections du Québec, Marcel Blanchet, a mandaté l'ancien juge Bernard Grenier pour mener une enquête à huis clos sur la question.

Le PLQ, le PLC et le gouvernement du Canada doivent être éternellement reconnaissants à Grenier et à Blanchet d'avoir ainsi réussi à cacher aux Québécois les magouilles odieuses utilisées par le camp du non pour voler le référendum de 1995.

Le juge Grenier a fait des découvertes explosives qui sont toujours secrètes. Sa commission devait durer 3 mois ; elle en a duré 18. Ce que lui ont dit les 90 témoins et plus de 4500 documents qu'ils ont déposés comme preuves sont frappés d'une ordonnance de non-divulgation sans limite de temps. Toute la preuve, toutes les transcriptions, toute la correspondance, tous les mémoires et toutes les notes sténographes sont dissimulés à jamais sous le sceau du secret. L'ex-juge Grenier s'est révélé un complice empressé de Blanchet.

On n'impose pas le « secret pour l'éternité » à des insignifiances. Le huis clos a permis que des faits majeurs concernant le vol du référendum de 1995 soient soustraits à la connaissance du public.

À plusieurs reprises durant les audiences de la commission, l'avocate du procureur général du Canada s'est opposée aux questions de Grenier. Il aurait été intéressant de connaître ses questions. Comme il aurait été édifiant pour le public d'entendre le témoignage de Lyette Doré, mutée du Service canadien du renseignement de sécurité au ministère du Patrimoine canadien, où elle supervisait Option Canada. Doré avait l'habilitation sécuritaire exceptionnelle de « très secret/*top secret* ». Les archives d'Option Canada indiquent que l'un des projets « spéciaux » les plus pointus de l'organisme portait le nom de code « Projet #4 LD », « LD » signifiant « Lyette Doré ».

Dans son rapport public expurgé sur les activités d'Option Canada, le juge Grenier a estimé à 500 000 $ les dépenses illégales effectuées durant le seul mois qui a précédé le référendum. Ce n'est qu'une partie des sommes gigantesques que le fédéral a dépensées clandestinement pour assurer le triomphe antidémocratique du camp du non. Le commissaire Grenier écrit au sujet du demi-million : « Ce montant ne tient cependant pas compte des dépenses non autorisées et non déclarées que nous n'avons pas été en mesure d'évaluer. » Comme les sommes consacrées illégalement au *love-in* de la place du Canada : « La preuve présentée devant moi n'a pas permis de déterminer la source du financement du rassemblement du 27 octobre au centre-ville de Montréal. »

Des découvertes troublantes des juricomptables St-Laurent Faucher, travaillant pour la commission, ont aussi été retranchées du rapport public de Grenier, parce qu'elles allaient au-delà de la compétence constitutionnelle du commissaire.

Une commission d'enquête à huis clos, ça sert à protéger les coupables et à éviter que leurs crimes et leurs malversations soient étalés devant l'opinion publique. Non seulement il ne faut plus de commission à huis clos, mais le droit du public à l'information et à la démocratie exige aussi que tous les documents se rapportant à la commission Grenier soient rendus publics.

Le témoignage de Duchesneau: vous connaissez les noms qu'il n'a pas osé dire?

28 septembre 2011

Le témoignage de Jean Duchesneau devant une commission de l'Assemblée nationale est tout aussi intéressant par ce qu'il n'a pas osé dire, mais qu'il a laissé entendre, que par ce qu'il a dit. Pour divulguer les noms des parrains de la mafia, il a demandé le huis clos. Mais il a fait assez d'allusions, donné assez de détails, fourni assez d'indices pour qu'on comprenne de qui il s'agit quand il parle « des hommes d'affaires vautours » comme les nouveaux dirigeants du crime organisé au Québec.

Duchesneau a été clair. Certaines des plus importantes entreprises de l'industrie de la construction sont contrôlées par la mafia. Il a expliqué que les chefs mafieux, depuis quelques décennies, ont migré des activités carrément criminelles vers la manipulation de secteurs licites de l'économie.

Non, les Rizzuto n'étaient plus les véritables dirigeants de la mafia italienne au Québec depuis belle lurette quand ils ont été décimés. Ils n'étaient plus que les exécutants des basses œuvres des parrains, gérant pour eux la filière secondaire «drogues-protection» du conglomérat criminel qui contrôle maintenant des pans entiers d'industries légales au Québec.

Il y a bien sûr la construction, mais, comme le dit Duchesneau, il y a aussi d'autres secteurs très lucratifs où il est facile de frauder le fisc, de manipuler les prix, de contrôler le marché et d'intimider les concurrents qui ne veulent pas jouer le jeu. Pensez, entre autres, à la restauration et à l'alimentation, où les pratiques mafieuses ont eu leur origine dans les années 1970 avant de s'étendre à d'autres secteurs économiques.

Tu ne veux pas que ton entreprise passe au feu, alors tu nous paies la protection. Tu achètes nos pepperonis, nos *pasta*, nos fromages, tu ne fais pas concurrence à nos glaces italiennes sinon... *Capiche*?

Duchesneau a expliqué que les nouveaux parrains contribuaient à des fondations, qu'ils étaient de généreux donateurs pour toutes sortes d'activités sociales et communautaires. Quand on vole des milliards, on peut donner «généreusement» quelques millions pour les bonnes œuvres.

Quand on regarde le profil tracé par Duchesneau dans son témoignage, on voit très bien de qui il s'agit. Il n'y a pas dix personnes au Québec qui y correspondent.

L'ancien chef du SPVM dit qu'il ne faut pas se limiter à l'approche policière, mais plutôt prendre des mesures pour empêcher à l'avenir que de telles manipulations de marchés et de contrats puissent se faire. Il a raison. Mais il laisse sous-entendre aussi une triste vérité. C'est qu'il y a de grands risques que les parrains, les «vautours» qui ont volé des milliards de dollars aux Québécois depuis des décennies, ne soient jamais traînés devant les tribunaux.

Ils vont pouvoir, jusqu'à leur mort, jouir des produits de leurs crimes, qu'ils vont ensuite léguer à leur famille. Pour certains, c'est déjà fait. À la troisième génération, dans la salle du conseil d'administration du groupe, où son portrait est suspendu au mur, on parle avec une nostalgie amusée des frasques du *nonno* (grand-père), qui a réalisé la brutale et sanglante accumulation primitive du capital.

On aime bien croire le dicton qui affirme que le crime ne paie pas. Ce n'est rien d'autre qu'une comptine inventée pour ne pas démoraliser l'honnête citoyen-contribuable.

Dans le monde réel, les criminels intelligents et impitoyables qui savent s'entourer d'avocats et de comptables compétents fondent des dynasties.

Vous pensez que j'exagère ? Vous savez parfaitement qui sont les personnages à qui Duchesneau fait allusion dans son témoignage. On va voir si la justice va réussir à les faire condamner pour les décennies de crimes à leur actif et combien l'État va pouvoir récupérer de tout cet argent mal acquis.

La « démocratie dirigée » russe : de Poutine à Poutine

30 septembre 2011

Poutine ne reviendra pas au pouvoir : il y est toujours et il y restera. Il a fait semblant de le céder, à son complice Dmitri Medvedev en 2008, parce que la Constitution russe fixe une limite de deux mandats consécutifs à la présidence. Maintenant il va officiellement l'occuper jusqu'en 2024. Doit-on s'en réjouir ? Je suis disposé à répondre un oui conditionnel et limité dans le temps à cette question.

D'abord, parce qu'il jouit du soutien d'une majorité de Russes. Sa cote de popularité est élevée grâce à la stabilité et à la croissance économique qui ont caractérisé les dix premières années de l'ère Poutine. Ses concitoyens admirent aussi la façon rude et sans complexes avec laquelle il défend les intérêts nationaux du pays. Je rigole quand j'entends des analystes américains reprocher à Poutine son nationalisme. Venant du peuple le plus chauvin et le plus imbu de lui-même de la planète...

Les prix du pétrole aidant, le peuple russe connaît une prospérité unique dans sa longue histoire. Depuis dix ans, l'indice MICEX, l'équivalent russe de notre indice TSX, a fait des gains de 700 % et le pouvoir d'achat du Russe moyen a doublé.

Oui, je sais. Une partie de cette richesse a été détournée par des fonctionnaires, des administrateurs et des politiciens pourris. Reconnaissez que nous sommes mal placés, ici au Québec, pour jeter un regard hautain sur la corruption moscovite.

Bon, la démocratie russe n'est pas parfaite. Poutine et son parti, Russie unie, contrôlent la télévision. Les élections ne sont pas véritablement équitables, mais elles ont lieu. Des partis politiques concurrents existent, tout comme les mécanismes institutionnels pour assurer éventuellement un transfert du pouvoir. Les adversaires de Poutine publient leurs journaux et ne se gênent pas pour le critiquer. On a affaire à une démocratie dirigée. C'est déjà une amélioration extraordinaire pour un pays qui sort à peine de 1000 ans d'autoritarisme souvent assorti de terreur.

Vladimir Poutine m'a impressionné lorsqu'il s'est agenouillé en larmes dans la forêt de Katyn en 2010 pour pleurer les 20 000 officiers polonais assassinés par le NKVD, la police secrète de Staline, au début de la Seconde Guerre mondiale. Il fallait le faire. Poutine a fait carrière au KGB, l'organe successeur du NKVD.

La deuxième décennie de pouvoir de Poutine va être déterminante pour l'avenir de la Russie et pour son héritage politique. La prospérité russe est menacée. L'État dépend des secteurs du pétrole et du gaz pour environ la moitié de ses revenus. La Russie est très vulnérable à une nouvelle crise économique mondiale.

Le duopole doit reprendre les engagements pris par Poutine au début de son règne en 2001 et qu'il a oubliés par la suite.

Durant son premier mandat, il a supprimé l'élection directe des gouverneurs et des sénateurs. Et les règles n'ont pas été scrupuleusement respectées quand Poutine en 2003 s'est débarrassé du magnat du pétrole Mikhaïl Khodorkovski. Il fallait remettre l'oligarque des oligarques à sa place pour assurer à l'État sa primauté sur les grands intérêts privés. Maintenant, il faut mettre les autres oligarques au pas. L'élite du pouvoir russe est en train d'étrangler la poule aux œufs d'or. On assiste à une fuite de capitaux de la part des oligarques, tandis que la morosité gagne la classe moyenne, dégoûtée de la corruption en haut lieu.

Poutine et Medvedev doivent éradiquer le « capitalisme de copinage », style Wall Street, qui définit l'oligarchie russe. Le réformateur Obama a refusé de s'y attaquer aux États-Unis et s'en est plutôt accommodé, avec les conséquences qu'on sait. Ils doivent faire mieux que lui.

La Russie joue un rôle déterminant dans les relations internationales, parce qu'elle est la deuxième puissance nucléaire de la planète. À cause aussi de l'étendue et des immenses ressources de son territoire. Les Américains et les Européens devraient éviter de la provoquer en excitant ses voisins immédiats contre elle, comme le font constamment les néo-conservateurs américains, toujours à la recherche de nouveaux ennemis.

Medvedev et Poutine sont ouverts à l'Occident. De Gaulle parlait d'une Europe qui irait de l'Atlantique à l'Oural. Le duopole russe est disposé à intégrer, à son rythme, la Russie à l'Europe, par laquelle ses élites sont attirées depuis Pierre le Grand.

La Syrie dans une logique de guerre civile sectaire

3 octobre 2011

La plupart des analystes estiment que les jours du tyran sanguinaire de Syrie, Bachar al-Assad, sont comptés.

Depuis le début du soulèvement populaire en mars, au moins 2700 Syriens ont été assassinés par le régime, certains après avoir subi d'effroyables tortures. Assad devrait prier Dieu afin que lui et les membres de son clan ne tombent pas vivants entre les mains des familles des suppliciés.

Son père, Hafiz al-Assad, a pris le pouvoir à l'occasion d'un coup d'État militaire en 1971. Il lui a succédé en 2000. Pendant leurs quatre décennies de dictature, les Assad ont placé des membres de leur famille dans tous les postes névralgiques du parti Baas, de l'administration, de l'armée syrienne et des services de sécurité. La plus importante division de l'armée syrienne est commandée par Maher al-Assad, le frère de Bachar, qui commande également la garde présidentielle de plus de 40 000 hommes.

Même s'ils ne constituent que 10 % de la population de la Syrie, ils monopolisent toutes les fonctions importantes du pays. La majorité sunnite est totalement exclue des postes de responsabilité.

Ces conditions font craindre que le printemps syrien se transforme en conflit sectaire et engendre une longue guerre civile. Pour éviter cette éventualité, les États-Unis, l'Europe et la Turquie ont favorisé la constitution le week-end dernier d'un conseil national de la résistance syrienne à Istanbul. La résistance syrienne est encore plus divisée que celle de la Libye. On y retrouve des islamistes, des laïques, des exilés de longue date et des opposants de l'intérieur, des clans ethno-linguistiques (araméens ?) et des sectes religieuses comme les Druzes.

La solution pour éviter le bain de sang sectaire : une éjection rapide du régime Assad. Exactement ce qui n'a pas été réussi en Libye. C'est avant tout à la Turquie de jouer, épaulée par l'Europe et les États-Unis. Elle est le premier partenaire commercial de la Syrie. Il faut faire mal aux élites sans toucher la population. On envisage de cibler les quelques milliers de profiteurs du régime en les frappant dans leurs comptes de banque à l'étranger et en leur interdisant de voyager. Pour eux, plus de Suisse et de Côte d'Azur. Ils devront se contenter des folles nuits de Téhéran. Pour éviter d'infliger des difficultés supplémentaires au peuple syrien, la Turquie ne va pas limiter l'approvisionnement en eau et en électricité du pays.

Il serait surprenant que de telles sanctions aient raison du régime Assad. Et, de toute façon, on voit mal comment le régime successeur pourra éviter une terrible vindicte populaire contre les alaouites. Les sunnites se rappellent qu'Hafiz al-Assad a fait massacrer 30 000 des leurs dans la ville de Hama en 1982 pour réprimer un soulèvement des Frères musulmans.

La Syrie semble engagée dans une logique de guerre civile. Selon certaines informations, 10 000 soldats, surtout des sunnites, auraient déjà déserté et s'apprêteraient à mener une guérilla contre les éléments fidèles à Assad. Dans les villes, chaque secte est en train de constituer sa milice. Les armes entreraient en masse du Liban voisin.

Une guerre civile opposant sunnites majoritaires et alaouites (chiites) entraînerait inévitablement des interventions étrangères. D'un côté, l'Iran et le Hezbollah et même l'Irak chiite voudraient défendre des coreligionnaires et un allié, Assad. De l'autre, la Turquie, l'Arabie saoudite et les Émirats du Golfe se porteraient à la défense des sunnites.

Le conflit pourrait rapidement gagner le Liban et se répandre ailleurs au Moyen-Orient. Espérons qu'un véritable miracle arabe complète le printemps syrien et évite l'embrasement de la région.

Les bouleversements engendrés par l'auto-immolation d'un jeune Tunisien au début de l'année vont se poursuivre pendant des décennies.

Il faut remplacer
Lafrenière et l'UPAC par
5 octobre 2011 l'équipe d'*Enquête* de la SRC

Je fais beaucoup moins confiance à Robert Lafrenière, le patron de l'Unité permanente anticorruption, qu'à un vendeur de voitures d'occasion. Vous l'avez vu à la télé lundi ? Un personnage gris sur un fond gris, utilisant un langage gris pour tenter de nous expliquer les organigrammes enchevêtrés qui dissimulent la nullité des résultats de l'organisation qu'il dirige.

Depuis trois ans, les enquêtes sur la corruption et les liens de la mafia avec la FTQ, les libéraux et la construction, ce sont essentiellement les journalistes de Radio-Canada, du *Devoir* et de *La Presse* qui les font. Pas la SQ ou les organes de vérification des différents ministères.

Pendant que les journalistes révèlent des cas de corruption et identifient les pourris, du côté du gouvernement libéral on multiplie les entités bureaucratiques.

Quand Charest a mis sur pied l'escouade Marteau pour éviter une commission d'enquête publique, il a annoncé qu'elle allait intégrer l'équipe mixte sur la malversation de 20 personnes qui existait déjà. On se demande ce que pouvaient bien faire de leur temps ces 20 « bozos ». Ils n'ont rien vu, rien su, rien entendu avant que le trio SRC-*Le Devoir-La Presse* découvre les scandales.

Passer à 40 glandeurs avec Marteau n'a pas donné grand-chose de plus. En trois ans, la « patente à gosses » bureaucratique a réussi à épingler une mairesse de village et deux ou trois installateurs de « bécosses » municipales. On n'allait quand même pas les autoriser à arrêter un des plus importants entrepreneurs du Québec. Allons donc ! Ça aurait paralysé les chantiers de construction et nui au *business*.

Puis ce fut silence radio, jusqu'à ce que les médias rapportent que certains des membres de Marteau se plaignaient d'ingérence politique dans leurs enquêtes. Nouvelles demandes de commission d'enquête.

Pour gagner du temps et apaiser l'opinion publique, Charest réagit en créant cette fois l'Unité anticollusion qu'il confie, pour son plus grand malheur, à Jacques Duchesneau. Il va vite comprendre son erreur d'avoir nommé un homme compétent, intègre et courageux.

Chez les mafieux et les entrepreneurs pourris, c'est le branle-bas de combat pour le détruire. Comme par hasard, des dénonciations calomnieuses sont lancées par certains médias contre Duchesneau. Il doit abandonner ses fonctions pendant plusieurs mois avant d'être complètement blanchi par le Directeur général des élections.

L'ancien chef de la police de Montréal et sa petite équipe d'« intouchables » découvrent malgré tout que la situation est encore pire que les révélations médiatiques les plus sensationnelles le laissaient croire. Ils en font rapport au gouvernement, qui s'assoit dessus.

Devant l'impatience de l'opinion publique qui demande toujours une enquête publique, Charest invente encore un nouveau machin : l'Unité permanente anticorruption, qu'il confie à un de ses hommes de confiance, Robert Lafrenière.

Il avait fait ses preuves comme sous-ministre de la Sécurité publique quand son patron, le ministre Jacques Dupuis, a forcé la SQ à donner un permis de port d'armes à l'ami du ministre libéral Tony Tomassi, Luigi Coretti, même s'il n'y avait pas droit. Le ministre Tomassi utilisait une carte de crédit fournie par la compagnie de Coretti, BCIA. Le bras droit de Dupuis, le sous-ministre Lafrenière, a-t-il tout ignoré de l'affaire ? Comment Lafrenière va-t-il pouvoir enquêter sur les relations ténébreuses de Luigi Coretti avec l'ancien chef du SPVM, Yvan Delorme, sans qu'on soupçonne un conflit d'intérêts ?

Le rapport Duchesneau serait resté inconnu si un policier qui a à cœur l'intérêt public et la justice ne l'avait pas coulé à Radio-Canada. Entre-temps, l'équipe de Lafrenière, qui va atteindre 200 personnes sagement distribuées dans son organigramme complexe, n'a arrêté personne. Aucun chef mafieux, aucun politicien, aucun gros entrepreneur qui depuis des décennies vole des milliards de dollars au peuple québécois n'a été accusé de quoi que ce soit.

Que vont faire maintenant les autorités pour rétablir la crédibilité de l'État et faire avancer le dossier ? C'est clair, non ? Charest et Lafrenière vont mettre Duchesneau à la porte.

Moi, j'ai une suggestion. Il faudrait remplacer Lafrenière et son bataclan par Pierre Sormany, Alain Gravel et l'équipe entière de l'émission *Enquête* de la SRC. Ils pourraient engager Duchesneau comme pigiste.

Là, on aurait des résultats !

Les indignés de Wall Street : le peuple américain se réveille enfin

7 octobre 2011

Il en faut beaucoup pour que les Américains descendent dans la rue : deux guerres désastreuses, huit ans de George Bush n'ont pas suffi. Pour leur donner le ras-le-bol, il a fallu y ajouter une crise économique qui n'en finit plus et un chômage catastrophique.

Les indignés de Wall Street ne sont pas contre le gouvernement, mais pour un gouvernement responsable. Ils accusent, avec raison, démocrates et républicains de protéger le grand capital au détriment de la classe moyenne. Le mouvement qui a commencé le mois dernier en face de la Bourse de New York se propage maintenant à travers les États-Unis pour atteindre Los Angeles et Anchorage, en Alaska. Les retraités, les licenciés, les chômeurs, les universitaires et les syndicats le rejoignent. Ils sont le pendant rationnel et lucide du *Tea Party*, lancé en 2009, lui aussi, dans une réaction populiste contre le sauvetage des grandes banques et de l'industrie automobile.

Les indignés affirment qu'Obama est un mou ayant eu peur de sévir contre les patrons de Wall Street qui ont créé de toutes pièces la crise financière de 2008. Comme il a lui-même ouvert la porte de son cabinet à des hommes de Wall Street, il lui est difficile de sévir contre ses copains.

Pour mémoire, le portrait des trois principaux salauds qui ont non seulement provoqué criminellement la crise de 2008, mais qui en ont aussi tiré des gains personnels mirobolants :

- Dick Fuld, le PDG de Lehman Brothers. Le magazine financier *Barron's* l'appelait « Monsieur Wall Street ». Fuld a conduit Lehman Brothers à la plus grande faillite de l'histoire américaine par surendettement et en prenant des risques excessifs sur des titres hypothécaires sans valeur. Lui et Lehman Brothers sont pénalement responsables de la crise financière qui a coûté 700 milliards de dollars aux contribuables américains. Fuld a obtenu 250 millions pour son travail. Et n'a jamais été accusé d'aucun crime ;

- Joe Cassano, PDG de l'American International Group (AIG), a misé 500 milliards de dollars sur des *credit default swaps* (CDS), assurant des hypothèques *subprime* sans valeur. Lorsque la crise financière a frappé, AIG a été incapable de payer et a dû être renfloué avec 170 milliards de dollars du gouvernement des États-Unis. Cassano a démissionné de son poste à AIG en mars 2008, empochant 280 millions de dollars en espèces et une somme supplémentaire de 34 millions en prime de rendement! Cassano n'a été inculpé d'aucun méfait et reste un homme libre;

– classé second sur la liste de Condé Nast des pires PDG américains de tous les temps, Angelo Mozilo a supervisé l'expansion extraordinaire de son entreprise, Countrywide, dans les prêts *subprime*. Il a autorisé des pratiques commerciales trompeuses pour inciter des millions d'acheteurs à acquérir des maisons inabordables à des taux hypothécaires variables. Mozilo a été inculpé en 2009 de délit d'initié et de fraude en valeurs mobilières. Il a accepté de payer 67,5 millions de dollars d'amende dans une entente à l'amiable. Il a non seulement évité un procès, mais en plus il n'a pas été obligé de reconnaître des malversations et a obtenu qu'aucune autre accusation criminelle ne soit portée contre lui dans cette affaire. Il n'a payé en amende que 10 % environ de sa fortune, évaluée à plus de 600 millions.

Le système de compensation des dirigeants de Wall Street récompensait les risques sans pénaliser les mauvaises décisions. Cela a permis à leur avidité débridée de se manifester dans toute son impudence.

En dernière analyse, ce qui est en cause dans la déconfiture économique actuelle des États-Unis, c'est la philosophie conservatrice américaine qui, depuis Ronald Reagan, a une foi aveugle dans le libre marché et la déréglementation à tout prix. Curieusement, malgré le désastre incontestable qu'elle provoque chez nos voisins, elle a ses adeptes chez nous.

La guerre « secrète » du Canada en Irak : Chrétien a menti

10 octobre 2011

Le Canada a retiré cet été ses dernières unités de combat d'Afghanistan. Mais a-t-il retiré ses soldats d'Irak ? La question se pose, parce que le Canada a joué un rôle important dans cette guerre, même s'il a refusé de participer à la coalition proaméricaine. Et Ottawa a tenté, du mieux qu'il a pu, de dissimuler son engagement aux côtés de Washington.

Le premier ministre Jean Chrétien a répété à plusieurs reprises que les Forces armées canadiennes n'étaient pas directement impliquées dans les combats en Irak. C'était un mensonge.

Janice Gross Stein et Eugene Lang dans *Unexpected War* rapportent que, parallèlement aux déclarations de Chrétien, les diplomates canadiens à Washington vantaient aux membres du Congrès et aux responsables américains la contribution considérable, mais discrète, des militaires canadiens à l'effort de guerre américain en Irak.

Dès mars 2003 le gouvernement canadien a mis trois frégates et un destroyer à la disposition des Américains dans le golfe Persique pour attaquer l'Irak. Le communiqué militaire canadien ne le disait pas aussi crûment. On annonçait plutôt vaguement que « des navires canadiens étaient placés sous le commandement de la Force multinationale, groupe naval 151 ». En clair, le commandant canadien, le commodore Roger Girouard, prenait ses ordres directement du vice-amiral Timothy Keating, responsable de la 5e flotte américaine chargé des opérations navales de la guerre irakienne.

Pendant que nos navires protégeaient la flotte américaine, des membres des Forces aériennes canadiennes, affectés au North American Aerospace Defense Command (NORAD) à bord d'appareils E-3 Sentry déployés au Moyen-Orient, coordonnaient les frappes aériennes américaines contre l'Irak. De plus, quelque 35 aviateurs canadiens en programme d'échange avec la US Air Force participaient à des missions d'attaques en Irak.

Au sol, on estime à quelque 150 le nombre de soldats canadiens qui servaient directement dans des unités américaines et britanniques engagées dans les combats, dans le cadre d'échanges de militaires avec les États-Unis et la Grande-Bretagne.

À un niveau plus élevé de la chaîne de commandement, une trentaine d'officiers canadiens travaillaient avec les généraux américains qui dirigeaient l'invasion air-terre-mer de l'Irak au Q.G. du US Central Command au Qatar.

Le chef actuel des Forces canadiennes, le général Walter Natynczyk, était en janvier 2004 affecté à l'état-major du IIIe corps de la US Army à Bagdad, à titre de directeur adjoint (stratégies, politiques et plans), avant d'être promu commandant adjoint du corps Multinational-Irak, auquel le Canada avait refusé de participer. Le général Natynczyk, qui a été étroitement impliqué dans la planification de la guerre d'Irak, illégale en vertu du droit international, a été décoré par le Canada de sa Croix du service méritoire précisément pour son rôle dans cette guerre. Comprenne qui pourra !

Un autre officier supérieur canadien, le major général Peter Devlin, a été, lui aussi, commandant adjoint du IIIe corps d'armée américain (12 brigades, 35 000 militaires), tandis que l'ancien commandant des Forces d'opérations spéciales du Canada (JTF-2), le général Nicolas Matern, a été nommé en 2008 à son tour commandant adjoint du corps Multinational-Irak.

Comment le Canada a-t-il pu laisser ses soldats participer à une guerre où il refuse de s'impliquer parce qu'elle est contraire au droit international ? Pire, comment peut-il permettre à ses généraux d'y exercer un commandement et même en décorer un pour services rendus aux États-Unis?

L'effort militaire canadien en Irak a surpassé celui de la plus grande partie de la quarantaine de membres de la coalition proaméricaine. À part la Grande-Bretagne, l'Australie et, peut-être, la Corée du Sud, je ne vois pas qui a pu faire mieux que le Canada.

God bless America! Tout le monde debout pour le *God Save the Queen!*

Le complot iranien de Washington : trop beau et gros pour être vrai ?

12 octobre 2011

Pour un complot, c'est un complot. On croirait un film de série B de Hollywood. Vous savez, le genre dont les auditoires sont si friands, qui met en vedette des « gros bras, pas de tête », où on compense la nullité du scénario par des explosions spectaculaires.

Deux agents iraniens, dont un était vendeur d'automobiles usagées au Texas depuis 25 ans, contactent un dirigeant de cartel mexicain pour faire assassiner l'ambassadeur saoudien aux États-Unis et faire sauter les ambassades d'Arabie saoudite et d'Israël à Washington. On lui offre un million et demi de dollars pour recruter les tueurs à gages et exécuter le contrat. Coup de théâtre : les deux crétins ont fait affaire avec un agent secret américain qui les a bernés et s'est fait envoyer 100 000 $ d'Iran.

L'administration Obama accuse formellement le gouvernement iranien d'être derrière la présumée conspiration réalisée par les forces d'élite Qods des Gardiens de la révolution.

De nombreux analystes sont frappés par le caractère hautement improbable du complot tel que décrit. La témérité même de la tentative d'assassinat aux États-Unis soulève des doutes quant à savoir si les religieux conservateurs au pouvoir à Téhéran, d'ordinaire méticuleusement prudents, ont soutenu ou même connu l'existence du complot aberrant.

Ce n'est pas que l'Iran hésiterait à commettre un tel crime pour se venger des Américains et des Israéliens. Au cours des dernières années, l'Iran a été la cible d'attentats terroristes qui cherchaient à paralyser son programme nucléaire. Quatre scientifiques iraniens liés au programme ont été abattus par des tueurs inconnus, un autre a échappé de justesse à un attentat à la voiture piégée. Les installations nucléaires ont été endommagées par le ver informatique Stuxnet, créé par les Israéliens avec l'aide des États-Unis.

C'est la méthode employée pour réaliser le complot qui paraît d'une audace aussi stupide qu'inutile. Un ancien de la CIA, Philip Giraldi, considère l'histoire comme invraisemblable. Il ne comprend pas comment un complot prétendument sophistiqué impliquerait des membres d'un cartel de drogue mexicain : « Cela n'a tout simplement pas de sens. » Un autre ancien espion, lui aussi de la CIA, Robert Baer, auteur de plusieurs livres sur l'Iran, estime que le complot tel que décrit « serait une manifestation incroyable d'incompétence de la part des services iraniens ».

On peut, par exemple, trouver singulièrement idiot que les deux Iraniens discutent ouvertement du complot lors de conversations téléphoniques entre l'Iran, les États-Unis et le Mexique, et se fassent transférer des sommes d'argent, faciles à retracer, d'Iran aux États-Unis.

Mais la question fondamentale est de savoir pourquoi les services iraniens, qui peuvent compter sur des milliers de fanatiques religieux disposés à assassiner et à se suicider sur ordre, voudraient-ils sous-traiter un assassinat aussi névralgique à des tueurs à gages mexicains pas exactement connus pour la subtilité de leurs méthodes ? Un chiite extrémiste l'aurait fait gratuitement et se serait éliminé lui-même, laissant un minimum d'indices.

On verra bien si les preuves qui sous-tendent les accusations américaines sont solides.

Si le parrainage officiel iranien est prouvé, que peuvent faire les États-Unis ? Hillary Clinton affirme que le complot va permettre d'adopter de nouvelles mesures contre l'Iran, déjà frappé par une multitude de sanctions. Il n'y a plus tellement de mesures punitives possibles autres que militaires.

Attaquer l'Iran offre des avantages certains aux démocrates. Cela ferait oublier aux Américains leurs déboires économiques actuels, marginaliserait les républicains à un an des élections et donnerait au lobby proisraélien, qui les finance largement, ce qu'il réclame depuis des années.

L'administration Obama cherche peut-être le casus belli.

Le Canada va laisser filer Bush, un des grands criminels de guerre de notre époque

14 octobre 2011

Amnistie internationale demande au Canada d'arrêter l'ancien président des États-Unis lors de sa visite du 20 octobre prochain à Surrey en Colombie-Britannique. L'organisation de défense des droits de la personne a transmis un aide-mémoire de 1000 pages au gouvernement fédéral, qui rassemble les preuves de crimes et de tortures autorisés par Bush dans le cadre de sa « guerre contre le terrorisme ».

Bush a permis l'utilisation de la simulation de noyade contre des détenus à Guantánamo, à Abu Ghraib et dans des prisons secrètes ailleurs dans le monde. Il l'a d'ailleurs reconnu publiquement et a tenté de se justifier dans ses mémoires publiés il y a quelques mois. Le fait incontournable est que la simulation de noyade constitue un acte de torture en vertu du droit américain et du droit international. Durant la Seconde Guerre mondiale, des soldats japonais, trouvés coupables de l'avoir pratiquée par des cours martiales américaines, ont été pendus.

Si le Canada était le pays qu'il prétend être, il n'aurait pas le choix d'arrêter le criminel de guerre Bush, puisqu'il est signataire comme 76 autres pays, dont les États-Unis, de la convention de l'ONU sur la torture. Celle-ci stipule qu'un État a l'obligation de poursuivre les auteurs présumés d'infractions qui se trouvent sur son territoire. En février, Bush a été contraint d'annuler un voyage en Suisse, où Amnistie internationale avait déposé le même dossier auprès des autorités helvétiques. Ce qui est bon pour Pinochet et pour Milosevic est bon pour Bush.

J'ai été un des premiers dans ma chronique du 15 juillet dernier à demander l'arrestation de George Bush comme criminel de guerre à son retour au Canada cet automne. Il est déjà scandaleux que, depuis la fin de son mandat, ce criminel de guerre soit venu deux fois à Montréal pour prononcer des conférences sans être inquiété. Je réclamais d'ailleurs de la nouvelle opposition officielle néo-démocrate qu'elle l'exige. Disons qu'elle avait d'autres préoccupations. Maintenant elle se doit d'intervenir. Ce serait une excellente occasion pour le Nouveau Parti démocratique de se démarquer. Mulcair et les autres candidats au leadership du NPD doivent prendre position. Tout comme d'ailleurs le Bloc québécois.

Réagissant au nom du gouvernement conservateur, un de ses ministres les plus ignares, Jason Kenney de l'Immigration, a déclaré qu'Amnistie internationale était partiale parce qu'elle n'avait pas demandé au Canada d'arrêter Fidel Castro lorsqu'il est venu aux funérailles de Trudeau. Quelqu'un aux Affaires étrangères pourrait-il lui expliquer qu'un chef d'État en exercice bénéficie de l'immunité dans ses déplacements à l'étranger en vertu du droit international?

Amnistie internationale ne se fait pas d'illusions au sujet du Canada, surtout dirigé par Harper et sa clique. Sa porte-parole souligne que l'organisme va multiplier les appels de ce type jusqu'à ce que la justice d'un pays signataire de la convention ait le courage d'agir contre Bush. Aucune sanction n'est prévue à l'encontre des États qui ne respecteraient pas leur engagement.

C'est sûr que le Canada harperien ne va rien entreprendre contre Bush. Les conservateurs ne vont tout de même pas embêter un de leurs héros. D'ailleurs, il faut faire attention avec eux. Ces charlots pourraient bien décorer Bush de l'Ordre du Canada durant son séjour.

En n'arrêtant pas George Bush, le Canada devient son complice après les faits. Il permet à un fugitif soupçonné de graves forfaits par la communauté internationale d'éviter de répondre de ses crimes devant la justice.

Grande-Bretagne : un scandale d'espionnage avec des connotations gay

17 octobre 2011

L'affaire rappelle le grand scandale d'espionnage britannique des années 1960. Le ministre de la Défense d'alors, John Profumo, couchait avec la même putain, Christine Keeler, que l'attaché naval soviétique.

Cette fois, le ministre britannique de la Défense, Liam Fox, a dû remettre sa démission à la suite de·révélations sur ses «relations particulières» avec un jeune homme de 17 ans son cadet, Adam Werritty, qui se présentait faussement comme son conseiller.

Fox, un médecin catholique écossais, est un fier disciple de Margaret Thatcher, qui, comme elle, défend les valeurs conservatrices traditionnelles. Lorsqu'il s'est marié à l'âge de 44 ans, en 2005, il a profité de l'occasion pour démentir les rumeurs quant à son homosexualité. Werritty, son ancien coloc, était le garçon d'honneur à son mariage.

Le *Mail On Sunday* et le *Mail Online* révèlent que la relation d'Adam Werritty avec Liam Fox lui aurait permis d'obtenir des informations sensibles sur des systèmes de communications militaires britanniques. Harvey Boulter, un spécialiste des nouvelles technologies, déclare au *Mail* qu'il a divulgué des informations ultrasecrètes à Werritty parce qu'il croyait avoir affaire à un proche collaborateur du ministre. Sur sa carte de visite, on pouvait lire «conseiller du Très Honorable Dr Liam Fox MP». En fait, Werritty n'avait aucune habilitation de sécurité. Sa compétence avait surtout à voir avec ses habiletés intimes avec Fox.

Werrity accompagnait Fox ou allait le rejoindre dans ses déplacements à travers le monde. Il assistait à des réunions officielles avec le ministre avant de faire avec lui la fête dans des restaurants somptueux et des boîtes de nuit. Toutes ses dépenses, dont ses vols en première classe, étaient défrayées par des individus et des groupes liés au Britain Israel Communications & Research Centre. Le BICOM est considéré comme une organisation de façade de services de sécurité et de propagande israéliens.

Des spécialistes des questions de renseignements croient que la présence de Werritty à des réunions de travail de Fox aurait pu donner à Israël accès aux derniers développements des technologies militaires britanniques. Elle pourrait aussi avoir permis aux Israéliens de connaître les détails de contrats de défense britannique avec des pays arabes. Que le MI5 (sécurité intérieure) n'ait pas eu vent d'un tel tripatouillage ou ait pu le tolérer me laisse bouche bée.

Pour se défendre, Liam Fox joue la «carte gay». Certains de ses amis laissent entendre qu'il est victime d'une campagne de haine de la part de journalistes homophobes.

L'année dernière, un autre membre du cabinet, David Laws, un libéral-démocrate cette fois, avait été contraint de démissionner parce qu'il avait détourné une partie considérable de ses allocations parlementaires pour payer le loyer de son jeune amant. Pour se justifier, il avait aussi joué la «carte gay», mais en mode compassion. Laws avait demandé la sympathie de tous, affirmant qu'il avait agi ainsi pour épargner à sa vieille mère la connaissance de son homosexualité.

Pour en revenir à Fox, contrairement à ce qu'il affirme, la presse anglaise a été d'une discrétion inhabituelle sur son orientation sexuelle. Comme le souligne un commentateur britannique, si Werritty avait été une jeune femme de 17 ans de moins que Fox qui l'aurait accompagné en voyage officiel à l'étranger 18 fois en 15 mois, il ne fait aucun doute que les médias auraient ouvertement spéculé sur la nature de leur relation. Surtout si la jeune compagne de Fox avait été sur la liste de paie d'une organisation associée à une puissance étrangère.

Werrity agissait comme conseiller officieux et intervenait dans les activités professionnelles de Fox. Il avait une influence intime sur l'accomplissement des fonctions d'un ministre sénior du gouvernement britannique.

Les médias d'information britanniques ont parfaitement le droit, je dirais même le devoir, de poser des questions, d'enquêter sur la relation entre les deux hommes et d'exposer ce qu'ils trouvent.

La commission Charest : une « patente à gosses » mais à « géométrie variable »

19 octobre 2011

Quand j'ai ouvert la télé pour écouter l'annonce, je me suis demandé comment Jean Charest allait s'y prendre pour noyer le poisson. La réponse ne s'est pas fait attendre.

Saint-Léonard peut respirer. Les parrains, les *consiglieri* ne seront pas contraints de témoigner devant la « patente à gosses » annoncée par ce qui nous sert de premier ministre. Ils pourront faire un bras d'honneur à la commissaire France Charbonneau, qui, d'ailleurs, ne pourra pas non plus accorder d'immunités. J'ai hâte de voir combien de guignols vont être assez fous pour aller témoigner devant elle.

Pour vraiment s'assurer que sa « patente à gosses » ne trouble vraiment pas de crapules, Jean Charest lui a donné une « géométrie variable. » Elle va utiliser deux modes de fonctionnement. Les choses vraiment embêtantes pour les politiciens libéraux, les patrons et les chefs syndicaux de l'industrie de la construction vont se dérouler à huis clos. Entre-temps, pour distraire les citoyens, on va convoquer en audiences publiques une ménagerie de spécialistes de tous poils, de profs mabouls et autres experts patentés qui vont venir faire leurs numéros de chiens savants. Ces virtuoses de l'esbroufe vont déclamer contre les stratagèmes du crime organisé et pontifier à cœur joie sur la collusion, la corruption.

Charest affirme qu'il a agi à la suite du rapport Duchesneau. C'est un mensonge par omission. Si le rapport n'avait pas été dévoilé par un policier à Radio-Canada, il n'y aurait pas aujourd'hui de commission d'enquête. Il a été forcé d'agir par une fuite.

Depuis deux ans les enquêtes policières officielles sous la haute surveillance du pouvoir politique libéral n'ont rien donné. Les avocats, les comptables et les autres hommes de main des « Fabulous Fourteen » ont eu amplement le temps de passer tous les documents incriminants à la déchiqueteuse et, je caricature à peine, de couler tous les témoins embêtants dans le ciment des nombreux chantiers de construction routiers du Québec. Où es-tu, Paolo Renda ?

La commission Charest permettra au moins de garder dans l'actualité le scandale construction-mafia-PLQ. Le fait de brasser publiquement tous ces excréments a quand même deux résultats extrêmement positifs. D'abord, les coûts de construction au Québec ont baissé de 20 à 30 % depuis que les médias entravent les concussions et les collusions dans l'octroi des contrats des chantiers publics. Ensuite, je soupçonne que parallèlement les caisses du PLQ doivent connaître un sérieux problème de rentrées de fonds. Les députés libéraux commencent sans doute à se dire que Charest n'est peut-être pas le chef qu'il faut pour gagner l'élection qui s'en vient.

Il ne faut pas s'attendre à grand-chose de la commission Charest. Comme c'est le cas jusqu'à maintenant, ce sont les médias et les policiers honnêtes et courageux qui les alimentent qui vont devoir continuer à informer l'opinion publique. Faute de coincer les pourris, ça permet au moins de gruger dans leurs marges de profits et dans ce qu'ils peuvent ristourner aux politiciens.

On a dû fêter dans les cafés de la Petite-Italie en écoutant Charest à la télévision.

La Libye : Kadhafi en enfer, mais, après lui, quoi ?

21 octobre 2011

Après une frappe aérienne de l'OTAN sur son convoi de 4x4, le rat de Tripoli a été trouvé ensanglanté dans un trou d'égout avec son pistolet plaqué or. Plutôt que de se battre jusqu'à la mort comme il s'y était pompeusement engagé ou de s'enlever la vie, il a imploré ses ennemis : « Ne tirez pas, ne tirez pas ! » Sorti de son trou, blessé et hébété, le dictateur déchu a été poussé à travers une cohue d'hommes armés sous les insultes, les quolibets et les coups jusqu'à ce que quelqu'un lui tire une balle dans la tête.

C'est la fin atroce que méritait ce mégalo sanguinaire qui aimait se pavaner dans des accoutrements burlesques et se prétendre le roi des rois d'Afrique.

Les familles et les amis de ses dizaines de milliers de victimes durant ses 42 ans de règne absurde ont dû penser qu'il y avait quand même une justice dans ce bas monde. Regardant la fin cruelle de Kadhafi à la télévision, Bachar al-Assad de Syrie et Ali Abdullah Saleh du Yémen, comme d'autres potentats du Moyen-Orient, ont dû réfléchir à ce que l'avenir leur réserve.

Les carences qui ont engendré la dictature de Kadhafi en Libye sont endémiques dans les sociétés arabes : formes d'organisation sociale désuètes, mentalités inadaptées au monde moderne et sous-développement éducatif et scientifique. La chance de la Libye et de la plupart des autres sociétés du Moyen-Orient est qu'elles sont assises sur d'immenses champs de pétrole capables de générer, pour un temps limité, les ressources nécessaires pour assurer leur modernisation. L'islam, fouetté par le conflit israélo-arabe vers des formes de plus en plus radicales, constitue une entrave à cette évolution.

Jusqu'ici la Turquie est, à peu près, le seul pays à avoir réussi, tant bien que mal, à surmonter ces défis de la modernisation. Même là, la bataille n'est pas terminée.

La Libye est dans une position pour réussir son développement. Heureusement pour elle et pour l'Occident que la

France et l'Angleterre ont rapidement pris des initiatives sur le terrain pour empêcher Kadhafi d'écraser le soulèvement populaire et ensuite, avec l'aide de l'OTAN, assurer la victoire des forces révolutionnaires. Elles ont ainsi coupé l'herbe sous le pied aux islamistes. La Libye est un avant-poste stratégique de l'Europe au Moyen-Orient et en Afrique. On peut être assuré que les grands États européens vont tout faire pour instaurer un régime ouvert à l'Occident à Tripoli, d'autant plus que l'État libyen a les moyens de payer en pétrole l'assistance technique, administrative et militaire qu'on va leur apporter. L'Europe devrait inviter la Turquie, le seul État musulman de l'OTAN, à jouer un rôle important dans le relèvement de la Libye, qui pourrait s'inspirer du modèle turc pour ses institutions.

Ce n'est pas gagné. Al-Qaida, de plus en plus active dans les pays du Sahara, et les antagonismes tribaux et régionaux menacent l'avenir de la Libye.

Un aspect du dénouement, jusqu'ici heureux, de la révolution libyenne mérite d'être souligné. C'est le rôle discret que Washington y a joué. Compte tenu de l'animosité générale que les États-Unis suscitent dans le monde arabo-musulman, il était préférable que les Américains passent, pour une fois, leur tour. D'ailleurs, ils n'en avaient pas le choix dans leur situation économique et géopolitique actuelle avec déjà sur les bras deux guerres qui n'en finissent pas.

Après huit mois de guerre civile, un jeune combattant anti-Kadhafi s'interrogeait devant l'envoyée spéciale du *Monde*, Cécile Hennion : « Mais nous, en Libye, contre quoi nous sommes-nous battus ? Contre un homme ? Un fou ? Un démon ? Contre sa famille et quelques types qui le protègent et dont certains n'étaient même pas Libyens ? Pour nous qui avons fait le choix de nous battre, c'est déjà irrationnel, alors, comment l'expliquera-t-on à nos enfants ? »

Les commissions scolaires, « quossa donne » ?

La ministre de l'Éducation, Line Beauchamp, envisageait de couper 300 millions de dollars en trois ans dans le budget des commissions scolaires pour réaffecter l'argent dans les directions d'écoles. Les Anglais ont dit *no way*. La ministre a pris son trou. On sait qui mène au Parti libéral du Québec.

Aucun gouvernement n'a eu le courage de supprimer cette institution qualifiée par Jean-Marc Léger d'«aussi vétuste qu'inutile, de surcroît nuisible et coûteuse». Camille Laurin l'avait envisagé lorsqu'il était ministre de l'Éducation, mais René Lévesque considérait que c'était prématuré.

Si les Québécois n'étaient pas à l'origine un peuple de vaincus, il n'y aurait plus depuis longtemps de commissions scolaires. C'est une «patente à gosses» que les anglo-protestants ont imposée et défendent bec et ongles, parce qu'ils veulent contrôler leur propre système scolaire dans une province à majorité francophone et «catholique».

Elles représentent un ordre de gouvernement superflu et des dépenses inutiles. L'économiste Paul Daniel Muller de l'Institut économique de Montréal (IEDM) évalue à une centaine de millions de dollars par année les économies que le Québec pourrait faire en les abolissant.

Cela ne se fera pas. Impossible de battre une alliance pour se partager l'assiette au beurre entre les petites bourgeoisies locales des «mononcles» et des «matantes», les Anglos et, surtout, les syndicats.

Il faut vraiment être naïf pour penser que les enfants constituent la principale préoccupation des syndicats de l'éducation. Les leaders syndicaux sont élus pour défendre les intérêts de leurs membres, un point c'est tout. Quand on réalise des coupes dans les commissions scolaires, on sabre d'abord les services aux étudiants ou tout autre domaine qui ne met pas en cause les acquis ou les privilèges syndicaux.

Comme l'écrivent Jacques Raynauld et Yvan Stringer, des Hautes Études commerciales (HEC), « les fonctionnaires n'ont pas la réputation de faire preuve d'empressement lorsqu'il s'agit de recommander des mesures qui seraient bénéfiques sur le plan social, mais auraient le malencontreux effet d'éliminer leur emploi ! » La bureaucratie syndicale de l'éducation et de la santé au Québec est incontrôlable et impossible à réformer. Seule une catastrophe comme celle que vit la Grèce présentement pourrait y arriver.

Mais revenons aux commissions scolaires. La démocratie scolaire au Québec est une farce pathétique. Lors des élections scolaires de 2007, seulement un infime 7,9 % des électeurs se sont prévalus de leur droit d'élire leur commissaire d'école. Pire. Près de 900 candidats ont été élus sans opposition. Les commissaires scolaires siègent une fois par mois et gèrent un budget annuel de près de neuf milliards de dollars.

On manque d'orthophonistes, d'orthopédagogues et de psychologues. On manque de livres et d'ordinateurs. Les classes débordent de mésadaptés socioaffectifs et autres élèves dysfonctionnels. Entre-temps, on paie des voyages d'études, des cocktails et diverses autres largesses aux commissaires. On donne des bonis aux cadres.

La vérité est que l'argent injecté dans l'éducation ne sert pas en premier lieu aux enfants, il sert d'abord aux cadres, aux administrateurs et aux syndiqués. Les miettes vont aux élèves, qui sont forcés de faire du porte-à-porte pour vendre du chocolat, des épices et quoi d'autre pour financer des activités qui devraient être intégrées au budget des commissions scolaires.

Devant cette impression de larrons en foire impossibles à contrôler qui se dégage des commissions scolaires et du système public, les gens ne voient pas l'intérêt d'aller voter ou ont décroché en inscrivant leurs enfants au privé.

Si vous avez vraiment à cœur l'avenir de vos enfants, faites des économies ailleurs et envoyez-les à l'école privée. Ne les confiez surtout pas aux commissions scolaires.

Trois sièges de plus pour le Québec à Ottawa : de la poudre aux yeux

28 octobre 2011

L'opération médiatique a été menée avec une habileté consommée. Lorsque le ministre de la Réforme démocratique, Tim Uppal, a annoncé que le Québec aura trois sièges de plus aux Communes, il a pris un soin particulier de souligner que ces sièges ont été alloués au Québec «selon sa part de la population». Il voulait éviter de braquer contre lui le Canada anglais, qui abhorre toute référence à un statut particulier que pourrait avoir le Québec en tant que province francophone abritant un des deux peuples fondateurs.

On jette de la poudre aux yeux aux Québécois. On donne donc trois sièges de plus au Québec, qui n'en méritait pas, mais, pour compenser, on en donne 15 à l'Ontario et six à l'Alberta comme à la Colombie-Britannique. On passe de 75 députés québécois sur 308 à 78 sur 338. Le déclin démographique du Québec se traduit par un déclin politique manifeste de 24,3 % à 23,0 % des députés fédéraux. Cette annonce est un subterfuge. Elle cache un nouvel exemple de la diminution de l'influence du Québec à Ottawa, qu'on est à même de constater semaine après semaine.

Le Québec n'a plus d'influence politique significative à Ottawa depuis les dernières élections fédérales, quand une majorité de Québécois a procédé à son autodestruction politique en assassinant le Bloc québécois. Cela a permis aux conservateurs de Stephen Harper, pour la première fois de l'histoire du Canada, d'obtenir un gouvernement majoritaire sans l'appui de l'électorat du Québec. Une réalisation qui va être de plus en plus facile à accomplir, puisque le poids démographique et donc électoral du Québec est en déclin dans la Confédération. Et il ne faut pas compter sur le Nouveau Parti démocratique pour se battre très fort afin d'atténuer les effets de cette tendance lourde.

Les dirigeants du NPD savent que le raz de marée Layton est un phénomène circonstanciel qui ne se reproduira jamais. Leur stratégie électorale à long terme est de gagner des sièges ailleurs au Canada, qui vont compenser ceux que, d'élection en élection, ils vont perdre au Québec. Le NPD va donc se garder d'enfourcher tout cheval de bataille québécois qui pourrait braquer contre lui l'opinion publique anglophone, qui en a soupé du particularisme du Québec.

Les politiciens fédéraux sont conscients que les sentiments de l'opinion publique au Canada anglais face au Québec vont du plus profond mépris à l'indifférence agacée. Pour un politicien canadien, ignorer manifestement le Québec est une attitude payante au Canada anglais. Regardez ce que fait actuellement le gouvernement Harper. Après avoir nommé un «unilingue» à la Cour suprême, il récidive avec le poste de vérificateur général du Canada. C'est la voie de l'avenir au Canada.

Le Canada anglais est convaincu que la menace séparatiste a définitivement été écrasée avec l'extermination du Bloc par le Québec francophone. Il n'y aura plus jamais de concession sous aucune forme pour le Québec. Au contraire, le Canada anglais est présentement en position de demandeur ; on veut annuler tous les «accommodements» accordés au Québec depuis 50 ans. Le retour à l'unilinguisme n'en est que la première manifestation.

Au Canada anglais lorsqu'on parle de « peuples fondateurs » on ne fait plus référence aux Québécois. En ce début du XXIe siècle, les deux peuples fondateurs du Canada sont les Anglais et les autochtones.

Le choix électoral de mai dernier place les Québécois sur la voie de la disparition tranquille. Ils veulent que le Canada anglais fasse preuve de discrétion. Ils veulent que cela se passe sans qu'ils soient humiliés.

L'arrogance anglo-saxonne du vainqueur pourrait contrarier cette évolution.

IIIIIIIIIIIIIIIIIIIIIIIIIIII

Sept milliards d'humains sur Terre. Combien sont de trop ?

31 octobre 2011

Le pasteur Thomas Malthus, un des fondateurs de l'économie politique et de la démographie, était pessimiste. Il estimait en 1798 dans son *Essai sur le principe de population* que la capacité des humains de se reproduire dépasserait un jour celle de produire suffisamment de nourriture. La dégradation de l'environnement a depuis amplifié les conséquences de la déconcertante prédiction de Malthus.

Il y a maintenant sept milliards d'humains sur Terre. D'ici la fin du siècle, si la tendance se maintient, on va être 12 milliards. Déjà, la prolifération humaine a causé un tort irréparable à l'environnement. Selon le Global Footprint Network, au rythme actuel il faudra d'ici 2030 une seconde planète pour satisfaire les appétits et absorber les déchets de la nôtre.

Le développement économique accéléré de certains des pays les plus populeux de la planète (le Brésil, la Chine, l'Inde et maintenant l'Indonésie) entraîne une augmentation colossale de la pollution, une dégradation fulgurante de l'environnement et un épuisement accéléré des ressources naturelles.

Pensez-y. D'ici 25 ans, plus d'un demi-milliard de pauvres vont s'affranchir de la misère et accéder à la classe moyenne. Ils vont vouloir tout ce que nous possédons et que nous considérons comme essentiel : voitures, électroménagers, plaisirs et loisirs pathogènes, divertissements polluants, etc.

Comment dire aux centaines de millions de candidats à la modernité qu'ils n'ont pas le droit à la société de consommation telle qu'ils la voient à la télé ? Qu'il leur est défendu de manger du bœuf parce que c'est dommageable pour l'environnement ?

Et qui seront les politiciens en Occident qui vont convaincre leurs électeurs que leur mode de vie va devoir régresser afin de permettre aux nouveaux consommateurs asiatiques de profiter de leur prospérité ?

Rien ne laisse présager dans les années à venir une transformation morale qui va changer radicalement des comportements humains millénaires. L'accès aux ressources, de plus en plus rares, va se faire en fonction de la règle du plus fort et du mieux préparé — la règle de la sélection naturelle — comme c'est le cas depuis le début de la vie sur Terre.

Grâce aux progrès de la médecine, la hausse la plus importante de la population va avoir lieu en Afrique, le continent le plus pauvre, qui affiche des indices de développement humain affligeants. Malgré les épidémies, les sécheresses et les autres désastres naturels et humains, d'ici 2044 sa population va doubler pour atteindre deux milliards. Mais, comme pour certaines autres régions d'Asie, le développement économique ne suivra pas.

La solution évidente est de limiter la natalité. Mais cela entraîne de graves déséquilibres démographiques. La Chine, qui impose la règle d'un enfant, le Japon, la Russie et une bonne partie de l'Occident doivent faire face à des pyramides

des âges inversées, où les jeunes moins nombreux doivent faire vivre une population de vieillards maintenus en vie de plus en plus longtemps par les progrès coûteux de la médecine.

À cela s'ajoute en Asie le recours effroyable à l'infanticide et à l'avortement des filles, un phénomène qui s'aggrave parce que les méthodes de détermination du sexe des fœtus sont maintenant facilement accessibles et peu coûteuses.

Des dizaines de millions d'hommes dans des pays comme l'Inde, la Chine et la Corée ne trouveront pas de femmes parce qu'elles ont été tuées à leur naissance ou avortées.

Une partie significative des Terriens vit actuellement dans l'ignorance, la pauvreté, l'insalubrité, la violence et la déchéance. Nous sommes déjà trop nombreux pour assurer à la plupart des êtres humains un passage relativement heureux sur notre planète.

Et nous n'allons pas vers des lendemains qui chantent.

L'Opération « Croche » devient « Critique », mais les résultats se font attendre

4 novembre 2011

La GRC enquête depuis 2007 sur un épouvantable scandale impliquant des vérificateurs de l'Agence du revenu du Canada (ARC). Dans un premier temps, une douzaine de vérificateurs étaient sous enquête (Opération « Croche ») ; on parle maintenant d'un nouveau volet (Opération « Critique »), qui porterait le total à près de 20. Ces chiffres sont accablants. Cela voudrait dire qu'une partie significative des vérificateurs fiscaux fédéraux au Québec serait pourrie. Un informateur cité dans les médias affirme que la corruption est endémique à l'ARC depuis les années 1990.

Encore une fois dans ce dossier, Radio-Canada, le *Globe and Mail* et *La Presse* semblent avoir une longueur d'avance sur la police.

Cinq ans d'enquête et pourtant aucun ripou n'est encore allé en prison. On se croirait à la SQ! Certains noms évoqués dans les enquêtes de la SQ sur la corruption et la construction reviennent dans le dossier de l'ARC.

Un ancien cadre de l'Agence, Adriano Furgiuele, tente de faire invalider les mandats de perquisition qui ont permis de saisir chez lui des documents informatiques et des photos. Ses avocats arguent que les preuves obtenues par la GRC contre leur client proviennent de vérifications fiscales et sont donc inadmissibles comme preuves au criminel.

Les autorités allèguent que Furgiuele et un autre cadre de l'ARC partageaient un compte bancaire de 1,7 million de dollars aux Bahamas avec Francesco Bruno. Elles ont aussi découvert des photos le montrant avec d'autres employés de l'ARC en train de fêter avec Bruno dans une loge au Centre Bell quelques semaines après avoir effectué à son sujet une vérification fiscale.

Qui est donc Francesco Bruno? Francesco Bruno a reconnu avoir fourni des factures de complaisance à deux entreprises du magnat de la construction, Tony Accurso, afin qu'elles éludent le fisc. Les entreprises d'Accurso ont été condamnées à une amende de quatre millions de dollars. Comme par hasard, le siège social de la principale entreprise de Bruno, BT Céramique, se trouve dans un édifice qui appartient au chef de la mafia, Vito Rizzuto, emprisonné aux États-Unis, et à son conseiller Paolo Renda, disparu le printemps dernier et qui repose sans doute sous le tablier d'une des nombreuses autoroutes en réfection.

La mafia ne se laisse pas faire. Un cadre de l'ARC, chargé de nettoyer la place, a été tabassé en sortant d'un restaurant de la Petite-Italie. Pas le quartier à fréquenter lorsqu'on occupe ce genre de fonction. Quatre autres fonctionnaires qui l'assistent pour dératiser l'ARC ont aussi reçu des menaces sous la forme de tuques arborant une tête de mort.

Espérons que les résultats des enquêtes de la GRC sur les pourris à Revenu Canada vont être plus probants que dans le scandale des commandites. La GRC est sur le dossier depuis 2002 et jusqu'ici aucun politicien n'a été inculpé pour cette panoplie de crimes manifestement ourdie par des politiques. Seuls des fonctionnaires, des relationnistes et quelques ratons laveurs ont subi les foudres de la loi.

Des Italiens se plaignent dans *Le Journal de Montréal* que les médias utilisent l'expression mafia italienne, affirmant qu'il est injuste d'associer les deux mots. Diantre! Le mot lui-même est d'origine italienne et le crime organisé italien est encore le plus puissant et le plus redoutable dans la plupart des grandes villes nord-américaines. Et pourquoi ne pas aller plus loin, tant qu'à y être? On pourrait adopter une loi qui interdit de diffuser les noms et prénoms de personnes accusées au criminel s'ils sont de consonance italienne. Il ne faudrait donc parler que de la mafia russe et de la mafia asiatique, deux entités qui semblent incapables de rafler la première place à la mafia italienne dans le domaine de la criminalité. Non à l'omerta!

Un drone militaire israélien va bientôt survoler le Lac-Saint-Jean

7 novembre 2011

Difficile de dire si ça fait partie de la nouvelle coopération stratégique entre le Canada et Israël. Un nouveau drone militaire développé en partenariat entre l'israélienne Aeronautics et le grand fabricant de simulateurs de vol montréalais CAE va bientôt (2012) commencer ses vols d'essai au-dessus de la région du Lac-Saint-Jean. Le drone sera basé à l'aéroport d'Alma, où on a récemment créé un Centre d'excellence sur les drones (CED). Un ancien officier de la base de l'aviation canadienne de Bagotville, Christian Larouche, a été formé en Israël pour diriger l'opération. Le programme sera réalisé avec la collaboration du ministère de la Défense, puisque, après son décollage de l'aéroport d'Alma, l'avion sans pilote va se diriger vers la zone aérienne réservée à des fins militaires pour l'entraînement des pilotes de Bagotville.

Le drone XP Dominator utilise la cellule du bimoteur autrichien Diamond DA42. Le devis technique précise qu'il pourra transporter une charge utile de 300 kilos et qu'il aura une autonomie de 28 heures à une altitude maximale de 9150 mètres et à une vitesse de pointe de 350 kilomètres/heure. La publicité d'Aeronautics affirme que le Dominator est destiné à faire concurrence aux drones de surveillance et d'attaque au sol américains Predator et israéliens Heron, qui peuvent être équipés de divers types de missiles, dont des Hellfires. Le Canada a utilisé des drones Heron en Afghanistan et les Américains surveillent la frontière canado-américaine avec des Predator.

Avec plus de 7500 employés, CAE est le chef de file mondial en simulation de vol et en formation de pilotes civils et militaires. Aeronautics est le second plus important fabricant de drones au monde avec 700 employés et un chiffre d'affaires de 200 millions de dollars.

Le président du groupe « Produits de simulation militaire » à CAE, Martin Gagné, déclare que sa compagnie va fournir un entraînement réaliste et immersif aux pilotes et aux commandants de missions des drones. Ces pilotes peuvent être basés sur un continent différent des appareils qu'ils contrôlent. Les pilotes des drones Predator qui attaquent régulièrement les zones frontière du Pakistan sont basés en Arizona.

Le Centre d'excellence sur les drones d'Alma doit tenir une séance d'information pour rassurer la population. Il ambitionne de devenir l'un des plus importants en matière d'expérimentation des avions sans pilote. Le Centre se veut le pôle d'une nouvelle grappe industrielle axée sur l'aérospatial. Le développement du Dominator n'est que la première étape du projet.

Personnellement, je n'y vois pas d'objection. Sinon, il faudrait fermer au Québec des centaines d'entreprises avec des dizaines de milliers d'emplois très payants qui injectent des milliards de dollars dans l'économie. Une partie significative de notre secteur de haute technologie dans l'aérospatial, les communications, les matériaux avancés et l'informatique a des applications militaires.

On pourrait d'ailleurs économiser des milliards de dollars si le Canada prolongeait la vie de ses F-18 et se mettait à développer un drone de suprématie aérienne plutôt que de dépenser cet argent pour acquérir des F-35 américains qui sont déjà obsolètes avant même d'être opérationnels. Les jours des avions avec des pilotes à bord sont comptés.

L'avenir est aux drones pour une bonne partie des applications qui nécessitent des aéronefs, sauf, bien sûr, pour le transport de passagers. Outre le domaine militaire, celui de la sécurité et de la surveillance, les drones ont des applications dans les secteurs de l'énergie, des télécommunications et des ressources naturelles.

Créer ici au Québec un centre d'excellence dans ce domaine est une bonne idée. Mais l'affaire risque d'être mal accueillie par les pacifistes inconditionnels et des groupes anti-israéliens.

Berlusconi : il mérite de mourir en prison, mais va, sans doute, s'en tirer

9 novembre 2011

Le fait que Silvio Berlusconi ait été si longtemps au pouvoir et qu'il ait été réélu à plusieurs reprises est un triste reflet de la démocratie italienne. Cela démontre l'influence déterminante des médias sur la perception des politiciens par l'opinion publique et sur les comportements électoraux. Berlusconi, le troisième homme le plus riche d'Italie, domine le paysage médiatique du pays par l'entremise de sa société Fininvest.

Il ne faut pas se réjouir trop rapidement du départ du vieux clown lubrique, il pourrait encore se raviser. Sa démission va entraîner la réouverture de dizaines de dossiers criminels pour lesquels ses fonctions lui donnaient l'immunité.

Depuis plus de 30 ans, il a fait l'objet d'enquêtes pour collusion avec une organisation criminelle (mafia), faux témoignage, fraude fiscale, fraude, corruption, corruption de policiers, corruption de juges, relations sexuelles avec des mineures. À plusieurs titres pour certaines de ces accusations. Jusqu'ici, il n'a été trouvé coupable que de faux témoignage dans le cas de l'enquête sur la célèbre loge maçonnique P2 dont il était membre. Dans trois autres cas, il s'est fait élire et il a fait modifier la loi afin de restreindre la période de poursuite et d'ainsi faire tomber les accusations pour prescription.

Churchill disait que la démocratie n'est pas le meilleur système de gouvernement, mais le moins pire. Le cas Berlusconi en est un bel exemple. La réalité est qu'une partie importante des Italiens, surtout de la partie méridionale du pays, l'admirent et l'envient d'être capable de faire un pied de nez à la police, aux tribunaux, à la loi. Ça fait malheureusement partie d'une certaine culture « méditerranéenne ». Regardez le pays d'à côté, la Grèce.

J'espère que l'Italie va maintenant sérieusement modifier ses lois sur la concentration des médias pour empêcher que le phénomène Berlusconi se reproduise.

Le contrôle de l'information est le préalable des régimes totalitaires. Cuba, l'Iran, la Corée du Nord, la Chine, le Viêt Nam en sont des exemples classiques. Mais il s'observe également dans les États démocratiques ou semi-démocratiques : l'Italie, la Russie, bien sûr, mais aussi les États-Unis. Chez nos voisins du Sud, tous les grands médias sont contrôlés par une petite clique de ploutocrates qui décident ce que les Américains vont entendre, lire, voir et comprendre. Cette même clique finance les deux grands partis politiques et domine le secteur financier.

Malgré des divergences de façade, tout ce beau monde s'entend sur les questions essentielles. Les *mainstream medias* CNN, FOX, ABC, NBC, CBS, *TIME*, le *Washington Post*, le *New York Times*, le *Wall Street Journal* ont soutenu l'invasion en Irak et ont caché pendant des années les mensonges de Bush et de ses complices.

Le problème en soi n'est pas une certaine concentration médiatique inévitable, mais lorsque ces groupes sont en collusion pour décider de ce qui se dit et de ce qui ne se dit pas.

Heureusement pour nous au Québec, les deux principaux groupes médiatiques se détestent et se livrent une concurrence sans merci pour des parts de marché. Cette saine animosité assure la liberté d'information autant que les lois électorales. Que serait le Québec si Power Corporation/SRC et Quebecor s'entendaient ? Nous vivrions une situation comme celle des États-Unis. Si un seul groupe réussissait à absorber l'autre ? Nous serions l'Italie.

Au milieu des années 1980, alors que j'étais correspondant à Paris, Berlusconi avait déjà une réputation de flibustier. Cela n'a pas empêché François Mitterrand de lui accorder une participation de 40 % dans une chaîne publique qu'il venait de privatiser. Ristournes au Parti socialiste ou à Mitterrand lui-même ? Le bruit avait circulé. Les deux hommes s'entendaient comme larrons en foire et se voyaient lorsque Mitterrand séjournait dans sa garçonnière de Venise, un palais du XVIIe siècle qui donne sur le Grand Canal. Cré socialiste va !

Des médias d'opposition ont récemment rapporté une conversation téléphonique où Berlusconi affirme que l'Italie est un pays merdique qu'il a hâte de quitter. Moi, j'espère qu'il y restera encore de nombreuses années... dans ses geôles.

Encore une fois, je rêve en couleurs. Les criminels riches et influents ne vont jamais en prison, ni en Italie ni au Québec.

Nommons l'inspecteur Clouseau pour surveiller les services secrets canadiens

11 novembre 2011

Le Dr Arthur Porter est un homme occupé. Il pratique la médecine à titre d'oncologue. Il est PDG du Centre universitaire de santé McGill. Il siège au conseil d'Air Canada. Il brasse des affaires en Angleterre et en Afrique à la tête de plusieurs compagnies. Il est ambassadeur plénipotentiaire de la Sierra Leone, son pays d'origine, et conseiller de son président, Ernest Bai Koroma.

On penserait qu'il y a là suffisamment d'activités pour occuper plusieurs vies de personnes ordinaires. Pas pour le doc Porter. Ses amis du Parti conservateur du Canada l'avaient nommé président du Comité de surveillance des activités de renseignement de sécurité (CSARS), l'organe chargé de s'assurer que les services secrets fonctionnent dans les limites de la loi. Le bon docteur a donc eu accès à la totalité des secrets que possèdent les services de sécurité fédéraux et a pu tout savoir sur leurs activités clandestines.

Déjà, ça posait problème. Vous voyez pourquoi ? Le type est le conseiller d'un chef d'État étranger et porte un titre pompeux dans la diplomatie de la Sierra Leone. Porter donne-t-il la priorité à son rôle de conseiller présidentiel sierra-léonais ou à celui de contrôleur des services secrets canadiens ? Ça s'appelle un conflit d'intérêts.

Ce n'est pas tout. Le doc manque de jugement dans le choix des personnes avec qui il fait affaire. Le *National Post* révélait il y a quelques jours qu'il s'était associé à un drôle d'olibrius du nom d'Ari Ben-Menashe.

Ben-Menashe est un Juif iranien qui se présente lui-même comme un ancien agent des services secrets israéliens, ce qu'ils démentent formellement. Ben-Menashe a été acquitté aux États-Unis d'exportation illégale de technologies militaires vers l'Iran, parce que le jury l'a cru lorsqu'il a affirmé qu'il agissait sur instruction du Mossad. Après avoir été expulsé d'Australie, il a abouti à Montréal, où il a obtenu la citoyenneté canadienne après avoir marié la fille d'un sénateur. Le mariage n'a pas duré longtemps. Ben-Menashe a été poursuivi pour violence envers sa femme et sa belle-mère, accusations qui ont été par la suite retirées.

Toujours à partir de Montréal, Ben-Menashe a été à l'origine d'un pseudo-complot pour assassiner le président fou du Zimbabwe, Robert Mugabe, pour qui il travaillait. Malgré le témoignage incriminant de Ben-Menashe, le leader de l'opposition du pays, Morgan Tsvangirai, a été acquitté du crime.

Ces informations sur Ben-Menashe ne proviennent pas d'un dossier ultrasecret de la CIA, du Mossad ou du SCRS, mais sont accessibles sur la Toile. Pour en trouver d'autres tout aussi troublantes, il vous suffit de taper « ARI BEN-MENASHE » dans votre moteur de recherche préféré. Le doc Porter n'a pas eu la jugeote de faire cette simple vérification avant de signer des ententes contractuelles avec Ben-Menashe. Voilà le genre de type que les conservateurs nomment à l'une des fonctions les plus délicates du gouvernement du Canada.

Mais il y a encore pire. Porter a confié à Ben-Menashe le mandat d'obtenir des investissements russes dans des infrastructures portuaires en Sierra Leone. Le Service des renseignements extérieurs de Russie (SVR, ex-KGB) a nécessairement eu vent de l'affaire qui, heureusement, n'a pas eu de suites. Ce sont des pros. Ils y auraient vu une occasion de monter une opération de pénétration de l'appareil de sécurité du Canada.

Harper hier a forcé Porter à démissionner. Comment se fait-il que la sécurité interne du SCRS ne se soit pas inquiétée des fréquentations pour le moins étranges de l'homme chargé de donner un certificat de bonne conduite à l'organisation? Pas très fort. Encore une fois, on dormait au gaz. À moins bien sûr que Ben-Menashe ait réussi à conter des sornettes au SCRS, comme le veulent certaines informations. Dans tous les cas le successeur de Porter au CSARS doit, dès son entrée en fonction, déclencher une enquête sur tous les aspects de cette étrange affaire. Que cache la nomination politique de Porter?

Le ministre Maxime Bernier a dit récemment qu'on doit choisir les gens en fonction de leurs compétences. Les questions de sécurité et de renseignement n'étaient manifestement pas parmi celles de Porter.

Comme remplaçant, je suggère l'inspecteur Clouseau au gouvernement Harper. Au moins, il est bilingue.

Après Quebecor, Radio-Canada va enquêter sur Power Corporation

14 novembre 2011

Le titre est, bien sûr, factice, mais voici ce que pourrait dire le communiqué annonçant une telle nouvelle si Radio-Canada n'était pas engagée dans une relation symbiotique avec Power Corporation/Gesca :

32 novembre 2011. La direction générale de l'information de Radio-Canada est fière d'annoncer qu'une équipe de l'émission Enquête *dirigée par le journaliste Guy Gendron va préparer un reportage sur Power Corporation, la famille Desmarais et leur influence sur le pouvoir politique au Canada et en France.*

L'équipe de Guy, qui vient de roder ses techniques d'investigation en préparant un reportage sur Quebecor, un joueur mineur dans le grand jeu de la politique, s'attaque maintenant à l'acteur de calibre mondial qu'est Power Corporation. Nos journalistes vont relever ce défi avec le même souci de véracité et d'exactitude pointilleuse qui a caractérisé notre célèbre enquête sur l'industrie des sables bitumineux en Alberta, que personne n'a oubliée.

La SRC est en discussion avec l'ancien ministre libéral de la Justice et candidat défait dans Outremont, Martin Cauchon, qui a déjà été le valet de la famille Desmarais à Sagard, pour qu'il se joigne à l'équipe comme consultant. L'ancien domestique s'intéressera particulièrement au rôle d'incubateur de talents que Power joue auprès du Parti libéral du Canada. D'autres tâcherons libéraux blanchis sous le harnais nous raconteront comment le géant corporatif a veillé sur eux tout au long de leur carrière pour leur offrir, en fin de vie utile, un point de chute en attendant la retraite.

Nous ferons aussi appel à un vieil habitué de Radio-Canada, notre ami à tous, Robert Guy Scully, un proche de la famille Desmarais. Pour collaborer à notre enquête, il va interrompre temporairement l'hagiographie qu'il prépare sur le maître de Power Corp. Confortablement installé dans la suite des Desmarais au Ritz de Paris, Robert Guy nous présentera, avec son charme obséquieux habituel, une extraordinaire exclusivité : la Minute du patrimoine *inédite dans laquelle Roch Voisine interprète le rôle de Paul Desmarais père.*

Quelques-uns des râteleurs et la «jobbeuse» bien connue du Parti libéral fédéral, qui encombrent l'antenne à RDI, seront appelés en renfort pour soutenir le message que l'émission entend faire passer : «Merci, les Desmarais, pour tout ce que vous avez fait pour l'unité de notre beau et grand pays.»

Comme le dit un de nos interviewés, «l'État canadien, dans le fond, c'est l'État Power Corp». Nous croyons être en mesure de faire des révélations sensationnelles sur la façon dont Nicolas Sarkozy et Jean Chrétien ont été placés au pouvoir.

Pour éclairer le public sur les liens entre Power et ses médias, nous allons demander au Département de communication de l'Université de Montréal de faire une recherche sur les corrélations entre les prises de position éditoriales de La Presse *et du* Soleil *et les intérêts de Power Corp et de la famille Desmarais. Une matrice de divergence sera aussi appliquée aux textes d'André Pratte, d'Alain Dubuc, de Lysiane Gagnon et de Gilbert Lavoie pour tenter de découvrir s'ils ont jamais dérogé un tant soit peu de la ligne Power/Desmarais.*

*Comme pour l'enquête sur Quebecor et Pierre-Karl Péladeau, Guy Gendron et son équipe pourront compter sur un budget exceptionnel. Vu l'importance sociétale du reportage, nous avons décidé de le diffuser en deux segments de 60 minutes. La Société Radio-Canada remercie des entreprises européennes des secteurs du ciment, du pétrole, de l'électricité et des alcools pour leur généreuse assistance financière. Ces sociétés, qui veulent conserver l'anonymat, vont ainsi permettre la diffusion d'*Enquête *sans interruptions publicitaires.*

Enfin, le directeur général de l'information tient à opposer un démenti catégorique aux bruits qui circulent selon lesquels c'est l'ombudsman de Radio-Canada, sous menace de démission, qui a imposé la réalisation d'une enquête sur Power/Desmarais à la suite de celle sur Quebecor/Péladeau. Il est complètement faux d'affirmer qu'il considérait que l'absence d'une enquête sur le groupe médiatique concurrent contrevenait aux dispositions de notre manuel d'éthique et de pratiques journalistiques concernant l'équilibre de traitement que la Société Radio-Canada doit respecter dans sa couverture journalistique.

La Coalition Avenir Québec (CAQ) : le Québec mérite-t-il Legault-Sirois ?

16 novembre 2011

On l'a vu à la dernière élection fédérale, les Québécois dans leur ensemble votent n'importe comment pour n'importe qui et pour n'importe quoi. Il n'y a donc aucune raison fondamentale qui les empêcherait de voter en masse pour le couple Legault-Sirois. Peu importe que le premier se soit agité pendant dix ans en politique sans réussir grand-chose. Peu importe que le second soit plus ou moins inconnu sauf pour les lecteurs de la section « Affaires » de *La Presse*. Peu importe également que ces deux hommes soient entourés d'autres parfaits inconnus avec des CV proprets.

Les Québécois vont-ils encore voter comme des zombis pour des candidats translucides dirigés par deux types de qui vous hésiteriez à acheter une voiture d'occasion ? Cela ne me surprendrait pas du tout. Legault-Sirois proposent des bouleversements que les autres partis ne peuvent envisager parce qu'ils touchent les intérêts des syndicats et de la nouvelle bourgeoisie bureaucratique issue de la Révolution tranquille.

Nous avons besoin au Québec d'un État fort pour nous représenter et nous défendre collectivement. Il faut guérir nos administrations publiques nationales, régionales et municipales du virus syndicalo-bureaucratique qui grouille dans ces grands corps malades. Rationaliser la gestion de l'État, la structure des emplois, des salaires et des retraites de la fonction publique est une entreprise gigantesque qui dépasse la capacité de la CAQ-à-Legault-Sirois et des autres partis politiques. Il va falloir que le Québec soit plongé dans une crise financière comme celle qui frappe la Grèce et l'Italie pour que les élus soient contraints d'agir. Ça s'en vient. Encore quelques années et nous y arriverons.

D'un point de vue électoral, la CAQ n'aura pas la vie facile comme ce fut le cas pour le NPD au mois de mai. Elle va devoir affronter une difficulté majeure. Les Anglo-ethniques québécois et le reste du Canada se méfient d'elle. Legault porte la tare épouvantable d'avoir été ministre dans un gouvernement péquiste. Pire, il refuse de s'agenouiller et d'embrasser à bouche que veux-tu l'unifolié. Et, parce qu'il est « molasse » envers le fédéralisme, il n'aura pas un accès sans réserve et sans critique aux plates-formes contrôlées par le consortium Power/Gesca–Radio-Canada. Ça, c'était pour Jack afin qu'il rabatte le caquet à Duceppe et aplatisse le Bloc québécois.

Les patrons de presse ne laisseront pas Legault faire la peau aux libéraux de Jean Charest sans intervenir. Il en va de même pour leurs journalistes, dont le cœur bat beaucoup plus à gauche que celui du tandem Legault-Sirois. Ils ne peuvent compter sur aucun capital de sympathie de la part des commentateurs comme ce fut le cas pour Jack. On le voit par le tir de barrage médiatique qu'il a essuyé lors de l'annonce de la création de la CAQ.

Le parti qui paraît encore le mieux placé pour gagner les prochaines élections est le Parti libéral du Québec. Ce que Parizeau appelle « l'argent » est de son côté. Il peut compter sur le soutien inconditionnel massif des Anglo-ethniques, un segment démographique en pleine expansion, tout comme sur les vieux, un autre électorat libéral traditionnel. Ajoutez à ces groupes les sous-doués et les sous-éduqués qui votent naturellement rouge et vous avez une confortable base électorale.

Le PQ et les souverainistes, là-dedans, ils peuvent encore se ressaisir, non? Minute, papillon! Ils ne sont même pas encore sortis de leur phase suicidaire. Le processus d'auto-destruction du PQ, engagé depuis près de six mois, n'est pas encore terminé.

Vous voyez la prochaine Assemblée nationale du Québec. Charest réélu, la CAQ-à-Legault-Sirois formant l'opposition officielle. Pauline Marois et Françoise David se démènent pour que leurs groupuscules obtiennent un statut officiel.

Cinquante ans après l'extraordinaire période de renouveau national que fut la Révolution tranquille, voilà où nous en sommes.

iiiiiiiiiiiiiiiiiiiiiiiii Après ses sanctions inefficaces contre l'Iran, 21 novembre 2011 le Canada fait quoi?

Les États-Unis, le Canada et la Grande-Bretagne ont annoncé une série de nouvelles sanctions contre le régime de Téhéran pour le contraindre à arrêter son programme militaire de recherches nucléaires.

Ces sanctions ciblent les exportations de pétrole, l'industrie pétrochimique iranienne et les entreprises impliquées dans les activités d'enrichissement nucléaire. Elles visent également le système bancaire iranien. Washington et ses alliés doivent être extrêmement prudents avec les sanctions touchant les exportations de pétrole iranien et les opérations bancaires qui y sont liées. Cela pourrait accroître le prix du pétrole et entraver la reprise économique américaine avec tout ce que cela implique pour l'économie mondiale.

Après trois décennies, les États-Unis ont utilisé à peu près tous les outils possibles pour contraindre ou pénaliser le régime iranien. Sans grand succès. Les exportations d'énergie de Téhéran en Asie ont largement compensé les sanctions de l'ONU et les autres pénalités appliquées par l'Union européenne. Comme les principaux partenaires iraniens dans les domaines ciblés, la Russie, la Chine et l'Inde, ne les appliquent pas, les sanctions sont vouées à l'échec.

Avec une élection présidentielle dans moins d'un an, républicains et démocrates se livrent à une concurrence de tous les instants pour convaincre les Juifs américains qu'ils sont les plus déterminés à empêcher le régime iranien d'obtenir l'arme atomique.

Obama répète régulièrement que les sanctions sont la meilleure stratégie pour empêcher l'Iran d'acquérir des armes nucléaires, tout en sachant très bien qu'elles sont totalement inefficaces. Il se sent également obligé de répéter que l'option du recours à la force militaire est toujours disponible, même s'il sait qu'une attaque contre l'Iran ne ferait que le retarder dans le développement d'armes nucléaires. Seule une invasion du pays avec pour objectifs le renversement du régime de Téhéran et son occupation pourrait empêcher le pays d'acquérir «la Bombe».

Les gesticulations d'Obama en direction de Téhéran sont rendues nécessaires pour contrer les bravades idiotes des candidats à l'investiture républicaine, qui se disent prêts à déclarer la guerre à l'Iran dès leur élection.

Au Canada, le gouvernement Harper, de plus en plus étroitement aligné sur Washington, a fait du nucléaire iranien la priorité de sa politique étrangère. Les nouvelles sanctions vont s'avérer aussi inefficaces que les précédentes, mais, au moins, cela va prendre du temps avant qu'on soit obligé de le reconnaître à Washington et à Ottawa. Pendant ce temps,

on ne fait pas la guerre. Mais, un jour, on risque d'y arriver.
Que fera alors le gouvernement Harper ?

Les États-Unis et Israël peuvent compter sur le Canada
pour appuyer toutes les mesures qu'ils prennent et qu'ils pren-
dront contre l'Iran. Harper n'hésitera pas, j'en suis convaincu,
à mettre les Forces armées canadiennes à la disposition des
États-Unis pour attaquer l'Iran si jamais ils en font la demande.
Le Canada dirait oui dans le cas d'une action multilatérale dans
le cadre de l'OTAN. Avec les conservateurs, il serait même de la
partie pour une frappe américaine ou américano-israélienne.

Le Canada et Israël sont maintenant liés par un accord
secret de coopération militaire dont le protocole a été signé en
janvier dernier à Tel-Aviv. Lors du passage du ministre israélien
de la Défense Ehoud Barak à Ottawa la semaine dernière pour
discuter de la question iranienne, son homologue canadien,
Peter MacKay, n'a pas voulu en dire davantage sur cet accord. Il
s'est contenté de dire : « Israël a besoin de partenaires forts et
sûrs, le Canada en fait partie. J'ajouterais qu'il ne peut trouver
d'allié plus inconditionnel dans le monde. »

C'est de très mauvais augure.

Terroristes, malades infectieux, criminels du monde entier : bienvenue au Canada !

23 novembre 2011

On sait depuis longtemps que tout le processus concernant les demandeurs du statut de réfugié politique au Canada
est une bouffonnerie pathétique. J'y reviens plus loin dans la
chronique.

On apprend maintenant que ce n'est pas mieux en ce qui
concerne les étrangers qui demandent des visas pour s'établir

au Canada. Ils sont plus d'un million chaque année à solliciter un visa de résidence temporaire et plus de 300 000 à réclamer un visa de résidence permanente.

Le vérificateur général du Canada par intérim, John Wiersema, a trouvé « des faiblesses inquiétantes » dans la façon dont le Canada accorde ces visas. L'Agence des services frontaliers et Citoyenneté et Immigration laissent entrer à peu près n'importe qui sans vérifications sérieuses. Ça fait 20 ans que les VG signalent, sans succès, le problème aux gouvernements successifs, libéraux comme conservateurs.

Je lis dans le rapport du VG des choses incroyables. Les agents de visas comptent avant tout sur les informations fournies par la personne qui demande un visa. Près des deux tiers des agents de visas interrogés déclarent qu'il leur est impossible de confirmer les renseignements fournis. Ils doivent donc croire sur parole des gens qui ont intérêt à mentir. La moitié des fonctionnaires ont déclaré qu'ils n'ont pas les informations nécessaires pour établir si un demandeur est un risque de sécurité pour le Canada et qu'ils sont incapables d'établir la crédibilité des documents fournis par des organismes de sécurité étrangers. Et ils ne peuvent, pour des raisons bureaucratiques, vérifier auprès du SCRS ou de la GRC si les informations données sont valables. Une fois que les demandeurs sont admis au pays, il n'y a aucun suivi effectué dans la presque totalité des cas. N'oubliez pas : le Canada est parmi le *top* cinq des pays visés par al-Qaida.

Le rapport du vérificateur général va être lu avec intérêt à Washington, où il va confirmer tous les préjugés qu'on entretient sur le laxisme du Canada dans le domaine de la sécurité continentale. De quoi encourager les Américains à resserrer les contrôles frontaliers.

Ce n'est pas tout. Le VG a découvert que l'examen médical des demandeurs de visa est aussi une farce. On vérifie s'ils sont infectés par deux maladies, la syphilis et la tuberculose, sur les 56 maladies qui nécessitent une surveillance nationale au Canada. Plus irresponsable que ça, tu meurs (d'une maladie contagieuse).

Pourquoi cette complaisance incroyable des libéraux et des conservateurs dans un domaine névralgique ? C'est simple. Les deux grands partis canadiens courtisent le vote des citoyens récents, qui voient d'un mauvais œil toute mesure ciblant les nouveaux arrivants. Je le rappelle : le poids politique de ces électeurs dans la Confédération dépasse maintenant celui des Québécois.

Revenons donc aux demandeurs d'asile et du statut de réfugié politique. La CBC révèle une nouvelle lacune grave dans le processus qui est déjà remarquable par son inefficacité. Des documents obtenus grâce à une demande d'accès à l'information indiquent que plus de la moitié des juges de l'immigration ne sont pas qualifiés pour faire le travail.

Cela n'est guère surprenant. Le Tribunal de l'immigration est l'un des exemples les plus scandaleux de nominations politiques de l'administration fédérale. La plupart des individus qui y siègent le doivent à leurs relations : époux de sénatrice, amis de ministres, organisateurs politiques en fin de carrière, députés défaits impossibles à caser ailleurs, militants sans emploi, etc.

Tous les juges actuels étaient tenus de se soumettre à un examen pour pouvoir rester en poste après l'adoption prochaine du projet de loi C-11 sur l'immigration. On apprend que, sur les 63 juges de la Commission de l'immigration, 32 ne répondent pas aux critères pour être maintenus dans leurs fonctions. Vingt-quatre des candidats ont été éliminés après de simples examens à choix multiple (au moins, ils savaient lire !). Une candidature a été écartée et sept autres, éliminées après les entrevues. Douze juges qui se savaient incompétents et ne voulaient pas s'humilier en échouant à l'examen ont retiré leur demande ou ont refusé de s'y soumettre.

Je souligne qu'aucun des juges incompétents n'a eu la décence de démissionner. Ils vont rendre des jugements et percevoir leurs émoluments (100 000 $ par année) tant que le projet de loi C-11 n'aura pas été adopté.

Un pénis et des testicules, ça vaut combien ? La US Army n'y a pas encore mis de prix

25 novembre 2011

Les mines antipersonnel et les bombes artisanales sont les armes emblématiques de la guerre d'Afghanistan. La majorité des soldats occidentaux tués ou blessés dans cette guerre l'est par ce type d'armes. Les mines antipersonnel sont particulièrement horribles, parce qu'elles ne visent pas à tuer l'ennemi, mais à le mutiler, la logique guerrière étant qu'il en coûte beaucoup plus à l'adversaire pour soigner un soldat invalide, le réhabiliter et en prendre soin pour le reste de sa vie que pour l'enterrer avec les honneurs militaires. L'effet psychologique est également dévastateur sur les jeunes fantassins, qui souvent craignent moins de mourir que de vivre avec des infirmités graves. Les explosifs improvisés ont à peu près les mêmes effets que les mines antipersonnel.

On pense à la perte de pieds et de jambes. Mais ces armes sont aussi conçues pour viser les organes génitaux, le symbole même de la virilité. La détonation pulvérise instantanément la chair, les os, les tissus et les muscles des membres inférieurs. La force de l'explosion se déplace verticalement pour atteindre ensuite la région génitale.

La revue américaine *Men's Health*, dans son édition de novembre 2011, se penche sur la question. Son éditeur, Bob

Drury, écrit : « Si tout ou une partie de votre "paquet" n'est pas arraché par l'explosion elle-même, les débris volants de l'explosion vont déchiqueter pénis, scrotum et testicules, entraînant l'amputation totale ou partielle de vos parties génitales. »

Combien vaut un pénis ? Des testicules ? *Men's Health* révèle que l'armée américaine se pose actuellement la question. Les organes sexuels comme d'autres parties du corps ont réellement une valeur monétaire spécifique ou, pour être plus exact, une valeur actuarielle. L'assurance pour les blessures traumatiques de l'administration américaine des anciens combattants verse 50 000 $ pour la perte d'un œil, d'une main, d'un pied ou d'un pouce. Mais on n'a pas encore établi une valeur pour les organes génitaux.

La revue *Men's Health* explique que les chirurgiens plasticiens peuvent « reconstruire » des pénis à l'aide de tissus et de muscles pris dans l'avant-bras des victimes. L'utilisation d'un implant de silicone gonflable inséré dans les muscles et les tissus transplantés permet une érection artificielle à commande manuelle. Pour ce qui est du scrotum et des testicules, on les fabrique à l'aide de peau prélevée ailleurs sur le corps, dans laquelle on insère des boules de silicone. L'objectif est évidemment purement cosmétique. Elles ne produiront jamais de sperme. Les hommes sans testicules sont condamnés à prendre de la testostérone à vie et à suivre d'autres traitements hormonaux pour maintenir leur masse musculaire.

Le nombre de blessures génitales graves a triplé en Afghanistan par rapport aux guerres précédentes, a découvert Drury. *Men's Health* cite le médecin militaire Ronald Glaser, qui a écrit un livre sur les traumatismes psychologiques et physiques de la guerre, qui établit qu'au Viêt Nam il y avait 2,4 soldats américains blessés pour chaque mort, alors qu'en Afghanistan le ratio est de huit à un. Glaser estime que le pourcentage des hommes et des femmes en Afghanistan qui ont perdu des membres pourrait être égal ou supérieur à celui des militaires qui ont perdu un membre durant la guerre de Sécession américaine dans les années 1860.

Les effets sont tout aussi tragiques et traumatiques pour les femmes militaires qui se retrouvent avec des organes génitaux mutilés, mais, comme la revue *Men's Health* traite uniquement de la santé des hommes, la question n'est pas abordée dans l'article. Les hommes constituent l'immense majorité des pertes militaires (morts ou blessés) alliées en Afghanistan. Ainsi, pour ce qui est du Canada, 155 hommes et 3 femmes, membres des forces armées, ont été tués dans ce pays.

Le favoritisme politique à l'Immigration au temps béni de Jean Chrétien

28 novembre 2011

Ma récente chronique sur l'immigration a soulevé beaucoup d'intérêt. Pour y faire suite, voici quelques cas sur lesquels j'avais enquêté de nominations partisanes à la Commission de l'immigration et du statut de réfugié (CISR) à l'époque Chrétien. *The Gazette* a publié en 2001 un article affirmant que sous les libéraux au moins 32 des 58 commissaires à l'immigration avaient été nommés par favoritisme politique, sans les nommer tous. Ma liste contient plus de noms et plus de détails :

– Lucie Blais. Nommée en 1997, renouvelée en 1999. Battue à plate couture en 1993 dans Abitibi par Bernard Deshaies ; en 1994, les libéraux l'avaient d'abord placée au Conseil national du bien-être social, autre planque politique intéressante ;

– Yves Bourbonnais. Nommé en 1998 et renouvelé en 2000. Organisateur libéral de longue date en Montérégie. Ancien candidat libéral provincial, Yves Bourbonnais a été nommé commissaire même s'il avait été trouvé coupable d'abus de confiance en 1988. Commissaire à la division d'appel de la Commission, Bourbonnais a de nouveau été trouvé coupable d'abus de confiance et de pouvoir pour avoir soutiré des sommes d'argent à des « demandeurs du statut de réfugié » en échange de décisions favorables. Certains de ces individus étaient sous le coup d'un avis d'expulsion pour avoir commis des actes criminels ou étaient considérés comme des menaces pour la sécurité nationale. Une quinzaine de ces faux réfugiés lui ont versé jusqu'à 15 000 $ pour ne pas être expulsés. Il a été suspendu avec solde en 2001 (100 000 $ par année) jusqu'à la fin de son mandat en 2003. Condamné à six ans de prison en 2007, il a été rapidement remis en liberté par la Commission nationale des libérations conditionnelles ;

– Roberto Colavecchio. Nommé en 1996 et renouvelé en 2001. Gendre de Jos Morselli et proche d'Alfonso Gagliano, il a été suspendu de ses fonctions comme commissaire de la CISR en même temps que son ami Bourbonnais. La GRC n'a jamais porté d'accusation contre lui ;

– Raymond Boulet. Nommé en 1996, renouvelé en 1998 et en 2001. Ami de toujours de Jean Chrétien, avec qui il a pratiqué le droit à Shawinigan et à Grand-Mère ;

– Luciano Del Negro, nommé en 1997 et renouvelé en 2000 et 2005. Une de ses grandes qualités était d'être le mari de Marlene Jennings, députée libérale de

Notre-Dame-de-Grâce–Lachine et secrétaire du Caucus libéral national ;

– Michel Faure. Nommé en 1998 et renouvelé en 2001. Époux de la sénatrice libérale Joan Fraser, ex-éditorialiste de *The Gazette* ;

– Raymonde Folco. Nommée en 1996. Battue comme candidate libérale dans Laval-Est aux élections générales de 1993. Le PLC la place à la CISR en attendant de la faire élire dans Laval-Ouest, une circonscription beaucoup plus facile à prendre pour les libéraux à cause de sa concentration d'Italiens et d'Arméniens ;

– Robin Martial Guay. Nommé en 1999. Candidat libéral défait aux élections de 1997 dans le comté de Jonquière ;

– Giuseppe Manno. Nommé en 1994, renouvelé en 1997, 1999 et 2001. La seule raison de sa nomination est qu'il était un proche du sénateur Pietro Rizzuto, maintenant décédé, avec qui il a été élevé dans le village de Cattolica Eraclea en Sicile ;

– Stéphane Hébert. Nommé en 1998 et renouvelé en 2001. Candidat libéral défait dans le comté d'Argenteuil en 1997 ;

– Joan Kouri. Nommée en 1994, renouvelée en 1997, 1999 et en 2001. Candidate libérale défaite dans Brome-Missisquoi en 1993 ;

– Sidney Patry. Nommé en 2002, renouvelé en 2005 juste avant la défaite de Paul Martin. «Sid» est le fils de Bernard Patry, député libéral de Pierrefonds-Dollard et de Françoise Patry, ex-présidente du Parti libéral du Canada — Québec et secrétaire particulière de Paul Desmarais père ;

– Jean-Paul Pelletier. Nommé en 1998, renouvelé en 2001. Candidat défait dans le comté de Sherbrooke en 1993 ;

– Ludmila Pergat. Nommée en 1997, renouvelée en 1999, 2000 et 2002. Militante libérale de toujours dans le comté de Saint-Laurent ;

– Richard Quirion. Nommé en 1997, renouvelé en 1999 et 2004. Militant, grand bénévole libéral dans le comté d'Anjou–Rivière-des-Prairies ;

– Louise Robic. Nommée en 1997, renouvelée en 1999 et 2004. Ex-députée du PLQ dans le comté de Montréal-Nord et ancienne ministre de Robert Bourassa.

La seule compétence vérifiable de la plupart de ces individus : être reliés au Parti libéral. Avec l'arrivée des conservateurs, les commissaires rouges ont été remplacés par des commissaires bleus et la vie continue. Il va être intéressant de voir si la nouvelle loi sur l'immigration va changer les choses.

Les malheurs d'Attawapiskat : les chefs autochtones empochent et laissent faire

30 novembre 2011

Vous avez vu les reportages à la télévision qui ne montraient que des femmes et des bébés, beaucoup de bébés, à

Attawapiskat, le village du tiers-monde qui se situe en Ontario ? Où étaient les hommes ? Probablement trop soûls ou trop gelés pour se tenir debout. Toutes les réserves isolées comme Attawapiskat souffrent des mêmes calamités : pauvreté, inactivité, obésité morbide, alcoolisme, polytoxicomanie, inceste, consanguinité, violence sexuelle, violence faite aux femmes et impunité générale pour les agresseurs. On se soûle, on sniffe et on baise en attendant le prochain chèque du gouvernement. Souvent, les chefs de bandes sont complices. Ottawa tente de dissimuler le problème en y pelletant des montagnes d'argent.

Des milliards de dollars des contribuables sont confiés, sans audit sérieux, à des chefs autochtones incompétents ou corrompus. Malgré les sommes gigantesques consacrées aux Amérindiens, les conditions de vie sur les réserves ne font qu'empirer. Harper affirme que son gouvernement a dépensé 90 millions de dollars depuis son arrivée au pouvoir à Attawapiskat, soit plus de 50 000 $ pour chaque homme, femme et enfant. Comme il ne s'est pas donné la peine de vérifier où allait l'argent, il est, en partie, responsable du désastre actuel.

C'est tout le système qui est pourri. Je le dis souvent : il faudrait abolir les réserves et la Loi sur les Indiens. Faire des autochtones des citoyens comme les autres. Un point c'est tout. Mais ça ne se fera jamais. Pourquoi ? Parce que beaucoup de gens profitent du système actuel. D'abord les chefs autochtones, qui se graissent comme des cochons alors que les résidants des réserves vivent souvent moins bien que des animaux confiés à la Société pour la prévention de la cruauté envers les animaux (SPCA). Ils font chanter Ottawa : « Donne-nous de l'argent et mêle-toi pas de vérifier comment on le dépense. Sinon on va faire un ramdam comme à Oka ou on va se plaindre à l'ONU. » Dans ce puissant lobby, les chefs à plume sont secondés par des avocats spécialisés qui font des milliards avec les autochtones. Faut-il rappeler que c'est le gouvernement du Canada qui défraie tous les honoraires et toutes les dépenses relatifs à des contestations judiciaires se rapportant aux droits des Amérindiens ?

La situation sur la réserve d'Attawapiskat est une honte nationale. Mais peut-on changer la situation ? Jamais Ottawa n'oserait prendre en main directement la gestion de la réserve. Et, surtout, jamais Ottawa n'oserait y lancer un programme de contrôle des naissances. Je vois déjà les accusations de génocide devant le Conseil des droits de l'homme des Nations Unies. Faire des enfants, c'est l'activité licite la plus payante et, de loin, la plus divertissante sur les réserves éloignées.

D'ailleurs, la population des localités autochtones éloignées se multiplie au rythme de la détresse des femmes et des enfants. À Attawapiskat, ils sont 2000 présentement. Dans quelques années, ils seront 4000, 8000 à ne rien faire dans un endroit perdu sans possibilité d'emploi, condamnés à exister dans des conditions abjectes.

Rappelez-vous le petit village de Davis Inlet au Labrador, qui vivait une situation semblable avec, en prime, un épouvantable taux de suicide des jeunes Innus. En 1993, six enfants ont tenté ensemble de se suicider. Avec les Innus, les autorités ont décidé de fermer la place, de détruire ses taudis insalubres et de reconstruire le village à neuf à Natuashish à 15 kilomètres de là.

La relocalisation a été un échec. Une enquête de la CBC en 2005 révélait que les chefs innus corrompus de Natuashish, pour se maintenir au pouvoir, approvisionnaient eux-mêmes en drogues leur communauté. Dix-huit ans plus tard, les Innus Mushuau sont encore aux prises avec leurs démons.

Au fait, où donc était passé Charlie Angus, le député NPD du comté où se trouve Attawapiskat ? Il a fallu attendre que le monde entier voie à la télévision, les conditions de vie épouvantables de ses électeurs avant qu'il tente de prendre la tête de la parade pour dénoncer l'inaction du gouvernement. Ça fait un mois, Charlie, que l'état d'urgence est déclaré à Attawapiskat. J'espère que tu n'étais pas, toi aussi, à Las Vegas.

Scandale des garderies : Courchesne et Charest ont droit à l'impunité

2 décembre 2011

À la période des questions à l'Assemblée nationale, le député Stéphane Bergeron du PQ s'est indigné au sujet de l'ancienne ministre de la Famille, Michelle Courchesne : « S'il lui reste encore un peu de sens éthique, va-t-elle remettre sa démission ou va-t-elle attendre que la police la mette dehors ? »

Bergeron devrait savoir qu'il n'y a plus personne dans la députation libérale qui a un sens quelconque de l'éthique ou même qui comprend ce que l'expression « valeurs morales » veut dire. Si jamais il y a déjà eu de tels individus dans le parti, il y a longtemps qu'ils ont démissionné par dégoût pour contacter la police, passer aux aveux et dénoncer leurs complices.

Avis général. La police recherche des délateurs au sein du PLQ pour devenir témoins à charge contre l'organisation criminelle. En échange on offre au repenti une somme considérable, une chirurgie plastique et sa réinsertion sociale sous une nouvelle identité dans une province éloignée où la mafia n'est pas active.

Bon, ça n'arrivera pas, la loi de l'omerta est respectée au Parti libéral du Québec (comme d'ailleurs au Parti libéral du Canada, deux organismes monstrueux inséparables qui s'interfécondent). Mafiosos, magouilleurs, entremetteurs, combinards, *wheeler-dealers* ont besoin que les libéraux graissent le passage alors qu'ils font des enfants dans le dos des contribuables.

Si tu es attiré par le Parti libéral, c'est que tu veux que ça te rapporte à toi et à tes amis. Tu les pistonnes pendant que tu es au pouvoir. Après, ils t'offrent, en récompense pour services rendus, une *job* d'administrateur ou de membre du conseil d'administration d'une de leurs compagnies. T'as donc intérêt à savoir choisir les porcs qui auront accès à l'auge de l'État.

Pensez-y, ce n'est pas un petit détail qui a échappé à Courchesne. En 2008, les trois quarts des projets retenus pour le développement de places en garderies ne respectaient pas les critères de qualité de son ministère, selon le vérificateur général Renaud Lachance.

Courchesne a approuvé de façon discrétionnaire 38 projets de garderie privée. Vingt-cinq concernent des individus qui avaient donné, durant les cinq années précédentes, 300 000 $ au parti. Le score obtenu par les libéraux dans l'octroi de projets de garderie serait-il dû au hasard ? À des circonstances fortuites, peut-être ?

Jugez vous-mêmes : 4 sur 4 dans les Laurentides, 1 sur 2 en Outaouais, 2 sur 3 dans Lanaudière, 4 sur 6 en Montérégie, 5 sur 7 à Laval et 9 sur 14 à Montréal. Dans le dernier cas, 130 places ont été accordées à Joe Magri, dont les garderies avaient déjà obtenu la pire cote (D) à huit reprises du ministère de la Famille. Magri est un proche du successeur de Courchesne à la Famille, Tony Tomassi, actuellement inculpé pour abus de confiance et fraude contre le gouvernement.

On apprend que l'UPAC va enquêter sur le cas Courchesne. Je vous pose la question qui tue : pour aller au fond des choses, doit-on faire confiance à son patron, Robert Lafrenière, dont les liens familiaux et professionnels avec les libéraux sont connus ?

Mais, après tout, Michelle Courchesne a droit à l'impunité générale que la possession d'une carte de membre du PLQ ou du PLC donne à son heureux détenteur. Vous pensez que j'exagère ? Combien de politiciens libéraux fédéraux ont été poursuivis et condamnés pour les illégalités de l'époque Chrétien et en particulier pour la plus grande magouille politico-financière de l'histoire du Canada, le scandale des commandites ? Aucun, *nada*, zéro !

La démission de Courchesne et de son *boss* Charest serait la chose honorable à faire. Mais l'honneur et l'éthique ont fui ce parti qui ressemble de plus en plus à une formation politique de Sicile ou de Calabre.

Ah ! si seulement ces pauvres Russes pratiquaient la démocratie comme nous !

5 décembre 2011

J'ai suivi les reportages et les analyses sur les élections en Russie diffusés par des médias américains. Quelle bande d'hypocrites ! On y dénonçait allègrement le fait que le pouvoir en Russie n'est pas démocratique, qu'il est corrompu, qu'il contrôle le système judiciaire et que les politiciens s'acoquinent avec des financiers malpropres.

C'est terrible. On se croirait aux États-Unis ! Rappelez-vous que George Bush a été élu en 1980 même s'il avait reçu moins de votes que son adversaire démocrate, parce que la Cour suprême des États-Unis, paquetée par des juges républicains, a confirmé son élection. Les liens entre la Maison-Blanche, républicaine ou démocrate, et les ploutocrates de Wall Street sont manifestes au point d'être indécents. C'est pour l'oligarchie américaine que gouvernait Bush et que gouverne Obama. « L'homme du changement et du renouveau » (autoproclamé) a refusé de poursuivre les requins de la finance responsables de la crise financière mondiale de 2008. Certains font partie de son administration. Aux États-Unis la ploutocratie finance les deux partis dominants interchangeables, blanc bonnet et bonnet blanc, au détriment des autres forces politiques du pays. Dans la Russie de Poutine, les oligarques n'en financent qu'un seul : Russie unie.

Bon, Poutine ne mérite pas de Nobel de démocratie (Obama méritait-il vraiment le Nobel de la paix ?). Pourtant, tous les sondages indiquent qu'il a le soutien de la majorité des Russes. Le gouvernement russe actuel n'est pas vraiment démocratique, mais, au moins, il est représentatif de la population russe. Le système politique bancal actuel est mille fois mieux que la dictature du prolétariat ou celle des tsars.

C'est vrai qu'on peut reprocher à Poutine de contrôler la télévision russe un peu comme le grand démocrate Silvio Berlusconi contrôle la télévision italienne. Mais Poutine contrôle moins les autres médias russes que Berlusconi ceux de son pays.

C'est plus fort qu'eux, nos voisins du Sud sont des donneurs de leçons. Certains commentateurs américains reprochent à Poutine de mener d'horribles interventions antidémocratiques dans des républiques musulmanes du Caucase où des crimes de guerre et des crimes contre l'humanité restent impunis. C'est terrible. Obama, comme chacun le sait, a eu le courage de sévir contre ses prédécesseurs George Bush, Dick Cheney et Donald Rumsfeld, qui attendent en prison leur procès devant la cour internationale de La Haye. L'armée russe enlève, torture, tue ses ennemis dans le Caucase. Jamais la Grande Démocratie américaine ne commettrait ce genre d'outrages.

J'ai aussi trouvé vraiment cocasse d'entendre un commentateur de Radio-Canada évoquer le favoritisme et la corruption du régime Poutine comme exemple de déficience démocratique grave en Russie. On est tellement bien placés au Québec pour jeter un regard condescendant sur les Russes. Des gangsters et les politiciens qui accaparent les biens sociaux ?

Dieu merci, la démocratie en Occident nous protège contre ce genre d'abus !

Après 1000 ans d'autocratie, la Russie s'initie depuis 20 ans à la démocratie. Malgré les manipulations du système électoral, l'accès inéquitable aux médias, les Russes ont manifesté leur désapprobation des dérives autoritaires du régime en réduisant considérablement leur appui au tandem Poutine-Medvedev. Bravo au peuple courageux de Russie !

Belle leçon de démocratie pour nous, les Québécois. Ici, on a accru en 2008 notre soutien électoral à Charest de 13 % (33 à 46 %) après qu'il se fut révélé le premier ministre le plus incompétent de notre histoire durant son premier mandat. Les électeurs québécois se comportent comme les électeurs italiens, qui ont réélu Berlusconi à plusieurs reprises malgré ses frasques. Charest, c'est un Berlusconi triste et fade, sans les femmes, la gaudriole et la rigolade. Mais avec la mafia.

Pearl Harbor, le 7 décembre 1941. Pourquoi cette attaque japonaise insensée ?

7 décembre 2011

« La journée qui vivra dans l'infamie » provoqua l'entrée des États-Unis dans la Seconde Guerre mondiale. Aurait-elle pu être évitée ?

Écartons d'abord les lubies conspirationnistes voulant que le président Franklin D. Roosevelt, informé de ce qui se préparait, ait laissé la marine japonaise détruire la flotte américaine en rade à Hawaï pour galvaniser les Américains, alors isolationnistes, et les entraîner dans la Seconde Guerre mondiale. Cela dit, il est vrai que Roosevelt voulait entrer en guerre aux côtés de son ami Churchill.

Aujourd'hui, 70 ans après Pearl Harbor, l'historien George Nash vient de publier une édition commentée de l'histoire inédite de la Seconde Guerre mondiale, écrite en 1963 par Herbert Hoover, le prédécesseur de Roosevelt à la Maison-Blanche. Hoover jette un éclairage nouveau sur les tractations qui ont précédé l'attaque. Il accuse son successeur d'avoir ignoré les offres de négociations du Japon, même s'il savait que cela allait provoquer la guerre.

Allié de l'Occident lors de la Première Guerre mondiale, le Japon voulait faire comme lui en Asie. En particulier, Tokyo voulait créer en Chine ce que les Britanniques avaient en Inde : une vaste colonie d'exploitation qui placerait le Japon parmi les grandes puissances mondiales. Sa grande faiblesse était de ne pas avoir de sources de pétrole.

En 1941, le Japon est embourbé en Chine depuis des années, comme les Américains le sont actuellement en Afghanistan, et vient d'intervenir en Indochine. Son premier ministre, le prince Konoe Fumimaro, ne veut pas la guerre avec les États-Unis. Il a l'appui de la marine japonaise. Les va-t-en-guerre du cabinet sont dirigés par le général Hideki Tojo et le ministre des Affaires étrangères, Yosuke Matsuoka. Pour montrer ses intentions pacifiques, Konoe remplace Matsuoka en juillet par l'amiral Toyoda Teijiro, sympathique aux États-Unis.

Quelques jours plus tard, Washington réplique à cette ouverture en gelant tous les avoirs japonais aux États-Unis, mettant fin à toutes les exportations et les importations, et en refusant au Japon le pétrole dont le pays dépend pour sa survie. FDR savait que lui couper le pétrole signifierait la guerre, en le forçant à s'emparer des champs pétrolifères des Néerlandais en Indonésie.

Konoe poursuit quand même ses ouvertures en direction de Washington. Il s'assure même du soutien secret de l'armée impériale pour d'éventuelles négociations. Le prince est convaincu qu'un accord pourrait être conclu sur le retrait du Japon de l'Indochine et de la Chine centrale. L'ambassadeur japonais à Washington va même présenter à Roosevelt une lettre personnelle de Konoe l'implorant de le rencontrer.

Le 6 septembre, Konoe fait une nouvelle concession. Le Japon est maintenant d'accord avec les quatre principes que les Américains exigent comme base pour la paix. Pas de réponse. L'ambassadeur américain à Tokyo, Joseph Grew, supplie FDR de ne pas laisser passer cette occasion unique pour la paix, affirmant que Konoe est prêt à se rendre à Honolulu, en Alaska, n'importe où pour rencontrer le président américain. Pas de réponse.

En novembre, après la chute du gouvernement Konoe, le secrétaire à la guerre des États-Unis, Henry Stimson, écrit dans son journal à la sortie d'une réunion de cabinet américain : « La question était de savoir comment nous devrions manœuvrer les Japonais à tirer le premier coup sans que cela nous expose à trop de dangers. »

Les Japonais, avec le dixième de la puissance industrielle des États-Unis, étaient-ils fous de les attaquer ? « Non, les Japonais étaient désespérés », répond Patrick Buchanan. L'ancien candidat à l'investiture républicaine à la présidence, un des rares conservateurs lucides aux États-Unis, est l'auteur de plusieurs livres sur l'histoire du siècle dernier.

Face au choix entre la mort du pays et de l'empire et leur survie, le Japon a décidé de saisir les champs pétrolifères indonésiens. Mais il devait d'abord éliminer la seule force capable de s'y opposer : la flotte américaine du Pacifique, que FDR avait déplacée de San Diego à Hawaï pour manifester sa détermination face au Japon.

Buchanan écrit : « Si FDR avait rencontré le prince Konoe, il n'y aurait pas eu de Pearl Harbor, pas de guerre du Pacifique, aucun Hiroshima, Nagasaki, pas de Corée, de Viêt Nam. Combien de nos pères et oncles, frères et amis, seraient peut-être encore en vie ? »

Je ne suis pas convaincu que des négociations auraient nécessairement évité la guerre du Pacifique. Trop nombreux étaient ceux dans les élites dirigeantes du Japon et des États-Unis qui poussaient à la guerre. Mais ce fut une erreur tragique de FDR d'avoir ignoré les ouvertures diplomatiques japonaises. Des négociations auraient au moins retardé la guerre et ainsi atténué les malheurs qu'elle a engendrés.

Noriega, le martyre d'un héros américain

12 décembre 2011

Un homme qui a mis sa jeunesse et une bonne partie de sa vie adulte au service de la bannière étoilée va rentrer dans son pays pour répondre à une accusation de meurtre après avoir déjà pourri de longues années en prison en France et aux États-Unis.

Manuel Noriega mérite de figurer dans le *Livre Guinness des records* comme le seul trafiquant de drogues de l'histoire à avoir provoqué l'invasion de son pays, le Panamá, par les États-Unis.

Lorsque Washington décide d'y creuser un canal inter-océanique au début du XXe siècle, il est évident que le Panamá ne peut rester une province de la Colombie. Les États-Unis télé-guident donc un mouvement séparatiste qui leur crée un État fantoche connu depuis sous le nom de république de Panamá.

Issu des quartiers populaires de la capitale de cette république de bananes, Manuel Noriega a choisi la carrière militaire, la seule, à part les activités criminelles proprement dites, à pouvoir assurer l'ascension sociale et la richesse à un pauvre ambitieux, décidé à se sortir du bourbier. Sa détermination est vite remarquée par ses maîtres américains, qui l'envoient compléter sa formation d'auxiliaire de l'impérialisme à la célèbre École des Amériques de l'armée américaine à Fort Gulick. Noriega se spécialise dans le renseignement, l'action psychologique et le contre-espionnage.

Noriega entreprendra ensuite sa carrière militaire au service des États-Unis et de ses ambitions personnelles. Une série de complots et de coups d'État pour lesquels il bénéficie du soutien américain lui permet de devenir le commandant en chef des forces armées panaméennes et, enfin, dictateur du Panamá.

Depuis 1967 Noriega est un agent payé de la CIA. Tout en se vendant à la CIA, Noriega est largement impliqué dans le trafic de stupéfiants. Son poste dans l'armée panaméenne et ses fonctions d'agent de la CIA lui assurent l'impunité pour les crimes qu'il commet : trafic de stupéfiants, assassinats, tortures, corruption, etc. Le fait que Noriega soit un ami et un proche collaborateur du chef du cartel de Medellín, Pablo Escobar, ne semble pas inquiéter les Américains outre mesure.

Ce n'est qu'au début des années 1980 que les États-Unis commencent à se méfier du monstre qu'ils ont créé. La CIA découvre qu'il aide Fidel Castro et le chef sandiniste du Nicaragua, Daniel Ortega, à contourner l'embargo économique américain. Il soutient aussi les guérillas marxistes du Salvador et de la Colombie. Enfin, Noriega permet que le Panamá serve aux pays communistes pour acquérir des technologies américaines contrôlées.

Encore en 1987, le patron de la Drug Enforcement Administration, John C. Lawn, fait l'éloge de Noriega pour son « engagement personnel » afin de résoudre une affaire de blanchiment d'argent. Lawn se rend même à une réunion d'INTERPOL avec Noriega pour l'aider à présenter une meilleure image de lui-même.

L'année suivante, les Américains l'inculpent de diverses accusations liées au trafic de drogues et, en décembre 1989, ils envahissent le Panamá pour le capturer et le ramener aux États-Unis, où il sera condamné à une longue peine d'emprisonnement. Libéré en 2007, il est cette fois condamné par la France pour meurtre et blanchiment d'argent avant qu'on lui permette, cette semaine, de rentrer dans son pays pour y subir un nouveau procès.

Au cours du XXe siècle, les États-Unis ont créé des dizaines de tortionnaires comme Noriega dans toutes les régions du monde. Ces odieux personnages ont pu s'adonner aux pires crimes et aux plus horribles exactions à la condition de se soumettre à Washington.

Le soutien actif de Washington a permis à Noriega d'établir la première « narco-kleptocratie » en Amérique, selon un rapport d'un sous-comité sur le terrorisme et les narcotiques du Sénat américain.

Noriega mérite une médaille pour des décennies de services rendus aux États-Unis dans des conditions extrêmement périlleuses. Ce qu'on lui reproche, en fin de compte, c'est son réalignement politique.

Le drone furtif RQ-170 : qui des Américains ou des Iraniens sont les menteurs ?

14 décembre 2011

Les Iraniens ont récupéré un drone de la CIA presque intact qui survolait leur territoire. Les États-Unis étaient tellement préoccupés par les pertes d'avantages technologiques que cela impliquait que le Pentagone et la CIA ont envisagé de récupérer le RQ-170 Sentinel ou de le détruire par un raid de commando ou une attaque aérienne ponctuelle en Iran. Les deux options ont finalement été écartées, parce que trop risquées.

Les Américains poussent l'outrecuidance jusqu'à demander à l'Iran de leur remettre le drone espion. Imaginez ce qui se serait passé si les États-Unis avaient capturé un drone furtif iranien alors qu'il survolait des installations nucléaires américaines. Dans les heures suivantes, des attaques aériennes auraient été lancées contre l'Iran.

Washington est convaincu que c'est une panne qui a causé la perte du RQ-170 et non une cyberattaque, comme l'affirme Téhéran, estimant qu'une telle prouesse est hors de portée des Iraniens. D'ailleurs, les Américains sont tellement sûrs d'eux-mêmes que le secrétaire à la Défense, Leon Panetta, a annoncé qu'ils avaient l'intention de poursuivre leurs activités d'espionnage au-dessus de l'Iran en utilisant les mêmes drones.

Les Américains devraient se méfier et ne pas sous-estimer leurs adversaires comme ils le font trop souvent. Ainsi, il est envisageable que les Iraniens n'aient pas agi seuls. Il y a même des indications qu'ils ont obtenu l'aide des Russes, qui, comme les Chinois, sont avides d'acquérir des technologies américaines de pointe.

Quels sont les secrets que les Russes et les Iraniens vont apprendre du RQ-170? Comment il échappe aux radars et la façon dont il intercepte les signaux adverses. Pour le découvrir, ils vont examiner sa panoplie de capteurs électromagnétiques et électrooptiques, ses paraboliques de communication satellite (les deux bosses sur le dessus de l'aile) et son radar.

Il y a six semaines, la Russie a livré à l'Iran le système de guerre électronique Avtobaza. Il n'est pas soumis à l'embargo qui frappe Téhéran, parce que c'est un système de défense passif qui brouille les radars de contrôle de tir des avions et dérègle le guidage de missiles ennemis. Visiblement, les experts américains qui ont autorisé l'exportation n'ont pas compris comment le Avtobaza pouvait être utilisé pour s'emparer d'un drone. Il a donné aux techniciens iraniens (et à leurs conseillers russes) la possibilité de s'introduire dans le lien de communication satellite qui permet au RQ-170 d'être contrôlé à distance.

Mais les Iraniens ont dû surmonter d'autres défis technologiques importants pour détourner le drone. Ils ont dû neutraliser ses dispositifs d'autodestruction et de retour automatique à la base de départ. Une tâche quasi impossible, puisque les logiciels de contrôle sont fortement cryptés.

À moins que...

Les Russes, les Chinois, les Israéliens et peut-être les Iraniens eux-mêmes possèdent des réseaux d'espionnage scientifique et technique étendus aux États-Unis, où il est relativement facile d'acheter des secrets à condition d'y mettre le prix ou d'avoir des agents qui agissent par conviction.

Deux exemples parmi d'autres. Le réseau de John Walker a fonctionné pendant 17 ans (1968–1985) sans que le FBI le découvre. Il a donné à Moscou tous les codes secrets de la marine américaine, qui a dû dépenser des milliards de dollars pour resécuriser ses moyens de communication. Jonathan Pollard, de son côté, a transmis des dizaines de milliers de documents secrets américains à Israël.

Si les Iraniens, par espionnage ou autrement, possèdent les capacités de cyberguerre qu'ils prétendent avoir, on le saura bientôt. S'ils réussissent à s'emparer des prochains RQ-170 qui survoleront leur territoire, ils démontreront qu'ils disent vrai. De leur côté, les Américains subiront l'humiliation sans précédent de perdre deux drones prétendument furtifs et invulnérables dans les mêmes conditions.

S'ils ne parviennent pas à refaire le coup, les Iraniens, Ahmadinejad en tête, seront considérés comme des menteurs par la planète entière.

La paix en Irak ? Non, la continuation de la guerre par d'autres moyens

16 décembre 2011

La guerre américaine en Irak s'est officiellement terminée avec le retrait des derniers GI du Camp Victory à l'aéroport de Bagdad.

Plus de 4000 soldats américains tués, plus de 30 000 blessés, auxquels il faut ajouter des dizaines de milliers d'autres avec des séquelles mentales irrémédiables. Huit cents milliards de dollars américains dépensés pour tuer et détruire.

Le résultat : entre 100 000 et 400 000 civils irakiens tués, deux millions d'exilés, l'Irak en ruine qui ne réussit pas encore à atteindre son niveau de production pétrolière du temps de Saddam. Ça rappelle la fameuse citation de Thucydide : « Ils créèrent un désert qu'ils baptisèrent du nom de paix. »

L'armée américaine est sortie d'Irak la queue entre les jambes. Pas de défilé de victoire au centre de la capitale sous les acclamations de la foule lançant des bouquets de fleurs. Non, les GI ont descendu leur drapeau dans une discrète cérémonie dans un camp fortifié à l'extérieur de Bagdad. Les Irakiens dans toutes les régions du pays ont crié bon débarras.

Comme l'ont compris deux tiers des Américains, cette guerre insensée est une pure perte et les États-Unis en sortent économiquement, psychologiquement et militairement diminués.

Obama ment lorsqu'il affirme que les Américains laissent derrière eux un pays stable. L'Irak est toujours menacé par la sécession des Kurdes et par des conflits sectaires entre les sunnites minoritaires et les chiites majoritaires. Ces derniers peuvent maintenant s'appuyer sur l'Iran. Elle est dorénavant la puissance dominante de la région grâce à l'élimination de Saddam Hussein, le seul capable de contester l'hégémonie régionale de Téhéran.

D'ailleurs, les Américains ne se sont pas vraiment retirés d'Irak. Ils disposent de forces de réaction rapide au Koweït, au Qatar et à Bahreïn, prêtes à revenir en Irak à quelques heures d'avis. Et 16 000 mercenaires protègent les diplomates américains en Irak, retranchés dans la plus imposante ambassade de l'histoire de l'humanité. La mission diplomatique US de Bagdad est plus grande que la Cité du Vatican. Aucun Américain ne peut circuler où que ce soit en Irak sans mettre sa vie en danger, à moins d'être accompagné par un important détachement de mercenaires.

Dans son bilan, le président Obama n'a pas osé parler de victoire ou de mission accomplie comme Bush l'avait fait en 2003. Il s'est félicité d'avoir permis aux Irakiens d'élire un gouvernement représentatif. Ce n'est pas nécessairement à l'avantage de Washington. Ils constituent le peuple le plus férocement antiaméricain de la planète, avec la possible exception des Afghans, qui, eux aussi, ont eu le « bonheur » d'être libérés par l'armée américaine.

À part l'Iran, Israël est le seul pays dont les intérêts ont été servis par le renversement de Saddam. Tel-Aviv a su utiliser ses agents d'influence dans les cercles dirigeants américains et ses redoutables lobbies pour amener l'idiot de Bush à envahir l'Irak. Aiguillonnés par les agents israéliens, les Américains ont dissous l'armée de Saddam, la seule menace sérieuse pour Israël au Moyen-Orient. En mettant les intérêts d'Israël avant les leurs, les Américains ont ainsi précipité dans la rébellion des centaines de milliers de soldats armés dorénavant sans emploi.

Rappelons-le. C'est un mensonge éhonté, propagé par la clique des néo-conservateurs proisraéliens, voulant que Saddam Hussein avait des armes de destruction massive et qu'il était l'allié de Ben Laden, qui a permis à Bush de justifier l'invasion de l'Irak.

La même racaille néo-conservatrice qui a poussé les États-Unis à la guerre en Irak est maintenant mobilisée par Tel-Aviv pour les inciter à attaquer l'Iran.

Le club de hockey Canadien est anglophone depuis 70 ans.
19 décembre 2011 **Réveillez-vous, que diable !**

Bon, je ne connais rien aux sports en général et au hockey en particulier. Quelqu'un pourrait-il m'expliquer tout le raffut autour de la nomination d'un « unilingue » anglophone au poste d'entraîneur-chef des Canadiens de Montréal ? J'entends partout dire que c'est terrible, parce que le Canadien est une institution nationale du Québec. À quel titre ? Quand, pour la dernière fois, l'équipe a-t-elle été majoritairement francophone tant sur le plan des joueurs que sur celui des propriétaires ? Ça doit faire 70 ans. Au moins.

L'histoire du Canada, ça, je connais un peu. Dès son origine, le Canadien est créé par des anglophones qui voient l'intérêt d'avoir une équipe constituée de joueurs francophones pour attirer les Québécois vers le nouveau sport inventé à McGill. Ce sont donc des *businessmen* anglo qui associent ethniquement l'équipe aux *pea soups* pour faire du fric en exploitant le sentiment d'infériorité des Québécois. Parallèlement, on a créé les Maroons, une équipe anglo, pour transporter sur la patinoire les antagonismes qui opposent depuis toujours les Anglos et les Francos de Montréal (troubles de 1837–1838, troubles de 1849, etc.). Battus militairement, écrasés politiquement et économiquement, les « habitants » pouvaient espérer prendre leur revanche sur la glace. Dès sa création, le Canadien était une tromperie que les « Canayens français » ont gobée et transformée en fantasme national.

Pourquoi grimper aux rideaux au sujet du choix de l'«unilingue» Randy Cunneyworth pour succéder à Jacques Martin? Saku Koivu a été le capitaine de l'équipe pendant dix ans sans apprendre le moindre mot de français. On a pourtant presque fait de lui un héros national. Ce mépris manifeste envers les admirateurs de l'équipe n'a jamais modéré leur enthousiasme. Parmi ses joueurs actuels, seuls quatre sont francophones. Ils ne se sont jamais plaints que l'équipe fonctionne surtout en anglais.

Le fait d'être la seule équipe québécoise dans la Ligue nationale de hockey (tant que les Nordiques de Québec ne seront pas de retour) est vraiment tout ce qui relie l'équipe au Québec. Une institution nationale, mon œil! C'est une entreprise commerciale anglo-canadienne qui garde pour des raisons d'image de marque et de marketing son nom officiel en français, «le Club de hockey Canadien». On sait comment les *frenchies* y tiennent. Alors qu'ils en étaient propriétaires dans les années 1970, les frères Bronfman avaient menacé de déménager l'équipe ailleurs si jamais les Québécois optaient pour l'indépendance.

L'amour délirant des Québécois pour les Canadiens ne s'explique pas par le nombre de coupes Stanley remportées par l'équipe depuis 20 ans. La seule explication au culte mystico-religieux qu'on voue à la Sainte-Flanelle s'appelle Maurice Richard, le plus grand et le plus célèbre héros du Québec. Des peuples immortalisent des savants, des conquérants, des grands penseurs, des écrivains, des bienfaiteurs de l'humanité. Nous, c'est un joueur de hockey et un portier de collège. On fait avec ce qu'on a. Je ne comprends pas qu'on n'ait pas encore réussi à le faire béatifier comme le frère André. «Priez Maurice Richard et vous allez obtenir votre guérison, madame Latrimouille!»

En déficit de héros comme nous, le Canada anglais le revendique maintenant aussi, mais durant sa carrière Maurice Richard était ridiculisé par les commentateurs sportifs anglo-canadiens comme un batailleur ignare. On rageait dans le *Rest of Canada* (ROC) de le voir dominer le sport national.

Le Rocket était sous-payé et exploité parce qu'il était Canadien français. Tout a changé maintenant, croyez-vous? Voyons donc. Des études statistiques récentes indiquent que les joueurs francophones de la Ligue nationale subissent encore une discrimination salariale, sauf lorsqu'ils jouent pour des équipes québécoises*. Pas surprenant. Don Cherry est un héros au Canada anglais.

Le même peuple qui a élu des «unilingues» anglais pour le représenter au Parlement fédéral dans des circonscriptions unilingues francophones s'offusque maintenant parce qu'un Anglo unilingue est l'entraîneur-chef d'une équipe constituée très majoritairement de joueurs anglos/allos et qui appartient à des Anglos.

*Neil Longley, «Salary Discrimination in the National Hockey League: The Effects of Team Location», *Canadian Public Policy — Analyse de Politiques*, vol. 21, n° 4, p. 413;

Marc Lavoie, *Désavantage numérique. Les francophones dans la LNH*, Hull, Éditions Vents d'Ouest, 1998, p. 79.

21 décembre 2011 ## Comme nous, la CIA a appris la mort de Kim Jong-il à la télé

J'ai déjà écrit sur la misérable performance de la CIA au cours de ses quelque 60 années d'existence (voir la chronique du 19 mars 2011). Comment elle a été surprise par pratiquement toutes les grandes affaires internationales qui ont marqué l'histoire contemporaine, de la chute de l'Union soviétique à l'attentat du World Trade Center.

La CIA n'est que la plus connue des 16 organisations qui constituent l'appareil de renseignement des États-Unis. Leur budget pour 2010 était de 80 milliards de dollars, 50 pour les services secrets civils, 30 pour les services de renseignements militaires.

Après le désastre du 11 septembre 2001, on a augmenté le budget et réorganisé les organes de renseignements. Résultats ? Les informations erronées sur les armes de destruction massive inexistantes de Saddam et ses relations imaginaires avec Ben Laden ont largement contribué à inciter Bush à attaquer l'Irak. Ensuite, le printemps arabe a surpris les espions américains et voici maintenant que leur ennemi le plus redoutable et le mieux armé meurt sans qu'ils s'en aperçoivent. Dans les deux jours (51 heures) qui ont suivi le moment de la mort de Kim Jong-il, jusqu'à l'annonce officielle, les services de renseignements américains n'ont rien détecté d'inhabituel. Leur haut niveau d'incompétence se maintient.

Qu'est-ce qu'un gouvernement demande à ses espions ? Les services secrets existent pour prévoir, anticiper et prévenir. Pour détecter les menaces, établir les intentions et les moyens des adversaires potentiels et des ennemis.

Dans le cas de Kim Jong-il et de la Corée du Nord, il faut attribuer aux espions américains la note de zéro sur dix. L'alerte générale a été déclenchée quand le personnel de permanence des services secrets a vu à l'écran la robe noire de la présentatrice nord-coréenne et son allure lamentable de veuve éplorée. Les chefs de la CIA, comme tout le monde, ont appris la nouvelle de la télévision. La Corée du Nord est pourtant, avec l'Iran et le Pakistan, une des cibles prioritaires des services secrets américains.

Les capacités d'écoute électronique du réseau mondial Echelon de la NSA n'ont servi à rien. Les satellites-espions, dont les capteurs électrooptiques sont braqués sur la Corée du Nord

24/7, n'ont rien vu. La haute technologie dans le domaine du renseignement ne remplace pas l'espion sur le terrain, le traître à payer ou à faire chanter. Les caméras, les écoutes ne servent à rien si on n'a pas des agents infiltrés, des informateurs dans les cercles dirigeants de l'adversaire.

Le *New York Times* rappelle que les services secrets américains n'avaient pas réussi à découvrir qu'à Pyongyang, on construisait secrètement une usine d'enrichissement d'uranium depuis environ un an et demi, jusqu'à ce que la Corée du Nord invite à la fin 2010 un spécialiste nucléaire américain à visiter son complexe nucléaire de Yongbyon.

C'est comme si les Coréens s'étaient dit : « Les Américains sont vraiment nuls. Ils sont incapables de découvrir notre usine d'enrichissement d'uranium et ça diminue notre force dissuasive, notre capacité à les faire chanter avec nos menaces. On va inviter un de leurs experts à venir la voir pour qu'ils comprennent où nous en sommes et leur foutre la trouille. »

Même si les États-Unis peuvent compter sur les services sud-coréens qu'ils ont formés à leur image, ils ne connaissent pas la capacité nucléaire déployée d'un de leurs ennemis potentiels prioritaires. Ils ne savent pas combien de fusées nucléaires sont opérationnelles. Ils ignorent la structure de la chaîne de commandement et les infrastructures physiques de communication reliant les décideurs aux systèmes d'armes.

Les dangers de mauvaises interprétations des initiatives nord-coréennes sont d'autant plus grands qu'on ne sait rien des intentions des nouveaux dirigeants. Qui, d'ailleurs, dirige vraiment le pays : Kim Jong-un, le petit gros joufflu, son oncle ou sa tante ?

Pour la sécurité de l'Asie, pour celle de la planète entière, espérons, maintenant qu'ils sont avertis qu'il se passe quelque chose en Corée du Nord, que les Américains vont détecter, s'ils se

manifestent, des signes d'effondrement du régime ou de préparatifs de guerre avant qu'ils les voient à la télévision.

||||||||||||||||||||||||||||| ## Les Américains
sont-ils aussi
stupides et ignorants
27 août 2010 qu'on le dit* ?

Vous avez vu les sondages récents qui indiquent que 46 %
des républicains croient que le président Obama est un musulman ? Que 27 % des membres de ce parti doutent qu'il soit un
citoyen américain ? Mieux, la moitié d'entre eux sont sûrs que
c'est lui qui a donné des milliards de dollars aux banques et
aux grandes compagnies d'assurances, alors que c'est George
Bush qui l'a fait. Ce n'est pas arrivé en 1812, mais en 2008
et c'est facilement vérifiable. Bon, que les membres du Parti
républicain américain soient des gens stupides et ignorants ne
surprend personne. Mais est-ce le cas des Américains en général ? Les chiffres suivants, tous tirés de sondages effectués ces
dernières années, peuvent le laisser croire.

En 2003 le Strategic Task Force on Education Abroad avait
conclu que l'ignorance des Américains du monde extérieur est
telle qu'elle constitue une menace à la sécurité nationale du
pays. Trente-sept pour cent des Américains ne peuvent trouver
les États-Unis sur un globe terrestre. Ils sont 30 % à ne pouvoir
nommer l'océan qui se trouve sur leur côte est. Quatre-vingts
pour cent ne savent pas où se trouve l'Irak. Encore aujourd'hui,
33 % d'entre eux sont sûrs que des armes de destruction
massive ont été trouvées en Irak. Seulement 49 % savent que
c'est leur pays qui a été le premier à utiliser l'arme nucléaire.
Soixante-dix-sept pour cent ignorent que George Washington
a été leur premier président. Cinquante-cinq pour cent sont

convaincus que le christianisme a été établi comme religion d'État par la Constitution américaine, alors qu'au contraire, elle est fondée sur la séparation de l'Église et de l'État.

La moitié des écoles américaines n'enseigne pas la science de l'évolution, lui préférant le créationnisme ou la Bible. En 2004, seulement 13 % des Américains croyaient à l'évolution naturelle, alors que 45 % pensaient que l'homme avait été créé par Dieu comme le révèle la Bible et 38 %, que Dieu est intervenu pour guider l'évolution. Le pourcentage des Américains qui acceptent l'évolution est plus faible qu'il y a 30 ans. La croyance au diable est en hausse, passant de 63 % en 1997 à 71 % en 2004. Et ce n'est pas une affaire de vieux : 67 % des Américains de plus de 70 ans croient au diable, alors que le pourcentage atteint 79 % chez les 18-34.

Cinq cents ans après Copernic, un Américain sur cinq pense toujours que le Soleil tourne autour de la Terre comme l'affirme la Bible. Trente-cinq pour cent d'entre eux croient que ce qu'elle dit est littéralement vrai. D'ailleurs, ils sont 65 % à affirmer que la Bible répond à toutes les questions essentielles de la vie. Même attitude que les intégristes musulmans. Remplacez simplement Bible par Coran.

Même s'ils sont un des peuples les plus croyants et les plus crédules de la planète, 60 % d'entre eux ne peuvent nommer cinq des dix commandements. Cinquante pour cent des finissants du secondaire pensent que Sodome et Gomorrhe étaient un couple marié. Soixante pour cent des Américains croient que l'arche de Noé a vraiment existé et qu'on y a placé un couple de tous les animaux de la Terre pour les protéger du Déluge universel. Douze pour cent des adultes américains identifient Jeanne d'Arc (Joan of Arc) comme étant la femme de Noé (Noah's Ark). Le tiers d'entre eux croit que c'est Billy Graham et non Jésus qui a prononcé le Sermon sur la Montagne. Vingt-deux pour cent pensent que Moïse était soit un disciple de Jésus, soit un pharaon d'Égypte, soit un ange.

Trente-cinq pour cent croient aux ovnis, 31 % aux sorcières et 25 % à l'astrologie. Dix-huit pour cent disent avoir été en présence d'un fantôme.

Si ces chiffres illustraient l'ignorance des habitants d'un pays sous-développé, cela n'aurait guère d'importance, mais ils reflètent la façon de penser des citoyens du pays le plus puissant de la planète, qui croient aussi à « l'exceptionnalisme américain », au destin unique des États-Unis. Non seulement les Américains croient en Dieu, mais ils sont aussi convaincus que Dieu dans sa sagesse a créé le peuple américain différent et meilleur que la racaille qui habite le reste de la planète, et qu'il lui a confié la gouverne du monde.

Que Dieu nous protège !

*Cette chronique de l'année dernière ne s'était pas retrouvée dans *Poing à la ligne*. Comme elle est toujours d'actualité, je la publie cette année.

Deuxième partie

Les textes suivants ont été publiés dans la revue *Summum* en 2004 et 2005. Ils sont rédigés dans un style et dans une perspective destinés à intéresser le public cible du magazine : les jeunes hommes.

||||||||||||||||||||||||| **Kennedy,
l'obsédé sexuel**

On a commémoré en novembre dernier (2003) les 40 ans de l'assassinat de John F. Kennedy, encore aujourd'hui considéré comme un des plus grands présidents du XXe siècle. Il incarnait la probité, l'idéalisme, les valeurs morales qui allaient mener l'Amérique vers une « Nouvelle Frontière ». Tout cela n'était que mensonge et hypocrisie.

John Kennedy était un être sans principes et sans scrupules, un individu immoral et corrompu. Il avait la plupart des défauts de Richard Nixon avec en prime une sexualité débridée, compulsive et obsessionnelle. Mais, contrairement à son vieil ennemi, dont les forfaitures ont été exposées alors qu'il était au pouvoir, ce n'est que longtemps après sa mort que la vérité à son sujet a commencé à être connue.

Le sexe du président

« *Power is the ultimate aphrodisiac* », dira un jour Henry Kissinger. Non seulement Kennedy devient, en accédant à la Maison-Blanche, l'homme le plus puissant du monde, mais il est aussi riche, charismatique, séduisant et charmeur : peu de femmes résistent à une telle combinaison gagnante.

John F. Kennedy jouit d'une libido effrénée. À 17 ans il contracte sa première MTS dans un bordel de Harlem où il s'est aventuré avec un copain de classe. Durant toute sa vie, sa consommation régulière de prostituées lui cause constamment de nouvelles infections, qu'il transmet souvent à ses partenaires sexuelles.

Il a la réputation d'être un amant décevant. À cause des maux de dos qui l'affligent, sa façon favorite de faire l'amour est étendu sur le dos, sa partenaire empalée sur son sexe. L'une de ses conquêtes assure qu'il n'est pas extraordinaire au lit, mais qu'il compense par son charme et son humour. Il prend du plaisir mais en donne rarement. Les femmes ne sont là que pour le satisfaire. Kennedy, qui adore baiser avec plusieurs femmes à la fois, considère ne pas avoir possédé une femme tant qu'il ne l'a pas pénétrée des trois façons : vaginale, orale et anale.

Dans le lit de Lincoln avec une étudiante

Quelques mois avant l'élection présidentielle de 1960, le sénateur Kennedy, membre du conseil de l'Université Harvard, séduit une étudiante de 19 ans de l'institution. Quand il veut se la faire après des réunions du conseil de l'Université, il envoie son chauffeur en limousine la chercher à son dortoir. Après son élection, il la fait nommer assistante spéciale de son conseiller à la sécurité nationale, McGeorge Bundy. Des décennies plus tard, elle confie comment, étudiante en histoire des États-Unis, elle était impressionnée de se faire baiser par un président dans la chambre d'Abraham Lincoln, qui servait de salle de jeux sexuels à Kennedy.

Moins de deux heures avant le célèbre débat télévisé qui l'oppose à Nixon lors des présidentielles de 1960, Kennedy saute une prostituée. Comme le débat se révèle un franc succès pour lui, il exige, de ses organisateurs, les services de prostituées avant tous ses autres débats télévisés. Kennedy affirme qu'il ne peut relaxer s'il n'a pas de relations sexuelles quotidiennes. Avec des femmes différentes, si possible. Durant ses déplacements à travers les États-Unis, les politiciens locaux et les permanents du Parti démocrate lui en fournissent : des call-girls ou des volontaires sans but lucratif qui veulent connaître le frisson de se faire monter par Kennedy.

Son beau-frère, l'acteur Peter Lawford, se charge d'attirer actrices et starlettes de Hollywood dans le lit de Kennedy lorsqu'il passe à Los Angeles. Joan Crawford, Marlene Dietrich, Audrey Hepburn, Zsa Zsa Gabor, Jayne Mansfield et Angie Dickinson relèvent leurs jambes pour recevoir l'hommage tumescent de JFK. On dit que Sophia Loren est une des rares à dire non merci.

Les effeuilleuses les plus connues de l'époque, Tempest Storm et Blaze Starr, vont connaître l'impétuosité du désir kennedyien. Starr raconte dans ses mémoires s'être fait saillir à quatre pattes par Kennedy en 1960 dans une penderie, pendant que son amant, le gouverneur Earl Long de la Louisiane, accueillait des invités dans la pièce voisine. «Aucune femme n'était hors limite pour Jack, affirme son ami le sénateur George Smathers, pas votre épouse, pas votre sœur, pas même votre mère.» On dit qu'il a même séduit sa belle-sœur, la princesse Lee Radziwill, pendant que sa femme Jacqueline accouchait de sa fille Caroline à l'hôpital.

Kennedy est accro aux amphétamines. Il consomme aussi des drogues antidouleur, des somnifères et des calmants. La peintre Mary Pinchot Meyer affirme avoir fumé de la marijuana avec lui à la Maison-Blanche avant de faire l'amour.

Monroe et Kennedy : les coïts de deux mythes

JFK forme avec Marilyn Monroe le couple d'amants le plus célèbre de l'histoire des États-Unis. Sa liaison avec la plantureuse blonde platine (elle se teint aussi le pubis) commence en 1960. C'est Sinatra, un de ses amants, qui la refile à Kennedy.

Tout le monde a vu leur fameuse apparition commune en public en mai 1962 au Madison Square Garden de New York lors du 45e anniversaire de Kennedy. Dans une robe qu'on lui a probablement cousue sur le dos tellement elle est moulante, Monroe, soûle et hébétée, lui chante en susurrant « *Happy Birthday Mister President* ». Sa femme Jacqueline n'est pas sur place.

Robert Kennedy, le frère du président et son *attorney general*, baise aussi Marilyn. Il la prend pour la première fois dans une voiture stationnée devant la maison de Lawford. Bobby est amoureux d'elle, mais ce n'est pas réciproque. Elle aime follement John. Âgée de 36 ans, Monroe a de graves problèmes psychoaffectifs qu'elle soulage avec des barbituriques et de l'alcool. À 30 ans, elle a déjà subi 13 avortements. Engrossée par Kennedy, elle se fait avorter au Mexique.

Les notes de son psychiatre indiquent qu'elle a de la difficulté à atteindre l'orgasme. Elle confie à une amie que souvent les hommes qu'elle veut séduire sont tellement impressionnés de baiser avec elle qu'une fois au lit, ils sont incapables de bander.

Question de *standing*, Marilyn veut absolument, elle aussi, se faire sauter à la Maison-Blanche. Compte tenu de sa notoriété, c'est impossible. Kennedy tente de la raisonner. Parce qu'elle est devenue, à l'été de 1962, un risque grave pour lui à cause de son instabilité émotive, on l'avertit que le président ne veut plus la voir. Marilyn plonge dans une dépression. Elle menace semble-t-il de rendre publique sa liaison avec les deux Kennedy. Sa mort, attribuée à une surdose de somnifères, est considérée comme un suicide. Plusieurs y voient l'œuvre des deux Kennedy.

La fille entre le président et le mafioso

Tout en baisant avec Marilyn, JFK déverse ses excès de sperme dans Judith Campbell Exner, une magnifique Californienne âgée de 25 ans qu'il a reçue en cadeau de son ami Frank Sinatra. Le *crooner* aime offrir certaines de ses conquêtes à ses copains comme on offre des bons cigares.

Un mois après leur première séance amoureuse, Kennedy demande à Judith d'aller porter une sacoche contenant 250 000 $ au parrain de la mafia de Chicago, Sam Giancana, pour qu'il lui assure sa victoire aux primaires de l'Illinois contre son principal adversaire démocrate, Hubert Humphrey. Giancana, aussi un copain de Sinatra, finit lui aussi par la sauter.

En 1992, Judith Campbell Exner reconnaît à l'émission *Larry King Live* à CNN qu'elle a servi à plusieurs reprises d'intermédiaire entre ses deux amants. Quand Kennedy décide de recruter Giancana et la mafia pour faire assassiner Fidel Castro, c'est elle qui apporte au mafieux l'argent du contrat de meurtre.

Kennedy et Giancana se retrouvent à plusieurs reprises chez elle. Le président des États-Unis rencontre secrètement le parrain de la mafia de Chicago chez leur maîtresse commune : le renseignement explosif va parvenir à la société General Dynamics, sans doute vendu par un agent corrompu du FBI. L'avionneur fait chanter Kennedy et obtient un important contrat aéronautique. Son F-111 se révèle un appareil si médiocre que le Pentagone réduit considérablement sa commande après la mort du président. La compagnie réalise avec l'avion des profits de 300 millions de dollars. Payant de tenir un président par les couilles.

Judith Campbell Exner affirme aussi avoir, à trois reprises, apporté à Kennedy de l'argent provenant d'autres entreprises californiennes voulant obtenir des contrats du gouvernement américain, mais qui ne pouvaient pas le faire chanter comme la General Dynamics.

Kennedy invite Judith Campbell Exner une vingtaine de fois à coucher à la Maison-Blanche. Un soir, il l'emmène dans une chambre où se trouve déjà une jolie brune élancée. Campbell Exner refuse la séance à trois. Le président, habitué que les femmes se soumettent à tous ses désirs, n'apprécie pas. Il espace leurs rencontres avant de rompre définitivement à l'automne de 1962. Lorsqu'elle lui dit qu'elle est enceinte de lui à la suite de leur dernier coït, le bon catholique Kennedy lui dit de contacter Giancana pour se faire avorter.

Maison-Blanche ou maison close ?

Sous Kennedy, la Maison-Blanche se transforme en maison de débauche dès que sa femme ne s'y trouve pas. Et Jackie n'y est pas souvent. Elle passe une bonne partie de son temps avec ses enfants dans une maison que le couple possède en Virginie. Elle ne revient jamais à la Maison-Blanche sans s'annoncer. Quand sa femme reste plus de trois jours à Washington, Kennedy devient migraineux et maussade.

En son absence, le président donne libre cours à ses vices. À l'heure du lunch, Kennedy s'adonne régulièrement à une partie de jambes en l'air dans la piscine de la Maison-Blanche avec deux de ses secrétaires, Priscilla Weir et Jill Cowan, âgées de 21 et de 23 ans. Surnommées « Fiddle » et « Faddle » par le *Secret Service*, elles n'ont d'autres fonctions que d'être ses objets sexuels. Kennedy est généreux avec ses frères Bob et Ted, qu'il invite à ses partouzes du midi.

Les séances sexuelles de midi n'assouvissent pas son besoin irrépressible de forniquer. Le soir, il reçoit des putains dans le lit de Lincoln. Le *Secret Service* est préoccupé par le va-et-vient de ces inconnues qui ne sont pas fouillées à leur arrivée à la Maison-Blanche. On craint qu'une de ces femmes ne le fasse chanter ou même ne tente de l'assassiner.

Kennedy aime se faire photographier en train de partouzer. Selon un agent du *Secret Service* qui a vu certaines de ces photos, il est parfaitement reconnaissable, malgré le petit masque noir qui recouvrait ses yeux, au milieu d'un emmêlement de formes féminines. Seymour Hersh écrit dans son livre *The Dark Side of Camelot* que l'imposante collection de photos pornographiques de Kennedy et d'autres documents compromettants ont été retirés du coffre-fort de son bureau par son frère Robert le jour même de son assassinat, avant que son successeur, Lyndon Johnson, arrive à la Maison-Blanche.

À l'automne 1963, lors d'une séance de sexe tumultueuse avec plusieurs femmes, Kennedy s'étire ou se déchire un muscle de l'aine. Au corset qu'il porte régulièrement à cause de son dos s'ajoute un appareil orthopédique qui l'oblige à adopter une position verticale encore plus rigide. Certains pensent que c'est ce qui l'empêche de se pencher, réflexe normal, lorsqu'il est atteint au cou par la première balle tirée par Lee Harvey Oswald. Comme on peut le voir sur le fameux film de son assassinat, Kennedy reste raide et droit, et reçoit la balle fatale à la tête.

Ironie tragique du sort : le président assassiné, il faut le rappeler, a lui-même ordonné à la CIA d'assassiner plusieurs dirigeants politiques étrangers. Fidel Castro a survécu au contrat que Kennedy a préparé pour lui. Mais Patrice Lumumba, Rafael Trujillo et Ngô Dinh Diêm sont tombés sous les balles de tueurs à sa solde.

Quarante ans après sa mort, on continue d'apprendre des nouveaux détails sur sa vie sexuelle exubérante. En 2003 dans son livre *An Unfinished Life*, Robert Dallek révèle que, comme Bill Clinton bien après lui, Kennedy (aussi amateur de cigares) s'est offert une stagiaire de 19 ans identifiée seulement par son surnom « Mimi ». Directrice du journal des étudiantes du Miss Porter's School, l'*alma mater* de Jacqueline Kennedy, elle tombe dans l'œil de Kennedy quand elle vient à la Maison-Blanche pour interviewer sa femme.

Mimi accompagne souvent le président dans ses déplacements. En limousine et à bord d'Air Force One, elle ouvre ses cuisses au membre présidentiel ou lui prodigue des tendresses lippues. La liaison se termine quelques semaines avant l'assassinat de Kennedy.

Après avoir été identifiée comme la stagiaire du livre de Dallek par un journal, Marion « Mimi » Fahnestock, une matrone de 60 ans, administratrice d'une église presbytérienne de New York, reconnaît les faits : « De juin 1962 à novembre 1963, j'ai eu une relation sexuelle avec le président Kennedy. Durant 41 ans, je n'en ai jamais discuté et je n'en parlerai plus. »

Jackie, oh !

Jackie Kennedy sait que le travail de bureau n'est pas le fort de Mimi, qui ne sait même pas taper à la machine. Faisant visiter la Maison-Blanche à un photographe de *Paris Match*, elle lui montre la stagiaire et lui dit en français devant tout le monde : « Cette fille couche, semble-t-il, avec mon mari. »

La propre secrétaire de presse de Jackie, Pamela Turnure, est une des maîtresses de Kennedy. Que son mari se livre discrètement à ses pulsions sexuelles sans qu'elle en ait connaissance ne la dérange pas. Mais John Kennedy manque souvent de discrétion et cela l'humilie profondément. Lors de dîners, il disparaît souvent avec une femme qui est à table pour une copulation à la sauvette.

Selon Edward Klein, auteur du livre *All Too Human: The Love Story of Jack and Jackie Kennedy*, Jackie a une longue expérience de ce genre de comportement. Elle vient d'un milieu social fortuné où ces inconduites masculines, bien que réprouvées par les femmes, sont considérées comme normales. Son père, Jack Bouvier, était un coureur de jupon impénitent.

Sa patience a peut-être aussi des raisons plus sonnantes et trébuchantes. On dit que Papa Joe Kennedy lui a donné un million de dollars pour la convaincre de rester avec son mari peu avant la campagne présidentielle de 1960. Un divorce aurait été fatal aux ambitions présidentielles de JFK. Son humiliation permanente la pousse à avoir ses propres aventures amoureuses, notamment avec l'héritier du fabricant d'automobiles Fiat, Gianni Agnelli. Certains la lient aussi à l'acteur de cinéma William Holden.

Jacqueline Bouvier-Kennedy a laissé un témoignage sur bandes magnétiques de sa vie avec John Kennedy. La transcription des rubans, qui fait 500 pages, est conservée à la bibliothèque Kennedy à Boston. Jusqu'ici sa fille, Caroline Kennedy Schlossberg, refuse à quiconque l'accès au document*.

La puissance d'un mythe

L'un des présidents les plus aimés, les plus respectés des États-Unis était en réalité un porc lubrique prêt à sacrifier sa carrière, son honneur, son mariage et la sécurité nationale de son pays pour des séances de jambes en l'air avec n'importe quelle femme à sa portée. Kennedy était un politicien corrompu prêt à acheter et à se faire acheter, un chef d'État avec une morale de chef mafieux, capable de commander des assassinats comme d'autres commandent un scotch. L'opinion publique américaine lui voue encore une immense admiration. À croire que la vérité ne peut rien contre le mythe.

*En 2011, Caroline Kennedy a rendu publique la transcription des rubans de sa mère.

Les *USA* et leur ami Saddam

Avril 2004

On a fait le procès de Saddam Hussein. Et on l'a pendu. Il a été trouvé coupable de nombreux crimes dont celui d'avoir utilisé des armes chimiques contre des civils kurdes et contre l'armée iranienne, dans l'effroyable guerre qu'il a menée contre l'Iran. Le conflit, dont Saddam porte la responsabilité, a fait entre 1980 et 1989 près d'un million de morts et encore plus de blessés. Or, jusqu'à ce qu'il envahisse le Koweït en 1990, les États-Unis étaient les complices des crimes de Saddam.

L'axe Bagdad-Washington contre l'Iran

La droite républicaine au pouvoir à Washington a la mémoire courte. Comment Bush fils a-t-il pu déclarer : « Nous ne laisserons pas un pays comme l'Irak menacer notre avenir en développant des armes de destruction massive » quand l'administration Reagan à laquelle participait son père a autorisé la vente à l'Irak des précurseurs chimiques qui lui ont permis de les mettre au point ?

De plus, certains des principaux collaborateurs de George W. Bush ont été directement impliqués dans la fourniture d'aide militaire utilisée pour commettre les crimes qu'on reproche à Saddam, maintenant qualifié par Bush de « pire tyran depuis Hitler ». Le secrétaire à la Défense Donald Rumsfeld (envoyé spécial de Reagan au Moyen-Orient), le secrétaire d'État Colin Powell (ancien conseiller à la sécurité nationale de Reagan) et le nouvel envoyé spécial de Bush au Moyen-Orient, James Baker (à l'époque secrétaire d'État), ont joué un rôle décisif dans la création d'un véritable axe Washington-Bagdad dans les années 1980. Lorsqu'en 1982, l'armée irakienne vacille devant les contre-attaques iraniennes, les Américains décident qu'il est dans leur intérêt de sauver Saddam de la défaite. Ils veulent sans doute aussi se venger de l'occupation de l'ambassade des États-Unis à Téhéran et de la prise en otages des diplomates américains pendant 440 jours. D'abord, Washington retire l'Irak de la liste des États soutenant le terrorisme. Pourtant l'Irak appuie alors ouvertement diverses organisations palestiniennes engagées dans des attentats terroristes contre Israël.

Saddam est un vieil allié de la CIA. D'après une enquête du journaliste Richard Sale de l'agence United Press International, les premiers contacts de Saddam avec l'agence remontent à 1959, quand le jeune militant du parti Baas a participé à un complot infructueux de la CIA pour renverser le régime prosoviétique du général Abd al-Karim Kassem. Lorsque le parti Baas réussit finalement à le renverser en 1963, Saddam, en tant que chef des services secrets du parti, mène la chasse aux communistes irakiens grâce à des listes fournies par la CIA.

À l'été de 1983, des rapports des services de renseignements américains font état d'usage «presque quotidien» d'armes chimiques par l'Irak. Et une note de novembre 1983 obtenue par des chercheurs du National Security Archive de l'Université George Washington parle déjà de l'utilisation de gaz de combat contre les Kurdes. On sait donc à Washington à qui on a affaire. Pourtant, cela n'empêche pas le 20 décembre 1983 Donald Rumsfeld, alors l'envoyé spécial du président Ronald Reagan pour le Moyen-Orient, de se rendre dans la capitale irakienne pour proposer un accroissement de l'aide américaine secrète, déjà significative. Rumsfeld serre chaleureusement la main de Saddam Hussein, qu'il appellera plus tard le «boucher de Bagdad». Pour la forme, Rumsfeld dit à Saddam que son utilisation d'armes chimiques pourrait rendre difficile la poursuite de l'assistance américaine. Bien sûr, ce ne sera pas le cas.

Le 24 mars 1984, Rumsfeld est de retour à Bagdad pour resserrer encore les liens entre Washington et Saddam. Le jour même de sa visite, un rapport d'experts des Nations Unies confirme que du gaz moutarde et des agents neurotoxiques, dont le tabun, ont été utilisés par Bagdad contre l'armée iranienne. Rumsfeld ne pouvait vraiment pas ignorer les crimes de guerre commis par ses interlocuteurs irakiens : quelques semaines plus tôt, le 5 mars 1984, le département d'État américain lui-même avait publié un communiqué affirmant que l'Irak utilisait des armes chimiques létales.

Armes biologiques irakiennes **made in USA**

Dans un rapport rendu public le 9 février 1994, le sénateur Donald W. Riegle a mis en évidence le rôle joué par Washington dans le programme de recherche irakien pour développer des armes de destruction massive. Des produits biologiques à double usage ont été vendus à l'Irak de 1978 à 1988, mais les enquêteurs du Sénat n'ont pu obtenir les registres pour les ventes avant 1985. Le département américain du Commerce a autorisé l'exportation de 70 produits biologiques en Irak entre 1985 et 1988, dont 21 lots de souches létales d'anthrax vendus par le laboratoire American Type Culture Collection de Rockville au Maryland. En 1985 le Center for Disease Control and Prevention a vendu à l'Irak des spécimens d'une souche du virus du Nil occidental. L'Irak a aussi reçu des États-Unis diverses autres toxines et bactéries nécessaires au développement d'armes biologiques. Le rapport souligne qu'il ne s'agissait pas de souches affaiblies mais pathogènes, capables d'être facilement reproduites. Lors de la publication de son rapport, le sénateur Riegle a ainsi commenté le comportement du gouvernement des États-Unis : « Je pense que les autorités américaines en approuvant l'exportation de ces produits à un gouvernement comme celui de Saddam Hussein ont violé toutes les normes de logique et du bon sens. Mais c'est ce qui est arrivé. »

L'administration américaine de Ronald Reagan, dont Bush père était le vice-président, a fait preuve d'une perfidie et d'une hypocrisie peu communes en condamnant publiquement l'utilisation d'armes chimiques et biologiques par le régime de Saddam, tout en lui fournissant secrètement les produits précurseurs et les souches biologiques pour les produire.

Les Américains vont aussi vendre à l'Irak des équipements plus conventionnels, alors que l'Irak est soumis à un embargo international sur les ventes d'armes. Kenneth Timmerman affirme dans son livre *The Death Lobby: How the West Armed Iraq* que le gouvernement américain sous Ronald Reagan et Bush père a vendu à l'Irak des hélicoptères (60 Hughes MD 500 Defender, 8 Bell Textron AB 212 de lutte anti-sous-marine et 48 Bell Textron B 214 ST), des capteurs infrarouges militaires et des imageurs thermiques.

Les conseillers militaires américains de Saddam

Non seulement les États-Unis ont vendu à Saddam des armes conventionnelles, des précurseurs chimiques et des souches biologiques pour produire des armes de destruction massive, mais ils ont également mis à la disposition de Saddam 60 conseillers militaires de la Defense Intelligence Agency (DIA) du Pentagone. Leur mission était de préparer ou de suggérer aux généraux irakiens des plans de bataille, de leur transmettre des photos prises par les satellites-espions américains des positions de l'armée iranienne et d'évaluer les résultats des attaques aériennes de l'aviation irakienne (*bomb damage assessments*).

Selon des officiers de la DIA interrogés par le *New York Times* à l'été 2002, les évaluations des officiers américains des pertes subies par les Iraniens leur confirmèrent que le haut commandement irakien avait intégré les armes chimiques à son arsenal et qu'il les utilisait dans les plans d'attaques aériennes préparés par le Pentagone.

Les militaires américains qui conseillaient Saddam ne se sont jamais opposés à l'utilisation d'armes de destruction massive par son armée. Un des participants au programme devait confier au *New York Times* : « C'était juste une autre façon de tuer du monde. Qu'on le fasse avec des balles ou avec du phosgène, ça ne fait pas vraiment de différence. »

Même s'ils savaient que les conseillers militaires du Pentagone aidaient l'Irak à utiliser plus efficacement ses armes chimiques, le président Reagan, le vice-président Bush et leur conseiller à la sécurité nationale, Colin Powell, n'ont jamais cessé de soutenir ce programme ultrasecret d'aide militaire à Bagdad. Tout ce qui comptait pour la Maison-Blanche, c'était que l'Irak de Saddam ne perde pas la guerre. Il fallait éviter par tous les moyens que l'Iran propage sa révolution islamique à l'Irak, au Koweït et à l'Arabie saoudite.

Howard Teicher, un ancien membre du Conseil national de sécurité, était aux côtés de Rumsfeld lorsqu'il s'est rendu à Bagdad en 1984. Dans une déposition lors d'un procès en 1995, il affirme que les États-Unis ont accordé des milliards de dollars de crédit à Saddam et ont encouragé leurs alliés à contourner l'embargo des Nations Unies et à lui livrer du matériel militaire.

Dans son affidavit, Teicher déclare que Donald Rumsfeld s'est personnellement chargé de transmettre à Saddam Hussein une lettre dans laquelle Israël lui offrait son assistance militaire. L'offre avait été faite à Rumsfeld en présence de Teicher à Jérusalem par le ministre israélien des Affaires étrangères, Yitzhak Shamir. Israël considérait en 1984 que l'Iran représentait une menace plus grande à sa sécurité que l'Irak, à cause des activités du Hezbollah libanais inféodé à Téhéran. Lorsque Rumsfeld a donné la lettre à Tarek Aziz, le ministre irakien des Affaires étrangères, celui-ci a refusé de la transmettre, expliquant à Rumsfeld et Teicher qu'il serait exécuté sur-le-champ par Saddam s'il lui présentait l'offre de collaboration d'Israël.

Teicher affirme que l'idée de doter l'Irak de bombes à fragmentation pour faire face aux assauts en vague humaine des Iraniens vient du directeur de la CIA, William Casey. C'est sur les indications de Casey que Saddam Hussein se procurera des bombes à fragmentation du fabricant d'armes chilien Industrias Cardoen. Quand l'entreprise américaine Teledyne a plaidé coupable d'avoir exporté illégalement à Cardoen 130 tonnes de zirconium utilisé dans les bombes à fragmentation, elle a affirmé y avoir été autorisée par la CIA. L'agence de renseignements américaine a également fourni à l'Irak, par l'intermédiaire de l'Égypte et d'autres pays, des équipements militaires compatibles avec son armement de fabrication soviétique. Les États-Unis ont notamment transféré à l'Égypte des chars de combat américains pour remplacer les chars de fabrication soviétique que ce pays fournissait à l'Irak.

L'attaque contre Halabja

Pour justifier sa décision de procéder à un changement de régime à Bagdad, Bush a évoqué à plusieurs reprises l'atrocité de l'attaque à l'arme chimique de l'aviation irakienne contre la ville kurde d'Halabja en 1988, qui a fait 5000 victimes civiles. À l'époque la Maison-Blanche de Reagan avait tenté sans succès de monter une campagne de désinformation pour cacher le crime de son ami Saddam et en accuser les Iraniens.

L'attaque du village d'Halabja le 16 mars 1988 commence par des bombardements aériens et des tirs d'artillerie conventionnels qui forcent la population à se réfugier dans des abris souterrains. C'est alors que des hélicoptères et des avions irakiens épandent des gaz moutarde et des agents neurotoxiques sur le village. Le plan était diabolique. Les gaz, plus lourds que l'air, s'infiltrent dans les celliers et les sous-sols, les transformant en véritables chambres à gaz. Le gaz moutarde employé pour gazer les Kurdes a été fabriqué avec du thiodiglycol acheté de la compagnie Alcolac International de Baltimore, qui en a exporté 300 tonnes métriques vers l'Irak. Des spécialistes américains pensent que les hélicoptères acquis par Saddam aux États-Unis ont été utilisés pour épandre les produits chimiques.

Voici comment un document du département d'État américain décrit l'attaque contre Halabja: «À mesure que les gaz se répandaient, que les animaux mouraient et que les oiseaux tombaient des arbres, les familles paniquées, souvent rendues aveugles par les agents chimiques, regroupaient leurs enfants affolés, à peine capables de respirer, et tentaient de fuir sous le vent.»

Le gaz moutarde cause des cloques dans le nez, la gorge et les poumons. Des agents neurotoxiques comme le sarin, le tabun et le VX attaquent les yeux et l'appareil respiratoire. Ceux qui survivent ont des lésions permanentes aux poumons; d'autres perdent la vue, temporairement ou pour toujours. Les agents chimiques ont aussi un effet à long terme chez ceux qui y ont été soumis: incidence accrue des cancers, notamment du côlon, maladies respiratoires, fausses couches et stérilité féminine. Dans les années suivantes, on constatera un niveau extraordinairement élevé de malformations graves et mortelles parmi les enfants d'Halabja.

Le département d'État américain estime maintenant que, durant les années 1987–1988, Bagdad a lancé une quarantaine d'attaques aux gaz contre les Kurdes irakiens.

Quand les Anglais gazaient les Kurdes et les Arabes

Saddam Hussein n'a pas été le premier à recourir à des armes de destruction massive contre des civils en Irak. Ce déshonneur, selon le journal *L'Orient-Le Jour* de Beyrouth, revient aux Anglais alors qu'ils occupent le pays après la Première Guerre mondiale. Afin de mater une rébellion en 1919, le lieutenant-colonel Arthur Harris, alors commandant de la Royal Air Force pour le Moyen-Orient, réclame des armes chimiques pour les « expérimenter contre les Arabes récalcitrants ». Le journal affirme que le secrétaire d'État à la guerre, Winston Churchill, se déclare « fermement favorable à l'usage de gaz empoisonnés contre des tribus barbares ». Magnanime, il ajoute cependant : « Il n'est pas nécessaire d'utiliser uniquement les gaz les plus mortels : des gaz provoquant de sérieux troubles et créant la panique mais sans effets irréversibles pourraient faire l'affaire. » L'aviation britannique utilisera des gaz mortels à plusieurs reprises en 1920 et, encore en 1925, à Souleimaniyeh, dans l'est du Kurdistan.

Après un raid aérien particulièrement meurtrier, le colonel Harris, satisfait, écrit à ses supérieurs : « Les Arabes et les Kurdes savent maintenant ce que signifie un vrai bombardement. En 45 minutes nous pouvons raser un village et tuer ou blesser un tiers de sa population. » Le colonel Harris, qui peaufinait ses techniques de bombardement contre les civils en Irak en 1920, connaîtra la notoriété durant la Seconde Guerre mondiale. En tant que chef du Bomber Command de la RAF, Harris a conçu et dirigé la campagne de bombardement massif contre les civils allemands, dont la destruction par bombes incendiaires de la ville de Dresde en 1945, qui aurait fait plus de victimes que la bombe atomique d'Hiroshima. Surnommé « *Bomber Harris* », il est considéré par certains comme un criminel de guerre.

Saddam, le Frankenstein de Washington

Avant d'être le monstre chimérique contre qui ils sont partis en guerre, Saddam Hussein a été le Frankenstein créé par les administrations de Ronald Reagan et de George Bush père.

Maintenant qu'il est établi que Saddam n'avait pas d'armes de destruction massive depuis au moins dix ans, Bush fils invoque des raisons morales pour justifier son invasion de l'Irak. Nouveau prétexte mensonger! Les mêmes intérêts stratégiques qui ont porté les Américains à soutenir Saddam Hussein dans les années 1980 les ont amenés à renverser son régime en 2003. La morale n'a rien à voir avec ça. Comme le disait si bien le général de Gaulle, « les États sont des monstres froids ».

La fin des singes érotomanes

Décembre /janvier 2005

Guerres, terrorisme, destruction de l'environnement : vous pensez que ça va mal ces temps-ci pour l'humanité. Mais on n'est pas seuls à en baver. Ça ne va pas du tout pour nos frères les grands singes : les gorilles, les orangs-outangs, les chimpanzés et les bonobos. Tellement que l'ONU a décidé de s'en occuper (pauvres eux!). L'UNESCO vient de mettre sur pied un « Projet pour la survie des grands singes » (« Great Apes Survival Project », GRASP) pour tenter d'éviter leur disparition. Les plus menacés sont les bonobos.

Vous connaissez les bonobos? Non. Vous devriez. Ce sont vos ancêtres directs! Et ils sont en train de disparaître de la plupart des régions qu'ils habitent dans les forêts de la cuvette congolaise en Afrique centrale. Après des décennies de conflits armés, de braconnage et de déboisement dans les zones où ils vivent, on estime leur nombre entre 5900 et 50 000*.

Les bonobos sont la dernière espèce de grands singes à avoir été découverte. Ce n'est qu'en 1993 qu'on les classifia comme une espèce à part entière : *Pan Paniscus*. On les nomme aussi chimpanzés nains ou chimpanzés graciles. En fait, les bonobos sont aussi grands que les chimpanzés. Mais leur corps, plus svelte et élancé, les fait paraître plus petits. Disons-le franchement : ils sont plus beaux et mieux proportionnés. Je sais que je vais me faire des ennemis en disant cela, mais un bonobo, ça a l'air d'un chimpanzé plus intelligent. Et plus humain. Je vois déjà les plaintes à la commission des droits des animaux : Lester tient des propos blessants et méprisants envers les chimpanzés.

De toute façon, on est tous frères : les bonobos, les chimpanzés et les humains partagent un patrimoine génétique commun à 98,4 %. Les bonobos, contrairement aux chimpanzés, qui se sont adaptés aux savanes, n'ont jamais quitté les régions des forêts tropicales humides. Comme ils ont eu moins à s'adapter que les humains et les chimpanzés, ils se rapprochent plus de l'ancêtre commun. Regardez-les bien : ce sont vos grands-parents. Vous et moi, il faut l'accepter, on « dérive » sans doute d'une espèce très proche des bonobos actuels.

S'il y a une différenciation entre les grands singes et nous, c'est la faute au naturaliste suédois Carl Linné, qui nous a placés sur une branche différente — si on peut dire — de celle des grands singes. Mais cette distinction est maintenant considérée comme artificielle. Une découverte récente confirme la proximité génétique. Certains types de neurones, dits en fuseau, ne se retrouvent que chez l'homme, le bonobo et le chimpanzé. Comme les hommes, ils sont donc susceptibles de souffrir de la maladie d'Alzheimer, qui touche principalement les neurones en fuseau.

Mais mentalement nous, les gars, on ressemble plus aux chimpanzés qu'aux bonobos. Avant qu'on les découvre et qu'on les observe dans leur habitat naturel dans les années 1970, on considérait les chimpanzés comme nos plus proches parents. Y a de quoi. Comme chez les humains, la société des chimpanzés est dominée par les mâles machos qui aiment aller à la chasse ensemble. Les *gangs* de chimpanzés sont fortement hiérarchisées, comme les *gangs* de gars. Les manifestations d'agressivité de groupe abondent. Ils battent leurs femelles et se tuent entre eux. Comme chez les Hells. Déjà chez les chimps, on assiste à des guerres de *gangs* (mafia) et, à l'intérieur des groupes, à des magouilles politiques (PLQ). Des chimps plus futés s'entendent discrètement pour favoriser un des leurs comme mâle dominant : le mâle Alpha. La récompense : l'accès privilégié aux femelles et à la bouffe. Comme dans les groupes criminels, les *gangs* de rues ou les partis politiques. Chez les chimps comme chez les hommes, les querelles sur le partage des ressources, du territoire et des femelles, ça fait des meurtres, des luttes de clans, des guerres.

Les bonobos : des féministes hypersexualisées

Les bonobos, eux, ont adopté une approche totalement différente. Les gars ont donné tout le pouvoir aux femelles. Wouah ! vous allez me dire. Ça ne doit pas être drôle : jalousies, hypocrisie, «bitcheries», commérages, burn-out en série, etc. Eh bien, vous vous trompez. Croyez-le ou non, ça marche assez bien merci. Les primatologues constatent que la société des bonobos est moins violente, moins agressive et moins hiérarchisée que celle des chimpanzés et la nôtre. En général, les bonobos vivent en groupes de moins d'une vingtaine d'individus au sein desquels mères et enfants restent unis par des liens durables. La jeune femelle, dès qu'elle en est capable, quitte le groupe où elle est née pour en rejoindre un autre, où elle noue des liens étroits avec les femelles qui l'ont précédée. Et les femelles ne se «bitchent» pas, elles collaborent !

Le fait pour les bonobos, contrairement aux hommes et aux autres primates supérieurs, d'avoir donné le pouvoir aux femelles est déjà un phénomène unique. Ce qui les rend encore plus bizarres (et plus sympathiques) et qui fait d'eux une espèce vraiment à part, c'est le rôle qu'ils accordent au sexe dans les relations sociales. Chez les bonobos, la promiscuité remplace l'agressivité. Le sexe est la solution générale à toutes les frustrations, à tous les conflits entre les groupes et les individus. Un érotisme débridé et insatiable domine la vie collective : attouchements sexuels, baisers sur la bouche, avec la langue, masturbation, fellation, copulation à deux ou à plusieurs, de même sexe ou de sexes opposés, dans toutes les positions, en toutes circonstances, dans les arbres comme au sol. L'inceste est généralisé. Les bonobos ont des rapports sexuels toutes les 90 minutes en moyenne, soit 6 à 7 fois plus que les chimpanzés. Et vous, votre moyenne à l'heure, c'est quoi ? Ah ! vous calculez au jour ou à la semaine !

Cette sexualité exubérante permet d'encourager le partage, d'apaiser des mécontentements, de se réconcilier et de négocier des faveurs. Les femelles utilisent d'ailleurs le sexe comme monnaie d'échange dans une forme primitive de prostitution qui est généralisée chez les bonobos. Ce n'est pas pour rien qu'on affirme que c'est le plus vieux métier du monde. Les primatologues ont observé des mâles offrant des morceaux de canne à sucre à des femelles pour obtenir des faveurs sexuelles. En échange de nourriture, les femelles s'accouplent volontiers. Et, comme les filles, les femelles bonobos savent manipuler les mâles. Elles parviennent à l'occasion à tromper les mâles et à obtenir de la nourriture sans avoir à leur donner de gratifications sexuelles. Ça vous rappelle des soirées au restaurant qui n'ont pas fini comme vous l'escomptiez ?

La position du missionnaire, la préférée des bonobos

Alors que les autres grands singes pratiquent le sexe fronto-dorsal, les bonobos adoptent la position dite du missionnaire comme les humains. Mais le face-à-face des bonobos n'est pas une pratique culturelle «acquise», il est biologiquement déterminé. La vulve de la femelle, comme celle de la femme, est adaptée à cette position. Elle se situe entre les jambes de l'animal et non, comme chez les chimpanzés, vers l'arrière. Les femelles bonobos sont vicelardes, elles connaissent l'orgasme à répétition.

Pendant la majeure partie du cycle menstruel, les lèvres de la vulve de la femelle sont tellement gonflées qu'elles atteignent la taille d'un ballon, au point qu'il est difficile pour elle de s'asseoir. Quand des visiteurs non initiés, dans des zoos ou des centres de recherche, voient cette énorme tumescence rougeâtre entre les jambes d'une femelle, ils croient qu'il s'agit d'une tumeur monstrueuse !

La femelle bonobo, qui est réceptive indépendamment de la fonction reproductive, a, comme la femme, une période de fertilité très réduite. Même s'ils sont hypersexualisés, les bonobos ont un taux de reproduction très faible. Les femelles, qui arrivent à maturité vers l'âge de 14 ans, enfantent tous les quatre à six ans. La période de gestation est de 230 à 240 jours, environ huit mois. Elles allaitent leurs petits jusqu'à l'âge de trois ans. Une femelle n'aura durant sa vie que quatre ou cinq enfants. Les bonobos vivent plus de 30 ans.

Depuis 30 ans, les bonobos se sont taillé une réputation de singes politiquement corrects avec leur société égalitaire dominée par les femelles. Alors que les hommes donnent libre cours à leur agressivité dans les guerres, les violences interper-sonnelles, ces drôles de singes que sont les bonobos semblent avoir adopté la devise : «Faites l'amour, pas la guerre.» On a observé des femelles s'interposer pour empêcher des mâles de se battre, en s'offrant à eux.

Aux États-Unis depuis quelques années, les adeptes de modes de vie alternatifs, des organisations féministes aux groupes gay, ont rapidement vu le parti qu'ils pouvaient tirer, idéologiquement, des pratiques sociales et sexuelles particulières des bonobos et se sont en quelque sorte revendiqués comme leurs descendants. Les femelles bonobos devinrent, dans de très sérieux articles, des féministes avant-gardistes, elles qui savent conclure des alliances entre filles, qui mettent les mâles hors circuit.

La fin des tabous : le smoked meat de bonobos

Mais, d'ici quelques années, nos amis bonobos risquent de ne plus être là pour donner le bon exemple. Ce qui menace les bonobos, c'est la destruction de leur cadre de vie par les grandes compagnies forestières européennes qui exploitent le bois précieux du Congo et qui multiplient les routes à travers les grandes forêts jusque-là impénétrables. Avec les bûcherons sont arrivés les braconniers — souvent des Pygmées — à la recherche de viande de brousse. Un braconnier peut faire de 300 à 1000 US $ par année dans un pays où le revenu familial moyen est de 100 US $.

Pour leur plus grand malheur, les bonobos sont plutôt appétissants. Ils constituent de l'excellente viande de brousse. Dans le passé, un tabou ancestral interdisait aux populations de la grande forêt congolaise de manger les bonobos, considérés comme des cousins. La pauvreté, la faim et les déplacements de populations à cause de conflits armés ont eu raison de ces prohibitions alimentaires. « C'est un peu coriace, mais c'est meilleur que du chat et certainement mieux que rien », confiera un Congolais amateur de bonobos à un journaliste du *Christian Science Monitor* de Boston. L'homme, un gardien de sécurité pour une compagnie forestière dans la province de l'Équateur du Congo, sait que c'est illégal (les grands singes sont des espèces protégées), mais il rapporte régulièrement de la viande de brousse à sa famille. « À dix dollars pour une moitié de carcasse de bonobo, explique-t-il, c'est moins cher que du bœuf et plus facilement disponible que le poulet. »

Mais à 500 kilomètres de là dans la capitale, Kinshasa, la viande de bonobo est considérée comme de la charcuterie fine et se vend trois fois le prix du bœuf. Un journaliste de l'*Observer* de Londres a constaté, dans un marché de la ville, qu'une demi-carcasse de bonobo fumée se vendait plus d'une centaine de dollars.

*Chiffres mis à jour.

Hitler : les vices cachés

Avril 2005

Cent vingt mille livres ont été écrits sur Hitler et le nazisme. Plus que sur Napoléon. Et on continue de découvrir des choses sur l'homme le plus monstrueux du XXe siècle. Les recherches les plus récentes indiquent que Hitler était probablement un ex-prostitué sadomasochiste coprophile et bisexuel, assassin de sa nièce qui était aussi sa maîtresse. Et il n'avait qu'une couille. Le point sur la vie secrète du Führer.

Par un bel après-midi du printemps de 1930, Hitler, âgé de 41 ans, portait son uniforme favori, chemise kaki et un pantalon d'équitation noir, quand sa nièce Angelika « Geli » Raubal rentra à son appartement de Munich. La petite blonde de 21 ans lui prépara à souper. La mère de Geli était sa demi-sœur. Hitler avait une liaison avec Geli depuis 1928. Il s'approcha d'elle, la prit par la taille et lui demanda en souriant de lui faire quelque chose. « Oh ! mon oncle Alfy, lui répondit-elle, c'est dégoûtant, ce que vous me demandez de faire ! » Mais, devant son insistance, elle céda au chef nazi. Il enleva son uniforme qu'il plia soigneusement et s'étendit nu sur le sol. Geli s'accroupit sur lui et urina sur sa poitrine. Il lui demanda ensuite de s'accroupir au-dessus de sa face...

Les premiers renseignements sur les perversions sexuelles de Hitler furent recueillis durant la guerre auprès d'Otto Strasser, un intime de Hitler qui s'était réfugié au Canada après que son frère Gregor eut été assassiné sur ordre du Führer. Les deux frères appartenaient à l'aile gauche du Parti national-socialiste des travailleurs allemands, le parti nazi.

Dans un interrogatoire du 13 mai 1943, Strasser rapporta aux services secrets alliés ce que Geli lui avait dit de son oncle Adolf. Il aimait examiner l'anus de sa nièce en se masturbant et, lorsqu'il approchait de l'orgasme, il lui demandait qu'elle se relâche sur son visage.

L'information contenue dans un rapport d'époque de l'Office of Strategic Services (OSS), l'ancêtre de la CIA, écrit par le Dr Walter Langer et d'autres psychiatres, ne fut rendue publique qu'en 1971 et éventuellement publiée dans un livre intitulé *The Mind of Adolf Hitler*.

Un des gardes du corps de Hitler, Wilhelm Stocker, cité dans le livre de Glenn Infield *Eva and Adolf*, confirma les propos de Strasser : « Geli m'a admis que Hitler lui faisait poser des actes qui la rendaient malade, mais, lorsque je lui ai demandé pourquoi elle ne refusait pas de les faire, elle a haussé les épaules et a dit qu'elle ne voulait pas le perdre pour une autre femme qui ferait ce qu'il lui demanderait. »

La mort mystérieuse de l'amour de sa vie

Geli ne vécut pas assez longtemps pour confier ses histoires de sexe bizarre avec Hitler à beaucoup de monde. En septembre 1931, elle fut retrouvée morte dans l'appartement de Hitler, le cœur transpercé d'une balle et le pistolet de son oncle et amant à la main. Sa mort fut attribuée à un suicide, mais plusieurs indications suggèrent qu'elle fut assassinée par ou sur ordre de Hitler dans une crise de jalousie. Elle le trompait, semble-t-il, avec son chauffeur et garde du corps Emil Maurice. Après la mort de Geli, Hitler parla de se suicider. Il jeûna pendant plusieurs jours. Et, la première fois qu'il prit de la nourriture, il refusa de manger du jambon, affirmant que cela le dégoûtait parce que ça lui rappelait la chair humaine. On dit que c'est à partir de là qu'il devint végétarien. Hitler confia par la suite à plusieurs reprises que Geli était la seule femme qu'il ait jamais aimée.

Le certificat d'inhumation de Geli Raubal au cimetière central de Vienne, vendu récemment sur Internet, porte une annotation manuscrite d'un prêtre et ami de Hitler, qui affirme qu'elle ne s'est pas suicidée mais qu'elle a été assassinée. Les deux autopsies pratiquées sur le corps ne concordaient même pas en ce qui concerne le calibre du pistolet qui a provoqué la mort.

Le père Bernhard Stempfle, qui aida Hitler à préparer *Mein Kampf* pour publication, récupéra après la mort de Geli une lettre que Hitler lui rédigea en 1929 dans laquelle il évoque son affection pour les *golden showers*. Le bon prêtre nazi remit consciencieusement la lettre au chef nazi. Ce fut une erreur mortelle. Lors de la célèbre « Nuit des longs couteaux » de juin 1934, le corps du père Stempfle fut retrouvé transpercé de trois balles. L'histoire du père Stempfle est racontée dans *The Psychopathic God: Adolf Hitler* de Robert Waite, qui évoque aussi les tendances sadomaso de l'homme à la petite moustache en brosse à dents et à la mèche en aile de corbeau.

Femme et fouet : jamais l'une sans l'autre

Après la mort de Geli et avant de prendre le pouvoir, Hitler s'intéressa à une autre adolescente, Henny Hoffmann, une belle blonde aryenne âgée de 15 ans, fille du photographe Heinrich Hoffmann. Un soir, lorsqu'il la quitta et lui demanda un baiser qu'elle refusa, il la battit à coups de fouet. Collectionneur de fouets, il en avait toujours un à la main et se frappait machinalement dans la paume ou sur les cuisses. Ses trois fouets favoris lui avaient été donnés par des admiratrices. Hitler aimait non seulement fouetter les femmes, mais aussi se faire fouetter par elles, selon la jeune fille.

Malgré les coups de fouet, Henny Hoffmann continua de voir Hitler, sans doute à l'instigation de ses parents à qui elle confia des détails sur les perversions sexuelles du Führer. Hitler acheta le silence du couple en engageant Hoffmann comme photographe personnel. Il faut dire que le couple Hoffmann était particulier. La résidence familiale était un véritable club échangiste où Hoffmann organisait régulièrement des orgies avec la participation de sa fille et de sa femme. Il filmait ou photographiait les ébats pour Hitler, qui avait une importante collection de films et de photos sadomaso.

Hitler força éventuellement Henny Hoffmann à marier son conseiller pédophile Baldur von Schirach afin de faire taire les rumeurs concernant ses exploits avec des garçons des Jeunesses hitlériennes.

Selon Heinrich Hoffmann, Hitler appréciait les putes. Il raconte que, durant une campagne électorale à Munich au début des années 1930, il requit les services d'une prostituée. Connaissant son antisémitisme, elle lui révéla pour le narguer qu'elle était Juive, après l'avoir fouetté et s'être relâchée sur lui. Hitler la quitta en colère. Il revint avec un groupe de militants nazis qui la soumirent à un viol collectif en la battant.

Contrairement à ce qui est souvent affirmé, il n'était pas impuissant, même si ses pratiques sexuelles étaient particulières. Son biographe Werner Maser affirme avoir parlé à 20 femmes qui ont eu des relations sexuelles avec Hitler.

Les femmes étaient attirées par son charisme étrange et le pouvoir hypnotique de son regard. Lors de ses grands discours, elles devenaient hystériques et s'évanouissaient par dizaines comme dans les spectacles des groupes rock des années 1970. Des millions de femmes, allemandes et étrangères, étaient amoureuses de lui. Il recevait chaque jour des lettres de femmes qui se proposaient pour porter sa progéniture.

Aimer Hitler porte les femmes au suicide

Robert Waite, dans son livre de 1977 *The Psychopathic God*, souligne que les pratiques sexuelles de Hitler étaient tellement répugnantes qu'elles portaient les femmes qui étaient proches de lui au suicide. Waite affirme que, des sept femmes identifiées qui ont eu des relations intimes avec le Führer, six se sont suicidées ou ont tenté de le faire.

Ce fut le cas de Suzi Liptauer, qui s'est pendue après avoir passé une nuit avec lui, et de Unity Mitford, fille d'un Lord anglais et sœur de la femme du leader fasciste britannique, Oswald Mosley. On la comparait à une déesse grecque, élancée, blonde, le type germanique parfait. Elle suivait Hitler partout. Lorsque, le 3 septembre 1939, la guerre avec l'Angleterre éclate, elle se tire une balle dans la tête sous les fenêtres du bureau de Hitler à Berlin. Les plus grands chirurgiens du Reich la sauvèrent et Hitler, qui l'aimait beaucoup, organisa son retour en Grande-Bretagne. Elle ne se remit jamais de sa blessure et mourut en 1948.

Après son élection comme chancelier d'Allemagne en 1933, Hitler invita la comédienne Renate Müller à passer la nuit avec lui. Elle raconta le lendemain à son directeur A. Zeissler qu'il avait commencé sa soirée de séduction en lui racontant en détail les techniques utilisées par les tortionnaires de la Gestapo sur leurs victimes. Ensuite, il se déshabilla et s'étendit par terre en plaidant pour qu'elle lui donne des coups de pied. Elle refusa d'abord, mais devant ses demandes incessantes elle accepta. Cela l'excita beaucoup et il continua de demander qu'elle le frappe de plus en plus fort, en lui disant qu'il le méritait, qu'il n'était pas digne d'être dans la même chambre qu'elle.

Renate Müller voulut mettre un terme à sa relation avec le Führer quand elle s'éprit d'un Juif. Elle fut retrouvée, sans vie, à 15 mètres sous la fenêtre de sa chambre d'hôtel à Berlin. Sa mort fut attribuée à un suicide.

Eva Braun : avec son Hitler jusqu'en enfer

Eva Braun, la femme qui a accompagné Hitler jusqu'en enfer, est la plus connue de ses compagnes. Lorsque Hitler la rencontre en 1929, elle n'a que 17 ans ; il couche déjà avec sa nièce Geli. Elle le décrit à sa sœur comme « un gentleman d'un certain âge avec une drôle de moustache ». À la mort de Geli, Eva devient sa maîtresse en titre.

Eva Braun était une femme égocentrique, vaine et sotte dont la vie était centrée sur l'acquisition de vêtements, de souliers et de bijoux, qui aimait se pavaner aux côtés du monstre. Elle passait son temps à soigner son apparence, à lire des historiettes d'amour, à visionner des films romantiques. Mais sa loyauté à Hitler était absolue. Après un attentat infructueux contre sa vie en juillet 1944, elle lui écrit une lettre qui se termine ainsi : « Depuis notre première rencontre, j'ai juré de te suivre partout jusqu'à la mort même, je vis pour ton amour. »

Hitler ne la maria que le jour de leur suicide commun le 30 avril 1945 dans le Führerbunker. Eva Braun avait déjà tenté de se suicider en 1935 à Munich en se tirant une balle dans la poitrine.

Les deux corps furent incinérés dans les jardins de la chancellerie alors que les Russes n'étaient plus qu'à quelques centaines de mètres. Deux gardes SS qui participèrent à l'incinération des cadavres rapportent une observation étrange. Alors que le corps d'Eva était englouti par les flammes, ses jambes se sont tout à coup relevées, ses genoux touchant presque sa mâchoire pendant que ses bras se soulevaient presque à la verticale. Le phénomène s'expliquerait par la contraction provoquée sur les tendons des membres du cadavre par la chaleur intense.

Les Russes transportèrent le corps demi-carbonisé de Hitler à Moscou pour confirmer qu'il s'agissait bien de ses restes. L'autopsie pratiquée en mai 1945 confirma à l'aide des fiches de son dentiste qu'il s'agissait bien du cadavre de Hitler. L'examen révéla également que le Führer n'avait qu'un testicule.

Le parti nazi :
à l'origine un véritable club social homo

Hitler n'aimait pas seulement les adolescentes, il était aussi attiré par les homosexuels machos. Quiconque en doute n'a qu'à regarder l'iconographie nazie de l'époque.

En fait, Hitler jusqu'en 1934 s'entourait continuellement d'homosexuels et cela depuis son adolescence. Le parti nazi lui-même à ses débuts était un véritable club social pour homos. Le professeur Lothar Machtan de l'Université de Brême écrit, dans son livre *The Hidden Hitler*, que c'est par la fréquentation des cercles homosexuels de Munich dans les années 1920 qu'il a développé son charisme érotique particulier.

Au début des années 1920, toute la direction du parti nazi était constituée de déviants sexuels ou d'homos. C'est le cas de Ernst Röhm, qui a organisé, financé et armé les redoutables sections d'assaut (SA) du parti, les « chemises brunes ». Seuls des homosexuels pouvaient accéder au poste d'officier dans les SA.

Le parti nazi se réunissait alors souvent à la brasserie Bratwurst Glöckl, fréquentée par des homos, où Röhm avait sa table.

Un des principaux lieutenants de Hitler à l'époque, Julius Streicher, était un pédophile sadique bisexuel et un tortionnaire. Lui aussi se déplaçait toujours avec un fouet. Comme Röhm, Streicher était un violeur d'enfants. Les deux étaient des amis intimes de Hitler. Streicher éditait des revues pornographiques dans lesquelles paraissaient régulièrement des récits impliquant des meurtres rituels d'enfants et des viols de femmes.

Les amours homosexuels du Führer

Les historiens ont découvert beaucoup d'indices selon lesquels Hitler lui-même aurait eu des relations homosexuelles. On lui attribue des liaisons avec trois hommes, Ernst Röhm dont on vient de parler, Rudolf Hess son secrétaire particulier et Albert Forster, le gauleiter de Danzig que Hitler appelait affectueusement « Bubi », un sobriquet que les homosexuels allemands de l'époque réservaient à leur amant. Quant à Hess, il serait devenu l'amant de Hitler alors qu'ils étaient emprisonnés ensemble à la forteresse de Landsberg dans les années 1920.

Libéré avant Hess, Hitler parlait de sa tristesse d'être séparé de « son Rudy », qui était surnommé « Fraulein Anna » dans les cercles homosexuels. Hitler considérait comme une de ses possessions les plus précieuses une lettre d'amour manuscrite de Louis II de Bavière à son valet.

Le chef des SA Ernst Röhm aurait eu des preuves de l'homosexualité de Hitler et aurait voulu le faire chanter. C'est ce qui expliquerait son assassinat et le massacre sur ordre du Führer de tout l'état-major homosexuel des SA lors de la « Nuit des longs couteaux » en 1934. Les derniers mots de Röhm furent, semble-t-il, pour crier son amour pour son Führer. À compter de cette date, l'Allemagne nazie mènera une campagne de répression contre l'homosexualité et des milliers d'homosexuels se retrouveront dans des camps de concentration, portant sur le bras de leur chemise un triangle rose à l'endroit où les Juifs portaient l'étoile jaune.

« Le beau Adolf » se vendait à des clients juifs

L'auteur juif Samuel Igra, dans son livre *Germany's National Vice*, soutient que Hitler n'a pas gagné misérablement sa vie seulement comme artiste avant la Première Guerre mondiale, mais qu'il s'est régulièrement prostitué auprès de clients homosexuels à Vienne de 1907 à 1912 et, ensuite, à Munich de 1912 à 1914. Pendant plusieurs années Hitler a vécu dans des maisons de chambres et des hôtels connus pour accueillir des homos. Il a vécu notamment à l'Hôtel Mannheim, fréquenté par des homosexuels juifs bourgeois. « *Der Schone Adolf* » — « le beau Adolf » comme on l'appelait — était fiché à la police de Vienne comme un « pervers sexuel » et comme un individu qui s'adonnait à des « pratiques homosexuelles ». L'expression utilisée dans le dossier de police s'appliquait à des jeunes hétéros sans le sou qui se prostituaient auprès de riches homos. Quand il ne se prostituait pas, Hitler peignait et dessinait pour gagner sa vie. Il existe plusieurs nus féminins de lui.

En 1914, il se porta volontaire pour servir dans l'armée du Kaiser. Son dossier militaire de la Première Guerre mondiale l'identifiait comme « pédéraste ». C'est ce qui expliquerait que, malgré sa bravoure et ses capacités de leadership, il ne dépassa jamais le grade de caporal.

Les explications sexuelles de son antisémitisme et de ses crimes abondent. Simon Wiesenthal, le célèbre chasseur de nazis, croit que le fait pour Hitler d'avoir contracté la syphilis d'une prostituée juive dans sa jeunesse à Vienne expliquerait sa haine des

Juifs. Certains allèguent même qu'il les détestait parce qu'il était lui-même en partie Juif. Sa grand-mère, Anna-Maria Schikelgruber, a en effet donné naissance à son père, enfant illégitime, alors qu'elle était domestique chez un riche financier juif viennois qui serait donc son grand-père. Il serait maintenant possible de confirmer ou d'infirmer cette légende par des tests d'ADN sur un morceau du crâne de Hitler conservé à Moscou depuis son autopsie de 1945. On dit que Staline s'en servait comme cendrier.

Les dossiers noirs du Vatican

Juin 2005

L'Église catholique a inhumé dans le faste et la splendeur Jean-Paul II, un de ses plus grands papes. Le 263e successeur de saint Pierre était un saint homme. Bon nombre de ses prédécesseurs ne sont pas morts, et n'ont pas vécu, en odeur de sainteté. Dans la longue histoire de l'Église, des canailles, des vauriens et des dépravés sexuels sont montés sur le trône pontifical. Les dossiers noirs de la plus vieille institution humaine.

Au cours d'une période particulièrement trouble de l'histoire de l'Église de 882 à 1048, 37 papes se sont succédé, plusieurs étant assassinés par leurs prédécesseurs et certains ne restant au pouvoir que quelques jours ou quelques semaines. La papauté s'achetait, se vendait et s'exploitait. Les péchés de la chair étaient les moins graves de plusieurs des papes-scélérats de l'époque.

Le début de la période est marqué par le « synode du cadavre », l'événement le plus bizarre, le plus grotesque et répugnant de l'histoire de l'Église catholique, qui en a pourtant connu un certain nombre.

C'est une histoire de femme frustrée. Agiltrude, une aristocrate de la maison de Spolète en Italie, voue une haine inexpiable au pape Formose 1er, parce qu'il a empêché son fils Lambert de devenir empereur. Après la mort de Formose, elle force le pape Étienne VI, dont elle a acheté l'élection, à lui faire un procès. Peu importe qu'il soit mort. Ce que femme veut, Dieu le veut. Étienne VI donne donc en 896 l'ordre stupéfiant qu'on déterre son prédécesseur, inhumé depuis neuf mois, pour lui faire un procès pour de prétendus crimes contre l'Église.

Le cadavre de Formose, en état de putréfaction avancée, fut revêtu de ses habits de pape et assis dans une chaise. Étienne lui-même présidait le tribunal tout en assurant aussi la poursuite. En toute équité, Formose eut droit à un avocat qui garda sagement le silence pendant que le pape, hystérique, criait des insultes à son client impassible. Trouvé coupable, le cadavre de Formose fut amputé des trois doigts avec lesquels il consacrait. Étienne VI ordonna aussi que lui soient retirés solennellement ses ornements pontificaux dans une cérémonie abjecte et insoutenable : la chair en état de décomposition adhérait aux vêtements. Sa dépouille fut jetée dans une fosse commune. Puis Étienne VI, peut-être sur incitation d'Agiltrude, se ravisa. Il fit déterrer de nouveau Formose, qui fut traîné dans les rues de Rome et jeté dans le Tibre.

Ce drame infâme provoqua le soulèvement de la populace romaine. Une foule en colère s'empara du pape Étienne, le déshabilla, le revêtit d'un habit de moine avant de l'emprisonner et de l'étrangler. Ce qui restait du cadavre de Formose fut retiré du Tibre et inhumé de nouveau à la basilique Saint-Pierre, où il repose en paix depuis. Un concile interdit par la suite qu'on fasse des procès à des morts.

Le temps des papes pornocrates

Pendant près de 150 ans autour de l'an 1 000, l'Église vécut sous la domination de femmes débauchées et sans scrupules de la haute noblesse romaine qui bafouèrent l'autorité de la papauté. On nomme « Pornocratie pontificale » cette période considérée comme la plus sombre de l'histoire du Vatican. Trois femmes de la famille Théophylacte, Théodora l'ancienne et ses deux filles, Théodora la jeune et Marozie, vont, à leur guise, faire et défaire les papes.

En 904, le pape Léon V est déposé au cours d'une révolution de palais deux mois après être devenu pape. Un de ses prêtres, Christophore, se proclame pape et le jette en prison. La maison de Théophylacte renverse l'antipape non élu et fait élire à sa place un de ses protégés, l'évêque de Cère, qui prend le nom de Serge III (904–911). Christophore rejoint Léon V en prison. Les deux seront assassinés sur les ordres de Serge III, l'amant de Marozie encore adolescente, qui va avoir de lui un fils illégitime qu'elle fera un jour pape.

Les deux papes suivants, Anastase III (911–913) et Landon (913–914), sont de simples exécutants de Théodora et de ses filles qui deviennent les véritables maîtresses de Rome. Théodora place ensuite sur le trône de saint Pierre son amant, l'archevêque de Bologne, sous le nom de Jean X (914–928). Quand Jean X essaie de s'émanciper des femmes de Théophylacte, Marozie déjoue ses projets en organisant contre lui un coup d'État. Jean X est jeté en prison puis étouffé sous un oreiller. Marozie prend les titres réservés aux hommes de sénateur et de patricien, féminisés pour elle en *senatrix* et *patricia*, ce qui en dit long sur sa puissance et ses ambitions. Elle place ensuite ses créatures personnelles sur le trône de saint Pierre : Léon VI (928–929), Étienne VII (929–931) puis son propre fils adultérin de Serge III, Jean XI (931–935), avec qui elle aurait eu des relations incestueuses.

Marozie espère devenir impératrice. Elle assassina peut-être son second mari afin de se remarier avec l'ancien ennemi de sa famille, le roi Hugues d'Italie. Les noces sont célébrées par son fils Jean XI, qui envisage déjà de remettre aux nouveaux époux la couronne impériale. Mais une minable chicane de famille dans un

banquet tourne en révolution de palais. Albéric, un autre fils de
Marozie, prend le pouvoir, chasse son mari Hugues de Rome et
emprisonne sa mère, la faiseuse de papes, pour le reste de sa vie.

La papauté aux mains
de psychopathes et de forbans

Malade et se sentant proche de la mort, Albéric décide
que la seule façon d'assurer l'avenir de la famille est d'acheter
la papauté pour son fils et petit-fils de Marozie, Octavien, qui
devient à 18 ans, sous le nom de Jean XII (955–964), le seul
pape adolescent de l'histoire de l'Église. C'est un psychopathe
libidineux qui couche avec la maîtresse de son père Albéric et
oblige d'autres femmes de sa famille à partager son lit. Jean XII
viole des étrangères qui lui plaisent alors qu'elles prient dans
la basilique Saint-Pierre et vole les offrandes que les pèlerins
laissent au Vatican. Son palais de Saint-Jean-de-Latran tient
à la fois du bordel et du harem. Il donne à ses maîtresses des
calices en or consacrés.

Des chroniqueurs de l'époque l'accusent d'adorer le diable
et des dieux païens durant des cérémonies orgiaques. Plusieurs
hauts dignitaires de l'Église sont castrés ou ont les yeux crevés
sur ses ordres. Il est réputé pour avoir tranché lui-même dans
une crise de colère le pénis d'un chanoine.

En 962, Jean XII est chassé de Rome par le roi allemand
Otton Ier après son refus de le sacrer empereur. Il réservait le
titre à sa propre famille. Otton Ier réunit un synode pour déposer Jean XII, accusé d'assassinat, d'impiété, de luxure et de
simonie. Il le remplace par un de ses hommes de main dont il
achète l'élection, Léon VIII.

Mais la dynastie des Théophylacte n'accepte pas de lâcher
si facilement le Vatican. Jean XII reprend Rome à la tête d'une
armée, assassinant Léon VIII et ses partisans dans un terrible

bain de sang avant de remettre la tiare papale sur sa tête. Ti-Jean repart aussitôt sur le *party*. Alors qu'il est en train de baiser une femme nommée Stefanetta, il est surpris par son mari, qui lui administre une raclée terminale. Selon le chroniqueur Liutprand de Crémone, son agonie dure huit jours. Il décède à 29 ans sans recevoir les derniers sacrements. *Directo* en enfer !

En 965, la famille Théophylacte assoit sur le trône de saint Pierre Jean XIII, fils de Théodora la jeune, la sœur de Marozie. Puis les Allemands tentent de prendre le contrôle du Vatican. L'imposition des premiers papes allemands à l'aristocratie romaine ne se fait pas sans douleur. Jean XIV est assassiné en 984 tandis que Jean XVI a, en 998, une fin atroce : les yeux et la langue arrachés ainsi que le nez et les oreilles coupés.

Les Théophylacte achètent encore l'élection des six papes suivants, dont le dernier, Benoît IX, est un forban particulièrement méprisable. Fait pape en 1032, il récupère le siège pontifical deux fois et l'abdique trois fois. Forfaiture suprême contre Dieu et l'Église, Benoît IX vend lui-même la papauté à son propre parrain, qui prend le nom de Grégoire VI (1045-1046). Regrettant d'avoir renoncé à un tel pactole, il revient à la tête d'une bande armée reprendre par la force le pontificat qu'il a vendu. Il y renonce une seconde fois pour se marier. Abandonné par sa femme, il se fait réélire pape. Le bruit qu'il organise des orgies homosexuelles dans les palais pontificaux amène le pieux empereur Henri III d'Allemagne à intervenir pour enfin débarrasser définitivement l'Église de la vermine Théophylacte en 1048.

La légende de la papesse Jeanne

Il n'y a jamais eu de papesse Jeanne. C'est une fiction du Moyen Âge que de grands écrivains comme Pétrarque et

Boccace ont malicieusement amplifiée. Tellement que l'Église elle-même a fini par y croire pendant un certain temps. Le grand inquisiteur Torquemada comptait étrangement la papesse Jeanne parmi les plus grands pontifes, tandis que Martin Luther reprochait à l'Église sa papesse. Pourtant c'est faux. Des recherches d'historiens non catholiques démontrent qu'il s'agit d'une invention pure et simple. Voici la légende telle que racontée pendant des générations :

Une jeune Anglaise vivant en Allemagne se fait passer pour un moine afin d'accompagner son amant dans un monastère romain. On lui donne rapidement le nom de « prince des savants » tant sa culture théologique impressionne. À la mort de Léon IV en 857, on aurait élu l'érudit pape sous le nom de Jean VIII. Le nouveau pape sort rarement de son palais. Pressé par les attentes de la foule, il décide de participer à la procession du jour de l'Ascension à dos de mulet. Alors qu'il salue les fidèles dans une rue de Rome, le pape se met à grimacer, se saisit le ventre et tombe de sa monture. Les cardinaux qui se précipitent pour le relever découvrent que c'est une femme et… qu'elle a un nouveau-né entre les jambes. La légende affirme que la papesse Jeanne ne survit pas à l'accouchement, ni son enfant, une fille.

Il y a bien un pape Jean VIII, mais rien ne suggère qu'il ait été une femme. L'histoire retient son nom comme le premier pape à être assassiné, le 15 décembre 882. Il est empoisonné, mais, comme il ne meurt pas assez vite, on lui fracasse le crâne à coups de marteau.

La légende de la papesse Jeanne a engendré un autre mythe tout aussi sans fondement : celui de la vérification de la virilité du pape. Pendant des siècles, le pape était censé, après son élection, s'asseoir sur un siège surélevé spécialement troué pour y laisser pendre ses couilles. Un ecclésiastique devait se mettre à quatre pattes et aller confirmer sa virilité. Après avoir touché les testicules papaux, il devait crier la phrase : « *Habet duos testiculos et bene pendentes !* » (« Il a deux testicules bien pendants ! ») L'Église aurait ainsi voulu éviter de choisir une autre femme pape.

Il n'y a jamais eu de telles cérémonies. Le siège dit « curule » avec son ouverture existe bien au Vatican, mais il date de l'Antiquité romaine. Des papes se sont, à l'occasion, assis dessus — sans y laisser pendre quoi que ce soit — pour affirmer leur titre de patriarche universel contesté par l'Église orthodoxe. Rien à voir donc avec une cérémonie macho où les papes devaient prouver qu'ils « en avaient ».

Le Vatican à la renaissance : splendeur et décadence

La Renaissance, époque de splendeur dans le domaine des arts, est aussi une période de décadence morale pour l'Église. En 1464, Paul II, un homosexuel pratiquant, est choisi pape. Son successeur Sixte IV (1471–1484) est connu comme le pape-proxénète, parce qu'il a instauré un impôt pour les prostituées de Rome, les obligeant à lui verser 20 000 ducats chaque année. Cet argent permet à l'esthète qu'il est d'assurer la restauration de la chapelle Sixtine, qui lui doit son nom. Sixte est aussi un pédéraste bisexuel qui nomme cardinaux deux de ses amants adolescents et un barbier qui est le fils d'un de ses partenaires sexuels.

La papauté de son successeur Innocent VIII (1484–1492) est surnommée « l'âge d'or des bâtards », le pape ayant eu huit fils illégitimes et probablement autant de filles. Sur son lit de mort, il exige qu'une nourrice satisfasse un dernier caprice : un allaitement au sein.

Un laïque débauché membre de la redoutable famille Borgia, Rodrigue, lui succède sous le nom d'Alexandre VI en

1492. Son oncle le pape Calixte III l'avait fait cardinal à 24 ans, même s'il n'avait jamais été prêtre. Le jour même de son élection, il nomme son fils, le sanguinaire César Borgia, archevêque et il l'élève ensuite au cardinalat. On lui attribue des rapports incestueux avec sa fille, l'empoisonneuse notoire Lucrèce. Il meurt d'ailleurs empoisonné après avoir bu un breuvage qui était destiné à un de ses invités.

Petit, gros et laid, Léon X (1513–1521), ouvertement homosexuel, célèbre son élévation à la papauté en privé avec son amant, qu'il fait rapidement cardinal. On rapporte que l'amant jaloux du pape tente de le faire assassiner par le médecin qui soigne ses hémorroïdes en lui faisant mettre du poison dans l'anus papal. Le complot découvert, le médecin est écartelé ; l'amant, torturé et assassiné.

Paul III (1534–1549) est nommé cardinal par Alexandre VI en obligeant ses sœurs à coucher avec le pape. En 1548, il confie au duc Mendoza, ambassadeur d'Espagne au Vatican, qu'il ne croit pas à l'existence de Jésus-Christ. Il commande à un Michel-Ange vieillissant la fameuse fresque *Le jugement dernier*, qui orne la chapelle Sixtine. Perçue comme homoérotique, l'œuvre provoque un immense scandale. Ses quelque 400 personnages, dont le Christ lui-même, sont complètement nus. Un cardinal s'exclame en la voyant qu'elle devrait figurer dans un bordel plutôt que dans une église. Michel-Ange lui-même, peu avant sa mort, écrit à saint Charles Borromée qu'il « se faisait un cas de conscience de laisser après lui une pareille chose ». Après son décès, le pape Paul IV charge le peintre Daniel de Volterra de recouvrir le sexe des nus et de modifier les positions obscènes de certains personnages. Un saint semblait en train d'en sodomiser un autre. Cela lui vaut le surnom de *braghettone* ou de « poseur de culottes » dans l'histoire de la peinture.

Jules III (1550-1555), qui sodomisait des garçons, nomme plusieurs beaux adolescents cardinaux. Le fameux poème

Éloge de la sodomie du cardinal Della Casa lui est dédié. Pie IV (1559–1565) est soupçonné d'avoir fait empoisonner sa mère et sa nièce pour mettre la main sur leur héritage. Fou de rage, il tue lui-même deux cardinaux et un évêque polonais au cours d'une discussion théologique qui tourne mal.

Le Vatican ne cache plus le côté sombre de son histoire. Depuis le XIXe siècle, ses archives sont ouvertes aux historiens. L'Église reconnaît que des gredins et des fripouilles ont été élus papes, mais elle professe que leurs faiblesses humaines n'ont pas affecté leurs décisions théologiques et dogmatiques, qui ont été inspirées par le Saint-Esprit.

Le grand historien catholique britannique Arnold Toynbee a déjà expliqué sa foi dans l'Église en notant qu'aucune institution, dirigée avec une telle cupidité malhonnête, n'aurait pu durer si longtemps si elle n'était pas d'origine divine.

RECYCLÉ
Papier fait à partir
de matériaux recyclés
FSC® C103567

Marquis imprimeur inc.

Québec, Canada
2012

Imprimé sur du papier Silva Enviro 100% postconsommation
traité sans chlore, accrédité ÉcoLogo et fait à partir de biogaz.